みんなが知りたい！

地図のすべてがわかる本

調べ学習に役立つ！

社会科地図研究会　著

みんなが知《し》りたい！「地図《ちず》のすべて」がわかる本《ほん》 調《しら》べ学習《がくしゅう》に役立《やくだ》つ！

もくじ

※本書《ほんしょ》は2006年発行《ねんはっこう》の『みんなが知《し》りたい！「地図《ちず》のすべて」がわかる本《ほん》』を元《もと》に加筆《かひつ》・修正《しゅうせい》を行《おこな》ったものです。

地図《ちず》を好《す》きになってください

地図《ちず》と聞《き》かれると何《なに》を思《おも》いうかべますか?

社会《しゃかい》の授業《じゅぎょう》、地球儀《ちきゅうぎ》、地図帳《ちずちょう》。そうですね、みんな地図《ちず》の世界《せかい》です。そんな地図《ちず》の歴史《れきし》を調《しら》べてみると、ずいぶんと昔《むかし》から地図《ちず》が使《つか》われていました。

ただ、今《いま》のような紙《かみ》に描《か》いた地図《ちず》はずいぶんと後《あと》に登場《とうじょう》しました。浜辺《はまべ》の砂浜《すなはま》や土《つち》の上《うえ》に獲物《えもの》がいるところを村《むら》の長老《ちょうろう》が地図《ちず》で教《おし》えたこともあったはずです。そして紙《かみ》に描《か》いた地図《ちず》から、デジタルの地図《ちず》に変《か》わってきました。人工衛星《じんこうえいせい》からの電波《でんぱ》を使《つか》ったカーナビゲーションもデジタルの地図のひとつです。また、コンピュータを使《つか》った地図《ちず》のソフトもたくさんあります。自由《じゆう》に3D地図《ちず》がコンピュータで描《か》けるようになりました。

学校《がっこう》の地図《ちず》の授業《じゅぎょう》からちょっとはなれて地図《ちず》の世界《せかい》を勉強《べんきょう》してみましょう。地図《ちず》からいろいろなことがわかってくることでしょう。

本誌《ほんし》で利用《りよう》した地図《ちず》は、さし絵《え》としてデザインしたものです。縮尺《しゅくしゃく》などちがうものもあります。

協力《きょうりょく》していただいた会社等《かいしゃとう》

※ 順不同《じゅんふどう》・敬称略《けいしょうりゃく》

国土交通省国土地理院《こくどこうつうしょうこくどちりいん》
一般財団法人日本地図《いっぱんざいだんほうじんにほんちず》センター
伊能忠敬記念館《いのうただたかきねんかん》
鳥取市役所《とっとりしやくしょ》
樽前山火山防災協議会《たるまえさんかざんぼうさいきょうぎかい》
環 境 省《かんきょうしょう》
宇宙航空研究開発機構《うちゅうこうくうけんきゅうかいはつきこう》（JAXA）
株式会社《かぶしきがいしゃ》デンソーテン
株式会社帝国書院《かぶしきがいしゃていこくしょいん》
日本《にほん》オリエンテーリング協会《きょうかい》
地図《ちず》と測量《そくりょう》の科学館《かがくかん》（つくば市《し》）
DAN 杉本《すぎもと》
nyao soft ♪
ラベンスバーガー社《しゃ》
株式会社《かぶしきがいしゃ》カワダ
富山県《とやまけん》
©Ravensburger
©Google

参考《さんこう》にした資料《しりょう》、書籍《しょせき》

立正大学著《りっしょうだいがくちょ》「地図通《ちずつう》になる本《ほん》」（オーエス出版《しゅっぱん》）
「世界史講義《せかいしこうぎ》」http://www.geocities.jp/timeway/index.html
三枝博音著《さいぐさひろとちょ》「世界伝記文庫《せかいでんきぶんこ》 7　伊能忠敬《いのうただたか》」（国土社《こくどしゃ》）
「21 世紀《せいき》こども地図館《ちずかん》」（小学館《しょうがくかん》）
尾崎幸男著《おざきゆきおちょ》「地図《ちず》のファンタジア」（文藝春秋《ぶんげいしゅんじゅう》）
田代博著《たしろひろしちょ》「知《し》って楽《たの》しい地図《ちず》の話《はなし》」（新日本出版社《しんにほんしゅっぱんしゃ》）
田代博《たしろひろし》　星野朗《ほしのあきら》　編著《へんちょ》「地図《ちず》のことがわかる事典《じてん》」（日本実業出版社《にほんじつぎょうしゅっぱんしゃ》）
国土交通省国土地理院《こくどこうつうしょうこくどちりいん》 http://www.gsi.go.jp/

地図《ちず》の基本《きほん》

地図《ちず》の基本《きほん》

約束《やくそく》をおぼえよう 地図《ちず》の上《うえ》は「北《きた》」

地球《ちきゅう》の姿《すがた》は地図《ちず》の基本《きほん》です

地球《ちきゅう》は北極《ほっきょく》が上《うえ》、南極《なんきょく》が下《した》になる軸《じく》で回転《かいてん》しています。地図《ちず》は、地球《ちきゅう》の姿《すがた》をあらわすものですから、地球《ちきゅう》と同《おな》じように北《きた》を上《うえ》に書《か》くことが基本《きほん》となります。北《きた》を上《うえ》にするのは、地図《ちず》の約束《やくそく》のひとつですが、必《かなら》ず上《うえ》であることはありません。その場合《ばあい》は、北《きた》がどちらか、という方位記号《ほういきごう》を地図《ちず》に書《か》き込《こ》むことをしなければなりません。方位記号《ほういきごう》のないものは、北《きた》が上《うえ》になる地図《ちず》です。

8方位《ほうい》の方位記号《ほういきごう》

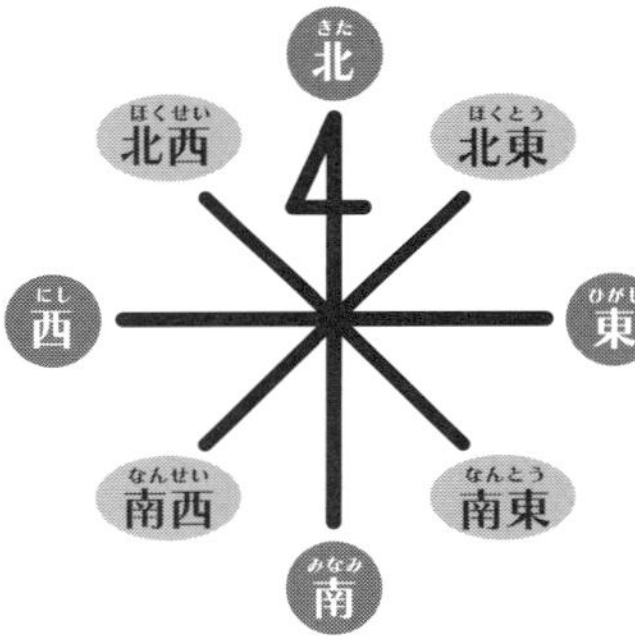

かんたんにした方位記号《ほういきごう》

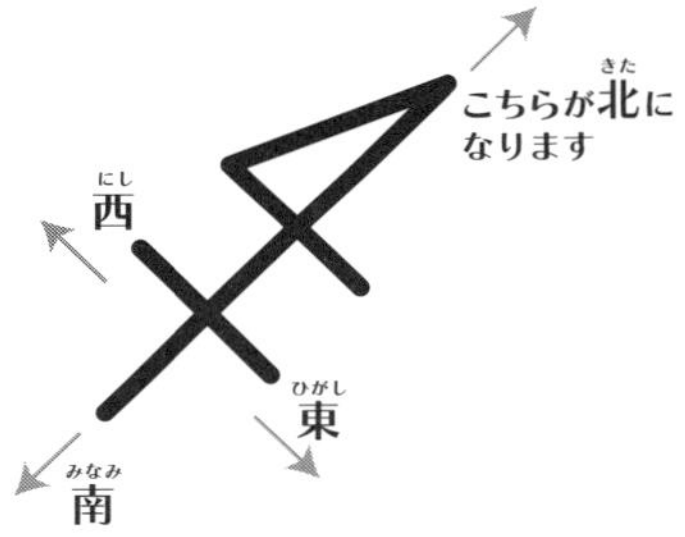

いろいろな方位記号《ほういきごう》

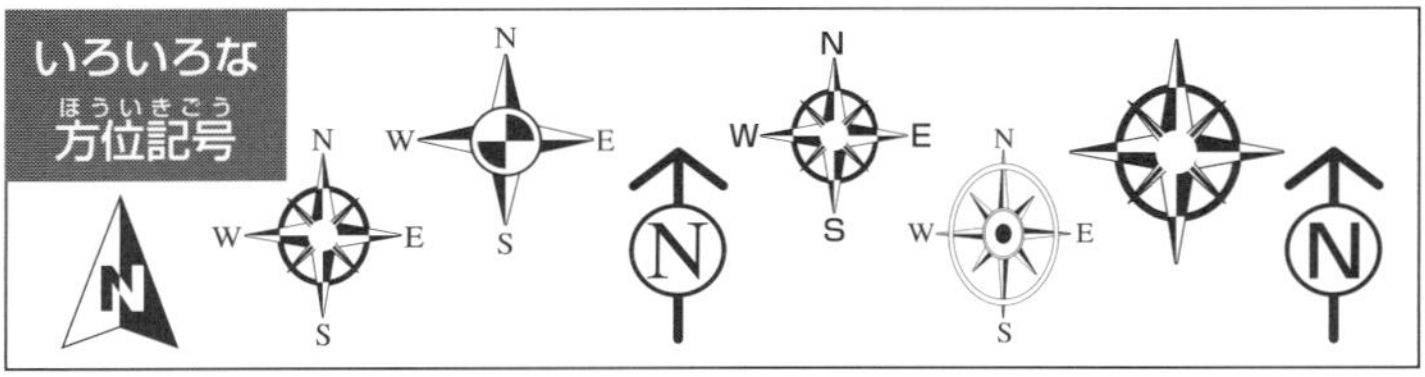

北《きた》の表示《ひょうじ》があるものなら、方位記号《ほういきごう》は自由《じゆう》に使《つか》っていいことになっています。

地図《ち》《ず》のはてなっ?

北極星《ほっきょくせい》が目印《めじるし》になる「北《きた》」

太陽《たいよう》は東《ひがし》からのぼり西《にし》に沈《しず》みます。夜空《よぞら》の星《ほし》も時間《じかん》でその位置《いち》を変《か》えてしまいます。昔《むかし》の人《ひと》は、天《てん》が動《うご》くと考《かんが》えていましたが、今《いま》は、地球《ちきゅう》が回《まわ》っていることはみんなが知《し》っていることですね。地球《ちきゅう》が回《まわ》ることで、太陽《たいよう》も月《つき》も星座《せいざ》もその位置《いち》が変《か》わります。ただひとつ、じっとしている星《ほし》があります。それが北極星《ほっきょくせい》です。こぐま座《ざ》の二等星《にとうせい》ですが、私《わたし》たちの祖先《そせん》もこのじっと動《うご》かない星《ほし》、北極星《ほっきょくせい》をひとつの目印《めじるし》として方位《ほうい》（方角《ほうがく》）を決《き》めていたのです。

東西南北《とうざいなんぼく》の位置関係《いちかんけい》の約束《やくそく》は

北《きた》の位置《いち》が決《き》まったら、直《ちょく》線《せん》を引《ひ》いた（180度《ど》）方《ほう》角《がく》を「南《みなみ》」とします。南北《なんぼく》の線《せん》に直角《ちょっかく》で交《まじ》わる線《せん》の右手《みぎて》が「東《ひがし》」、左手《ひだりて》が「西《にし》」となります。

東西南北《とうざいなんぼく》は、90度《ど》ずつの角度《かくど》で位置《いち》することになります。6ページの方位記号《ほういきごう》は、さらに45度ずつの方位《ほうい》も入《はい》っています。これを8方位《ほうい》と言《い》います。この8方位《ほうい》に8方位《ほうい》を加《くわ》えた16方位《ほうい》も地図《ちず》のなかではよく使《つか》われます。

北《きた》が上《うえ》なら、日本地図《にほんちず》は北海道《ほっかいどう》が上《うえ》になります。

日本《にほん》は、北海道《ほっかいどう》から沖縄《おきなわ》まで南北《なんぼく》に長《なが》く伸《の》びた地形《ちけい》の島《しま》国《ぐに》です。

16方位《ほうい》

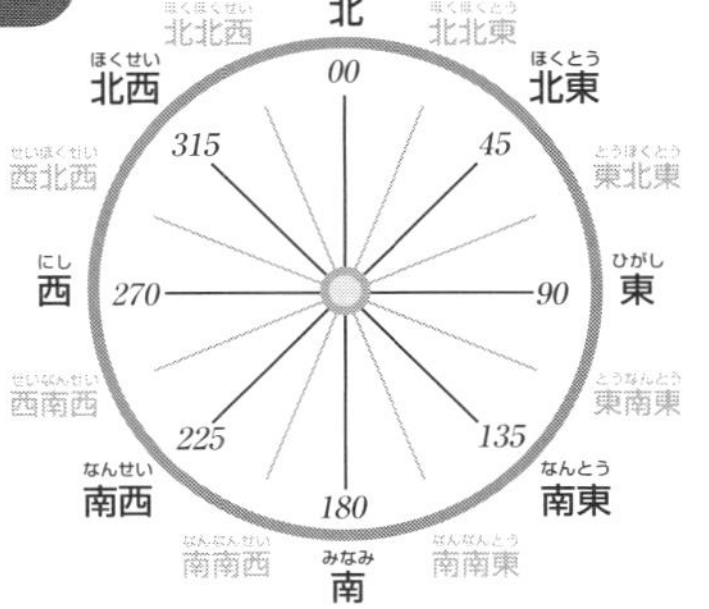

もうひとつ勉強《べんきょう》しよう!

星《ほし》からわかりはじめたこと ①

私《わたし》たちの祖先《そせん》は、アフリカ大《たい》陸《りく》の森《もり》にいたようです。300万《まん》年前《ねんまえ》とか400万年前《まんねんまえ》といわれていますが、今《いま》もわからないことがたくさんあるのが祖先《そせん》の姿《すがた》です。ただ直立二足歩行《ちょくりつにそくほこう》をしていた祖先《そせん》たちは、太陽《たいよう》、月《つき》、星《ほし》からいろいろと学《まな》んだはずです。ひとつは方角《ほうがく》。北《きた》や南《みなみ》という考《かんが》え方《かた》はありませんでしたが、太陽《たいよう》の方向《ほうこう》、あの星《ほし》の方向《ほうこう》ということで移動《いどう》して、またもとの位置《いち》に戻《もど》ることができるようになったと考《かんが》えられます。それには、何十《なんじゅう》年《ねん》、何百年《なんびゃくねん》の時間《じかん》が必要《ひつよう》だったのでしょうか…。

約束《やくそく》をおぼえよう 磁石《じしゃく》の北《きた》と真北《まきた》は ちがいます

西《にし》にかたよるコンパスの方位《ほうい》

コンパス（磁石《じしゃく》）が示《しめ》す「北《きた》」のことを「磁北《じほく》」といいます。コンパスではかった北《きた》の意味《いみ》です。

それは地形《ちけい》の方角《ほうがく》「真北《まきた》」とわけて考《かんが》えます。

「磁北《じほく》」と「真北《まきた》」がちがうのは、地球《ちきゅう》がかたむいて自転《じてん》していることや、その軸《じく》がずれていること、さらに複雑《ふくざつ》な地形《ちけい》が大《おお》きく関係《かんけい》しているといわれています。コンパスと真北《まきた》の角度《かくど》の差《さ》が西《にし》にかたよるときは「西偏《せいへん》」、東《ひがし》になると「東偏《とうへん》」といいます。

コンパスはおよそ北《きた》を指《さ》しているのです。

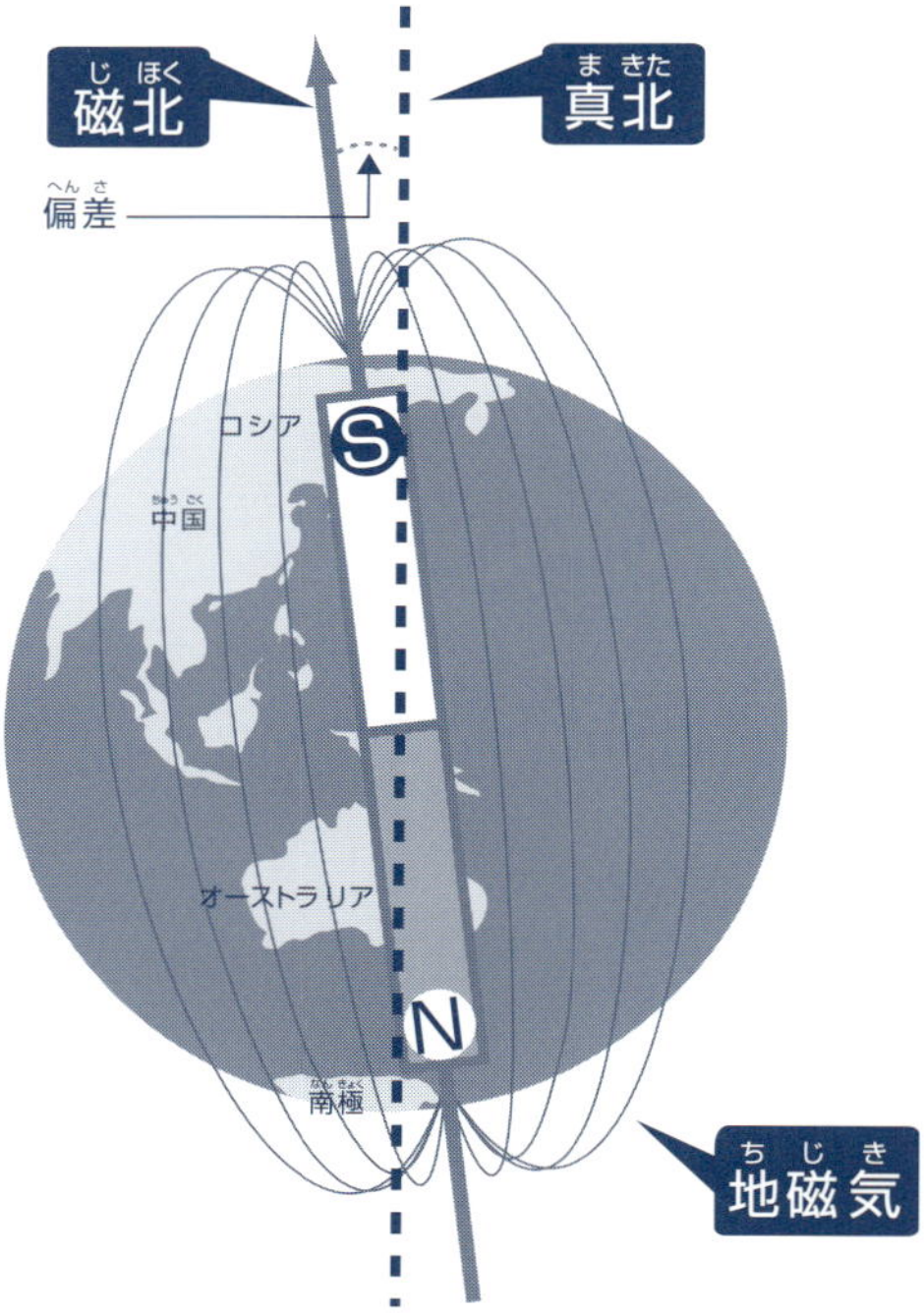

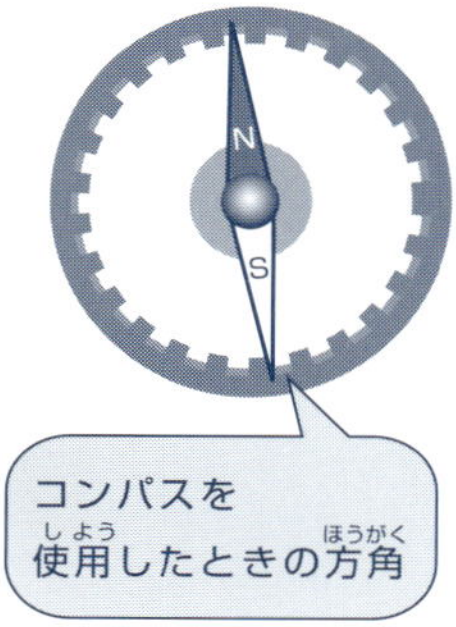

地《ち》図《ず》のはてな？

人間《にんげん》の歩《ある》く速《はや》さはどのくらい？

時速《じそく》4㎞がふつうの速《はや》さです。1時間《じかん》に4㎞、1分《ぷん》で70ｍほどですね。

日本《にほん》では、1時間《じかん》で人間《にんげん》が歩《ある》く距離《きょり》をひとつの長《なが》さの単位《たんい》としていました。「1里《り》」です。36町《ちょう》で1里《り》、2160間《けん》で1町《ちょう》…。今《いま》のメートル法《ほう》にすると、1里《り》は3・927㎞、1町《ちょう》は109ｍ、1間《けん》は1・8ｍです。

このメートルの基準《きじゅん》は、歩《ある》く距離《きょり》などからではなく、地球《ちきゅう》の大《おお》きさから決《き》められているのです。

正確《せいかく》な位置《いち》を知《し》るための度《ど》、分《ふん》という方位《ほうい》

角度《かくど》は60進法《しんほう》であらわします。時計《とけい》と同《おな》じですね。時計《とけい》は60分《ぷん》で1時《じ》間《かん》です。角度《かくど》も同《おな》じ、60分《ぷん》で1度《ど》です。1分《ぷん》は60秒《びょう》です。ここも時計《とけい》と同《おな》じ単位《たんい》であらわします。「35度《ど》45分《ふん》16秒《びょう》」のように角度《かくど》をあらわします。360度《ど》がもとの位置《いち》ですから、「370度《ど》62分《ふん》88秒《びょう》」という角度《かくど》はありません。

60ごとに単位《たんい》がかわるので60進法《しんほう》といいます。これは、左《ひだり》の図《ず》のように、地球《ちきゅう》の中《ちゅう》心部《しんぶ》からの角度《かくど》が基本《きほん》になっています。

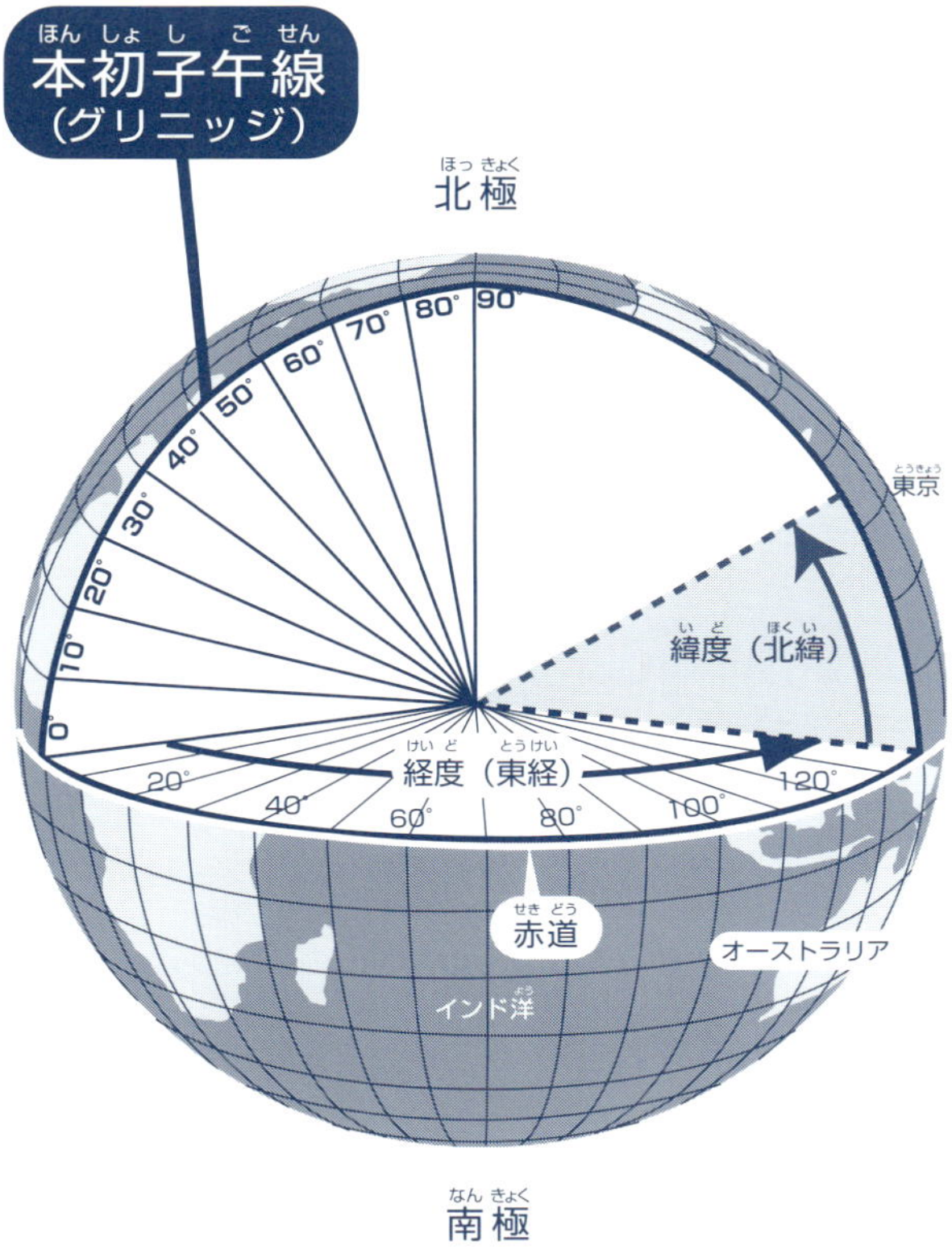

地球《ちきゅう》を割《わ》って、分度器《ぶんどき》を地球《ちきゅう》の中心《ちゅうしん》に置《お》いたと考《かんが》えてみましょう。その角度《かくど》が正確《せいかく》なほど、位置《いち》がはっきりとします。

もうひとつ勉強《べんきょう》しよう！

星《ほし》からわかりはじめたこと ②

人類《じんるい》が星《ほし》を見《み》たときにどう思《おも》ったのでしょうか？

「あれは天《てん》にあいた穴《あな》だ。そこから雨《あめ》が降《ふ》ってくるのだ」と。確《たし》かに、雨《あめ》の日《ひ》には星《ほし》は見《み》えないですね。

毎晩《まいばん》夜空《よぞら》にあらわれる星《ほし》の場所《ばしょ》が変《か》わるのですが、ひとつだけ変《か》わらない同《おな》じ場所《ばしょ》にある星《ほし》を見《み》つけました。それを星《ほし》の中心《ちゅうしん》として夜空《よぞら》を観察《かんさつ》して、雨《あめ》の季節《きせつ》、乾燥《かんそう》の季節《きせつ》の星座《せいざ》の形《かたち》から、やがて暦《こよみ》を作《つく》り出《だ》すのです。

地図《ちず》の基本《きほん》

長《なが》さをちぢめる ピラミッドの高《たか》さを杖《つえ》ではかった人《ひと》

杖《つえ》の影《かげ》が杖《つえ》と同《おな》じ長《なが》さになるときピラミッドの高《たか》さがわかる

紀元前《きげんぜん》6世紀《せいき》ころのギリシャにタレスという哲学者《てつがくしゃ》がいました。タレスは「神話《しんわ》を信《しん》じることはない、自然《しぜん》は自然《しぜん》から全《すべ》ては求《もと》められる」と考《かんが》え、日食《にっしょく》を予言《よげん》で当《あ》てたこともありました。タレスがエジプトに行《い》ったときにピラミッドが正確《せいかく》に造《つく》られたことにおどろき、測量《そくりょう》を勉強《べんきょう》しました。そこで、1本《ぽん》の杖《つえ》でピラミッドの高《たか》さをはかったのです。タレスは、ものをはかるのに便利《べんり》なことをいくつも証明《しょうめい》しました。

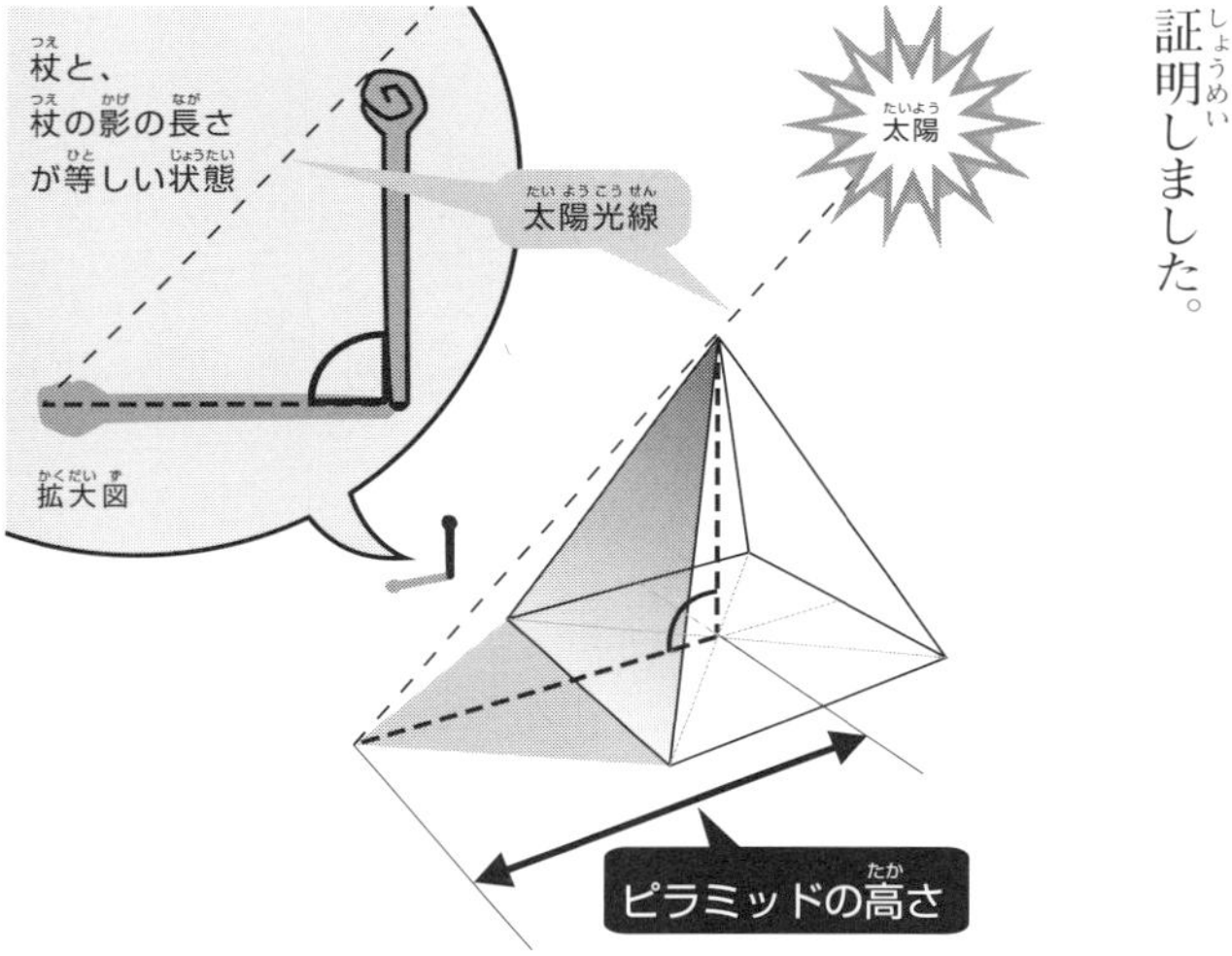

ピラミッドの横《よこ》に杖《つえ》を置《お》き、その影《かげ》の長《なが》さが杖《つえ》と同《おな》じになったときに、ピラミッドの影《かげ》の長《なが》さをはかります。ピラミッドの頂点《ちょうてん》から垂直《すいちょく》におろした点《てん》をつくり、そこからの距離《きょり》がピラミッドの高《たか》さになるわけです。

地図《ち　ず》のはてな？

2枚《まい》の地図《ちず》を見《み》てください

上《うえ》の地図《ちず》は、欧米《おうべい》でよく使《つか》われている地図《ちず》で、日付変更線《ひづけへんこうせん》で区切《くぎ》っている地図《ちず》です。

下《した》の地図《ちず》はよく見《み》ますね。太平洋《たいへいよう》を中心《ちゅうしん》に書《か》いた地図《ちず》です。日本《にほん》だけではなく、東《ひがし》アジア、東南《とうなん》アジア、オセアニアなどでもこの太平洋《たいへいよう》を中心《ちゅうしん》とした地図《ちず》が多《おお》く使《つか》われています。

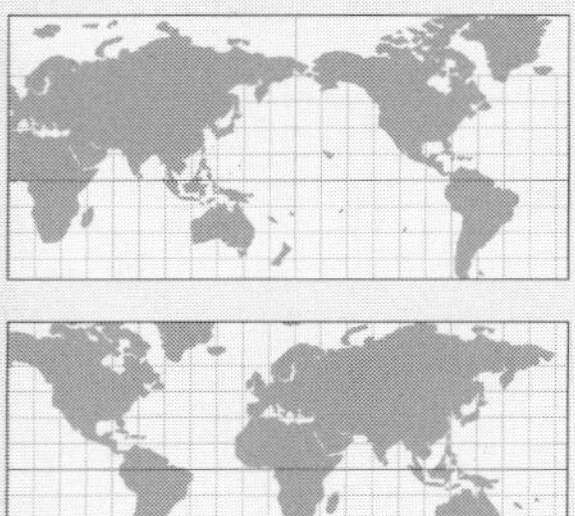

大《おお》きなものを同《おな》じ割合《わりあい》でちぢめることを「縮尺《しゅくしゃく》」といいます

地図《ちず》は実際《じっさい》のものより小《ちい》さく描《えが》かれています。実際《じっさい》の大《おお》きさと同《おな》じなら、自分《じぶん》の部屋《へや》の見取《みと》り図《ず》（これもりっぱな地図《ちず》です）を描《か》くだけで部屋《へや》いっぱいになってしまいますからね。

では、どのようにちぢめるのか。地図《ちず》の世界《せかい》では、この正《ただ》しくちぢめることに頭《あたま》を悩《なや》ませてきました。

なぜって？地球《ちきゅう》が大《おお》きくて、陸地《りくち》の地形《ちけい》も海《うみ》の大《おお》きさも複雑《ふくざつ》だからです。そして、なにより地球《ちきゅう》が球体《きゅうたい》だったからです。

球体《きゅうたい》の地球《ちきゅう》を正《ただ》しく縮尺《しゅくしゃく》したのが「地球儀《ちきゅうぎ》」です。面積《めんせき》、距離《きょり》も正《ただ》しく縮《しゅく》尺《しゃく》されています。地球《ちきゅう》があり、地球儀《ちきゅうぎ》があり、そして1枚《まい》の地図《ちず》ができるのです。

もうひとつ勉強《べんきょう》しよう！

星《ほし》からわかりはじめたこと③

「冬《ふゆ》の大三角《だいさんかく》」で有名《ゆうめい》なシリウスという星《ほし》があります。

古代《こだい》エジプト時代《じだい》に、ナイル川《がわ》の近《ちか》くに住《す》んでいた人《ひと》たちは、毎年《まいとし》ナイル川《がわ》の洪水《こうずい》で大《おお》きな被害《ひがい》を受《う》けていました。しかし、ナイル川《がわ》が運《はこ》んでくる土《つち》がたくさんの作物《さくもつ》を作《つく》るのには必要《ひつよう》だったのです。

あるとき、夜明《よあ》け前《まえ》に明《あか》るい星《ほし》が輝《かがや》くとナイル川《がわ》の水《みず》が増《ふ》えはじめると気《き》がついた人《ひと》がいました。その星《ほし》こそシリウスでした。シリウスが明《あ》け方《がた》に光《ひか》るのは夏至《げし》のころです。こうして、ナイル川《がわ》の洪水《こうずい》の被害《ひがい》を少《すく》なくすることができたのです。

地図《ちず》の基本《きほん》

長《なが》さをちぢめる実際《じっさい》の長《なが》さで地図《ちず》は作《つく》られない

1：25000って何《なん》だろう

地図《ちず》では「縮尺《しゅくしゃく》」が使《つか》われます。「縮尺《しゅくしゃく》」とは、実際《じっさい》の長《なが》さをある比率《ひりつ》で地図《ちず》に書《か》くことです。1：50000は五万分《ごまんぶん》の一にちぢめること、1：25000は、二万五千分《にまんごせんぶん》の一《いち》にちぢめたものです。縮尺《しゅくしゃく》は分数《ぶんすう》であらわし、分子《ぶんし》は常《つね》に1の値《あたい》です。分母《ぶんぼ》の値《あたい》が大《おお》きいほど、地図《ちず》の縮尺《しゅくしゃく》は小《ちい》さくなることをおぼえましょう。

地図《ちず》での長《なが》さをはかり、縮尺《しゅくしゃく》の値《あたい》をかけると実際《じっさい》の長《なが》さを知《し》ることができます。

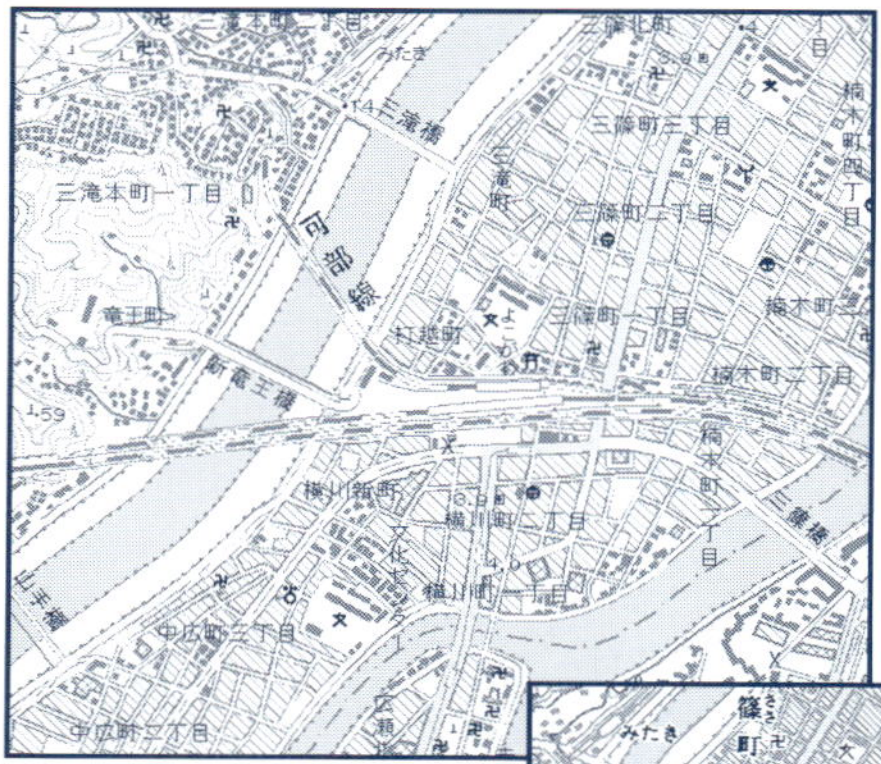

1:25000縮尺地図《しゅくしゃくちず》
広島市中心部《ひろしましちゅうしんぶ》

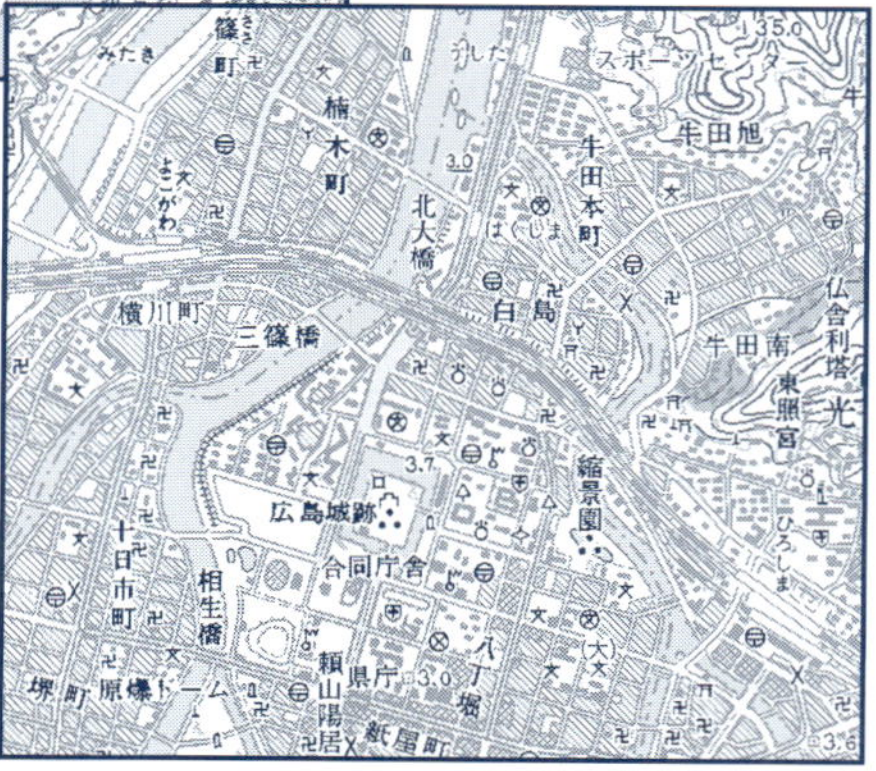

1:50000縮尺地図《しゅくしゃくちず》　広島市中心部《ひろしましちゅうしんぶ》

国土地理院発行《こくどちりいんはっこう》の2万5千分《まんせんぶん》の1地形図《ちけいず》　国土地理院発行《こくどちりいんはっこう》の5万分《まんぶん》の1地形図《ちけいず》

縮尺《しゅくしゃく》の分母数《ぶんぼすう》が少《すく》ないと地図《ちず》の内容《ないよう》はわかりやすくなりますが、範囲《はんい》がせまくなります

地図《ちず》のはてな？

地図《ちず》のだいたいを知《し》ろう

ある地図《ちず》を作《つく》っている会社《かいしゃ》の人《ひと》のお話《はなし》です。問《と》い合《あ》わせで多《おお》いのが「道路《どうろ》の長《なが》さと地図《ちず》の長《なが》さが違《ちが》う」というものです。

道路地図《どうろちず》に描《か》かれている道《どう》路《ろ》をはかり、実際《じっさい》に走《はし》ってみるとその距離《きょり》が違《ちが》いすぎるというのです。

道路地図《どうろちず》は、数《すう》ミリのずれでも何《なん》キロメートルも違《ちが》ってしまうのです。正《ただ》しい距離《きょり》は縮《しゅく》尺《しゃく》の大《おお》きな地図《ちず》では正確《せいかく》にはかることができないことを知《し》っておきましょう。わかるのは「だいたい」の長《なが》さなのです。

地図《ちず》では正《ただ》しい距離《きょり》はわからない?

縮尺《しゅくしゃく》の単位《たんい》はセンチメートルです。1：25000の縮尺《しゅくしゃく》では、25000cmが1cmです。計算《けいさん》が得意《とくい》なら簡単《かんたん》ですが、25000cmは何《なん》キロメートルでしょう。100cmで1m、1000mで1kmですから、25000cmは、250m、0.25kmになります。何《なに》かおぼえにくいものです。次《つぎ》の式《しき》をおぼえましょう。

1：25000の地図《ちず》は
4cmが1km
1：50000の地図《ちず》は
2cmが1km

帝国書院編集部編《ていこくしょいんへんしゅうぶへん》「新詳高等地図《しんしょうこうとうちず》」初訂版《しょていばん》

札幌市中心部《さっぽろしちゅうしんぶ》の五万分《ごまんぶん》の一《いち》の縮尺地図《しゅくしゃくちず》。左上《ひだりうえ》に距離《きょり》をあらわす定規《じょうぎ》がついていますが、この定規《じょうぎ》は地図《ちず》の上《うえ》でおよその距離《きょり》をはかる目安《めやす》になるものです。実際《じっさい》の距離《きょり》をこの定規《じょうぎ》で正確《せいかく》にはかることはできません。

星《ほし》を見上《みあ》げた人《ひと》たち ①

太陽《たいよう》は、東《ひがし》からのぼり、西《にし》に沈《しず》みます。これは、人間《にんげん》が生《う》まれるずっと前《まえ》から変《か》わっていません。

古代《こだい》エジプト人《じん》はこの大《おお》きな天体《てんたい》をずっと観察《かんさつ》していました。太陽《たいよう》の位置《いち》が季節《きせつ》によりちがうことはわかったはずです。一番低《いちばんひく》い位置《いち》から高《たか》くなって、また低《ひく》い位置《いち》に戻《もど》るのはどのくらいだろうか?365日《にち》で、もとの位置《いち》に戻《もど》ってきます。これを1年《ねん》としたのです。太陽《たいよう》の動《うご》きからできているので「太陽暦《たいようれき》」といいます。紀元前《きげんぜん》45年《ねん》に「ユリウス暦《れき》」としてエジプトで広《ひろ》く使《つか》われるようになりました。

地図《ちず》の基本《きほん》

緯度《いど》と経度《けいど》

地球上《ちきゅうじょう》に線《せん》を引《ひ》いて南北《なんぼく》を緯度《いど》 東西《とうざい》を経度《けいど》と呼《よ》びます

正《ただ》しい位置《いち》を知《し》るためのマス目《め》

地球儀《ちきゅうぎ》の縦《たて》と横《よこ》（地図《ちず》では南北《なんぼく》、東西《とうざい》ですが）に線《せん》が引《ひ》いてあります。当然《とうぜん》ですが、実際《じっさい》にはこのような線《せん》はありません。なぜ、このような線《せん》を引《ひ》いたかというと地球《ちきゅう》があまりにも大《おお》きいので、場所《ばしょ》をはっきりさせるために縦横《たてよこ》のマス目《め》を引《ひ》いたのです。

この北極《ほっきょく》と南極《なんきょく》をつないだ線《せん》を経線《けいせん》（子午線《しごせん》）、東西《とうざい》（地球《ちきゅう》を横《よこ》に輪切《わぎ》りにした）を緯線《いせん》といいます。

地球《ちきゅう》の中心部《ちゅうしんぶ》からはかった角度《かくど》を利用《りよう》して、北緯《ほくい》○度《ど》、東経《とうけい》○度《ど》という点《てん》を決《き》めることで、地図《ちず》からもその場所《ばしょ》がわかるようになるのです。

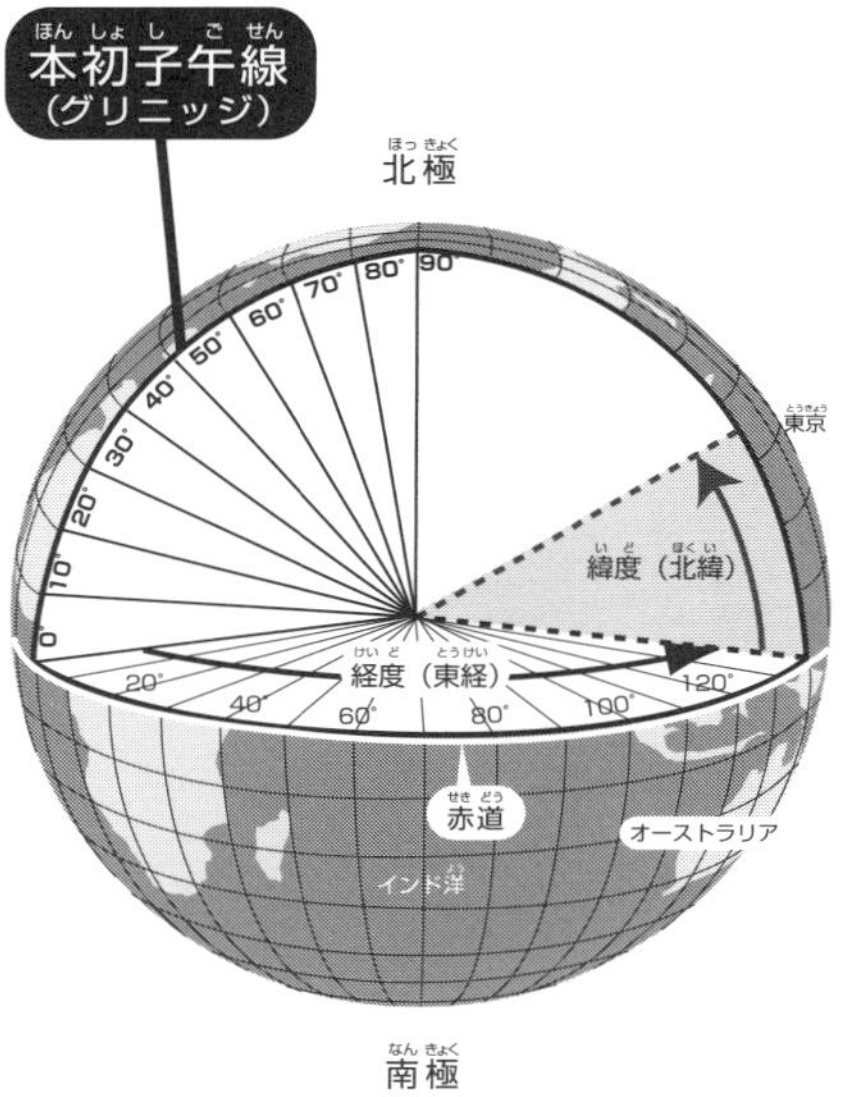

緯度《いど》と経度《けいど》は、地球《ちきゅう》の中心《ちゅうしん》からの角度《かくど》です。緯度《いど》は、赤道《せきどう》から両極《りょうきょく》に向《む》かってそれぞれ90度《ど》、経度《けいど》は本初《ほんしょ》子午線《しごせん》から東回《ひがしまわ》りと西回《にしまわ》りで180度《ど》です。

地図《ちず》のはてな？

どうして子午線《しごせん》が統一《とういつ》されたのか

ロンドンのグリニッジを世界《せかい》標準時間《ひょうじゅんじかん》の場所《ばしょ》と決《き》めました。このグリニッジを通《とお》る子午線《しごせん》を「本初子午線《ほんしょしごせん》」といいます。それまでは、その国《くに》が自由《じゆう》に子午線《しごせん》を決《き》めていました。日本《にほん》では伊能忠敬《いのうただたか》の作《つく》った地図《ちず》は京都改暦所《きょうとかいれきしょ》、フランスではパリを本初子午線《ほんしょしごせん》として地図《ちず》が作《つく》られました。

それぞれの国《くに》で使《つか》う地図《ちず》では不便《ふべん》はないのですが、やがて地域《ちいき》を越《こ》えての移動《いどう》が行《おこな》われるようになり、地図《ちず》も国際《こくさい》基準《きじゅん》が必要《ひつよう》になったのです。

本初子午線《ほんしょしごせん》はイギリスのグリニッジ

それぞれの国《くに》で基準《きじゅん》となる子午線《しごせん》を使《つか》っていましたが、世界地図《せかいちず》の場合《ばあい》にその国《くに》が自由《じゆう》に基準《きじゅん》となる子午線《しごせん》を決《き》めていたら不便《ふべん》なので、1884年《ねん》にイギリスのグリニッジを通《とお》る経線《けいせん》を「本初《ほんしょ》子午線《しごせん》」と決《き》めました。

なぜイギリスのグリニッジなのかというと、当時《とうじ》の国《くに》の力《ちから》が強《つよ》かったことが大《おお》きな理由《りゆう》です。

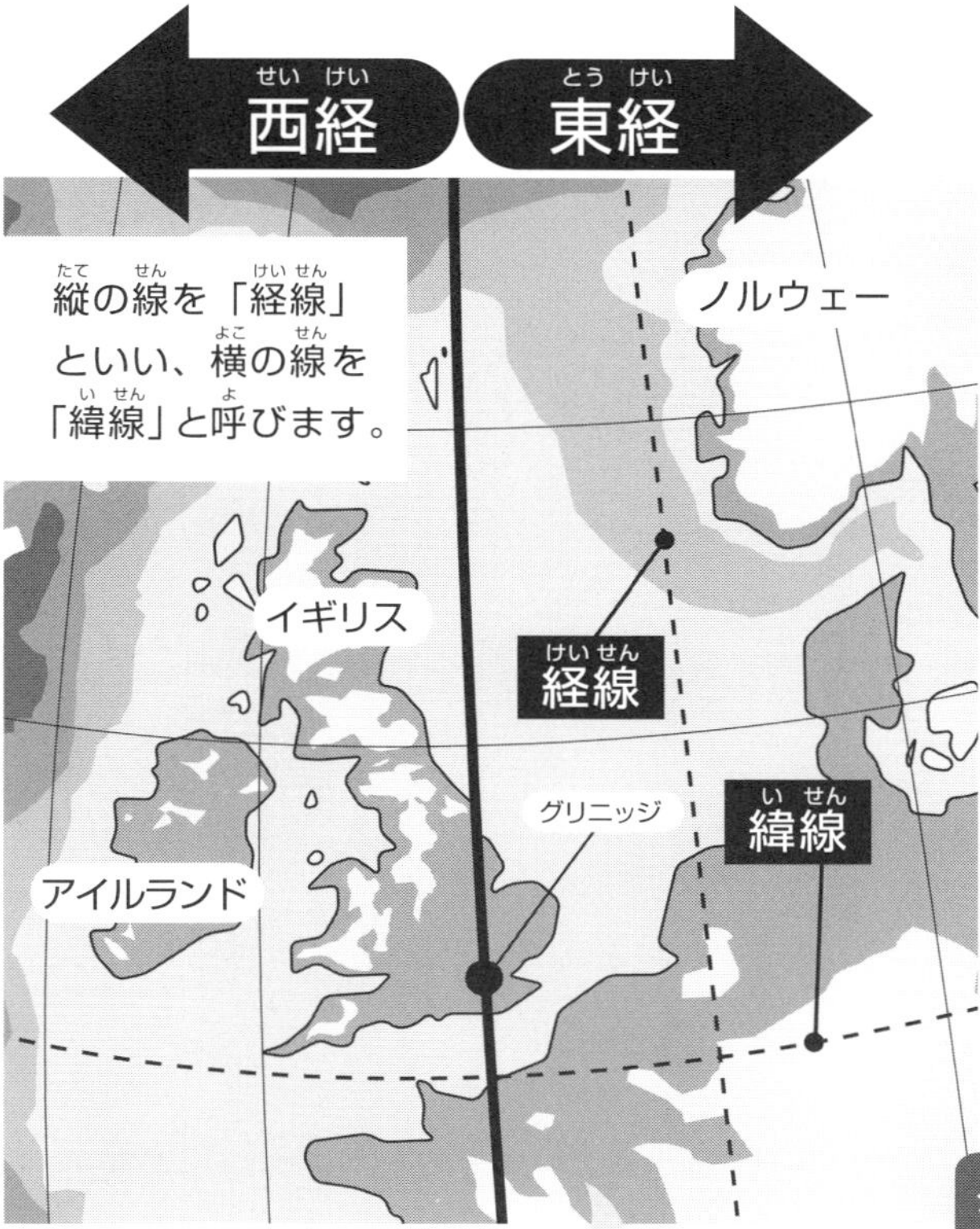

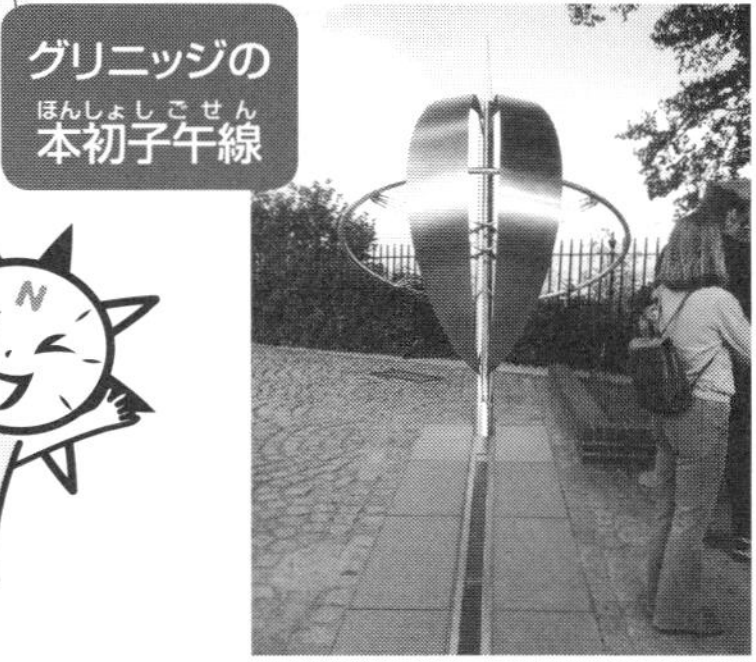

イギリス・ロンドンのグリニッジを通《とお》る経線《けいせん》を本初子午線《ほんしょしごせん》としました。ここから、東《ひがし》まわりは東経《とうけい》、西《にし》まわりは西経《せいけい》と経線《けいせん》を呼《よ》びます。

もうひとつ勉強《べんきょう》しよう!

星《ほし》を見上《みあ》げた人《ひと》たち ②

人間《にんげん》は長《なが》い間《あいだ》、地球《ちきゅう》を天体《てんたい》が取《と》り囲《かこ》みまわっていると考《かんが》えていました。これを「天動説《てんどうせつ》」といいます。天動説《てんどうせつ》はアリストテレスがはじめといわれています。そして、それを完成《かんせい》させたのがプトレマイオスです。あまり知《し》られていない人《ひと》かもしれませんが、地図《ちず》の勉強《べんきょう》をすると必《かなら》ず登場《とうじょう》するギリシャの天《てん》文学者《もんがくしゃ》です。「アルマゲスト」という本《ほん》を書《か》きました。この本《ほん》は、なんと1500年《ねん》も天《てん》文学《もんがく》の教科書《きょうかしょ》として使《つか》われました。星占《ほしうらな》いにも使《つか》われる「トレミーの48星座《せいざ》」のトレミーがプトレマイオスです。

地図《ちず》の基本《きほん》

子午線《しごせん》

北極《ほっきょく》と南極《なんきょく》を結《むす》ぶ線《せん》を子午線《しごせん》といいます

南《みなみ》は午《うま》です。北《きた》と南《みなみ》を結《むす》んだ線《せん》が経線《けいせん》ですから、これに当《あ》てはめると「子《ね》」と「午《うま》」の線《せん》で「子《し》午線《ごせん》」と日本《にほん》ではいうようになりました。

子午線《しごせん》と呼《よ》ばれるわけ

日本《にほん》では、時間《じかん》や方位《ほうい》を十二支《じゅうにし》の名前《なまえ》を使《つか》ってあらわしていました。

ねずみをあらわす「子《ね》」は、北《きた》と深夜《しんや》12時《じ》を意味《いみ》します。2時間《じかん》ごとに、丑《うし》、寅《とら》…と続《つづ》きます。ドラマの時《じ》代劇《だいげき》でよく使《つか》われる「丑三《うしみ》つ時《どき》」は、丑《うし》は深夜《しんや》の1時《じ》～3時《じ》までの2時間《じかん》のことで、その間《あいだ》を4等分《とうぶん》した3つ目《め》、つまり深夜《しんや》の2時《じ》～2時《じ》30分《ぷん》までの30分間《ぷんかん》のことをいいます。

経度《けいど》がわかると時間《じかん》がわかる

近《ちか》くの経度《けいど》と今《いま》いる地点《ちてん》の時間差《じかんさ》をはかって計算《けいさん》によって求《もと》めることができます。

24時間《じかん》で360度《ど》ですから、経度《けいど》1度《ど》のちがいは時間《じかん》にして4分《ふん》となります。この時間《じかん》の差《さ》をはかることで、今《いま》いる点《てん》が経度何度《けいどなんど》なのかが分《わ》かるのです。地球上《ちきゅうじょう》に経緯度《けいいど》のマス目《め》をかけることで、地図《ちず》の上《うえ》と実際《じっさい》の場所《ばしょ》が正確《せいかく》にわかるようになりました。

時差《じさ》はだいたい経度《けいど》のちがいでわかりますが、時間《じかん》は生活《せいかつ》と深《ふか》い関係《かんけい》がありますので、数値《すうち》だけではちがいがわからないのです。

この地図《ちず》を参考《さんこう》にあなたの町《まち》を調《しら》べましょう。あなたの町《まち》の北緯《ほくい》、東経《とうけい》も調《しら》べてみましょう。

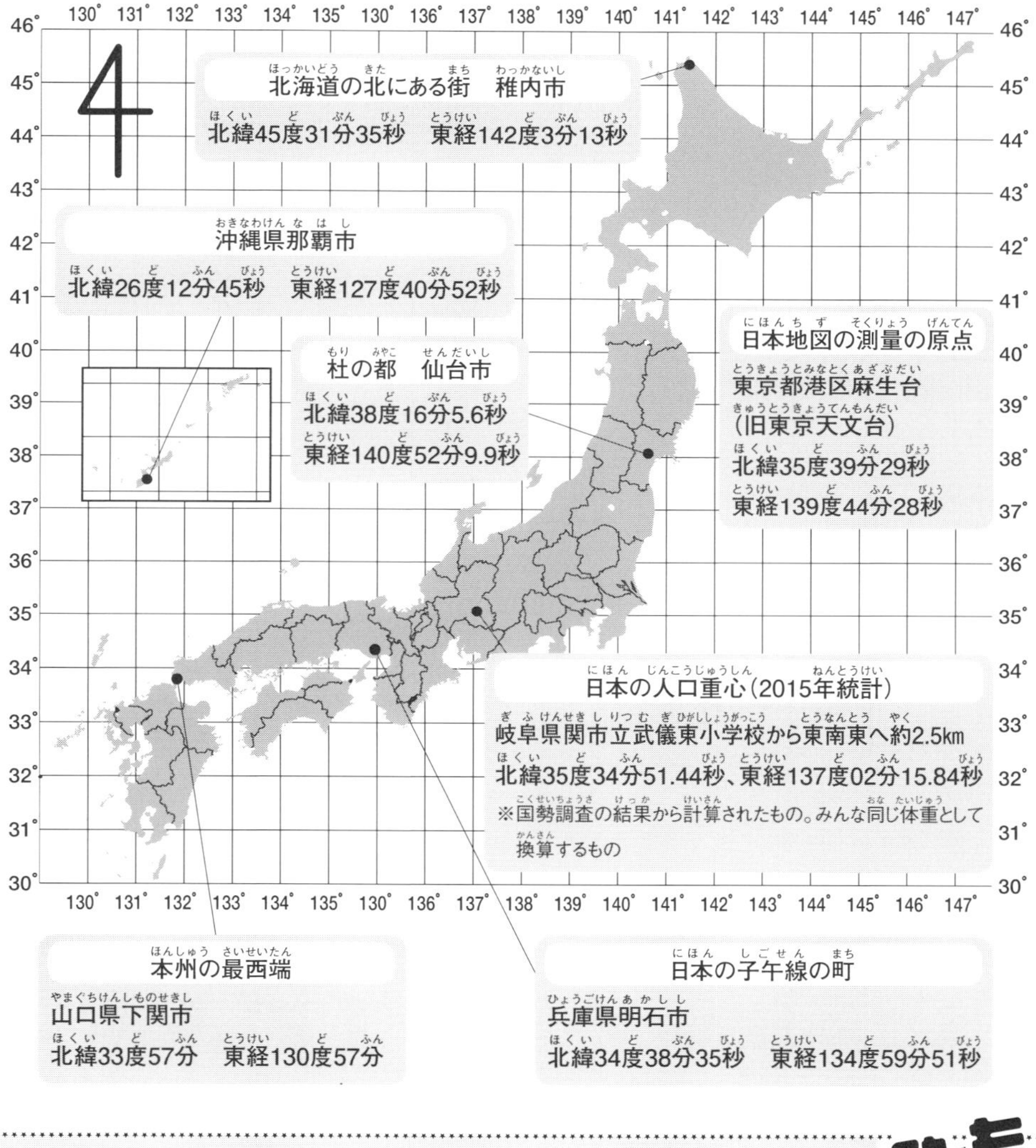

もうひとつ勉強《べんきょう》しよう！

星《ほし》を見上《みあ》げた人《ひと》たち ③

トレミーは48星座《せいざ》を決《き》めました。よくテレビや雑誌《ざっし》でみる星占《ほしうらな》いに使《つか》われるいて座《ざ》、うお座《ざ》、おうし座《ざ》など12星座《せいざ》もこの中《なか》にあります。

今《いま》はトレミーの48星座《せいざ》にいくつか加《くわ》えられ、88星座《せいざ》が星座《せいざ》の基本《きほん》です。かつて存在《そんざい》したアルゴ座《ざ》はトレミーが決《き》めた48星座《せいざ》のひとつでしたが、あまりに巨大《きょだい》だったため、1928年《ねん》の第《だい》3回国際天文学連合総会《かいこくさいてんもんがくれんごうそうかい》で正式《せいしき》に「にほ座《ざ》」「とも座《ざ》」「らしんばん座《ざ》」「りゅうこつ座《ざ》」の4つに分《わ》けられて、今《いま》は使《つか》われていません。

日付変更線《ひづけへんこうせん》
世界《せかい》で一番早《いちばんはや》く新《あたら》しい年《とし》になるのはどこ？

日付変更線《ひづけへんこうせん》と国《くに》の標準時間《ひょうじゅんじかん》

本初子午線《ほんしょしごせん》がイギリス・ロンドンのグリニッジを通《とお》る0度線《どせん》であることは、前《まえ》のページで勉強《べんきょう》しました。

その本初子午線《ほんしょしごせん》から180度《ど》まわったところを見《み》てみましょう。180度線《どせん》です。

地図《ちず》の上《うえ》には、なにやらギザギザと曲《ま》がった線《せん》が引《ひ》いてありませんか？

180度線付近《どせんふきん》にあるこのギザギザと曲《ま》がった線《せん》は「国《こく》際日付変更線《さいひづけへんこうせん》」です。この線《せん》から新《あたら》しい日《ひ》がはじまるのです。曲《ま》がっているのはまっすぐに引《ひ》くと、あるまちでは東《ひがし》が昨日《きのう》で西《にし》が今日《きょう》、バラバラになってしまうからです。

日付変更線図《ひづけへんこうせんず》

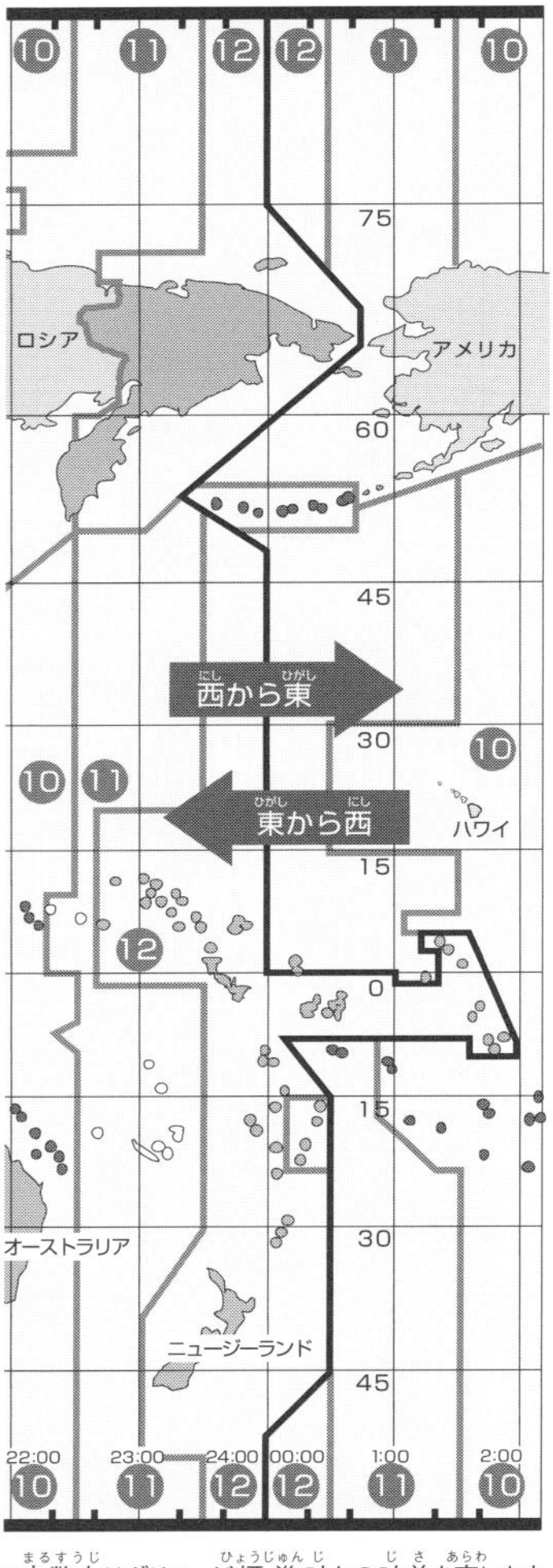

※丸数字《まるすうじ》はグリニッジ標準時《ひょうじゅんじ》との時差《じさ》を表《あらわ》します。

地図《ちず》のはてな？

世界《せかい》の日付《ひづけ》はいつからできたの？

世界的《せかいてき》に日付《ひづけ》が決《き》められたのは1884年《ねん》の国際子午線《こくさいしごせん》会議《かいぎ》です。でも、この日付変《ひづけへん》更線《こうせん》は自由《じゆう》に変《か》えることができます。新《あたら》しい世紀《せいき》を迎《むか》える20世紀末《せいきまつ》に観光客《かんこうきゃく》を呼《よ》ぼうと、国《くに》の中央《ちゅうおう》に日付変更線《ひづけへんこうせん》を引《ひ》き、20世紀《せいき》と21世紀《せいき》が同時《どうじ》に楽《たの》しめるとした国《くに》もありました。南太平洋《みなみたいへいよう》にある島々《しまじま》は、かつてはヨーロッパの国々《くにぐに》の領土《りょうど》だった歴史《れきし》があります。独立《どくりつ》をしたり、領土《りょうど》が戻《もど》されたりして、この日付変更線《ひづけへんこうせん》が複雑《ふくざつ》に曲《ま》がるひとつの原因《げんいん》ともなっています。

経度《けいど》15度《ど》で1時間《じかん》のちがい

マゼランが世界一周《せかいいっしゅう》をしたときに、スペインで待《ま》っていた人《ひと》たちと「1日《にち》」のちがいが問題《もんだい》になりました。

経度《けいど》15度《ど》で時差《じさ》は1時間《じかん》なので、世界一周《せかいいっしゅう》すると1日《にち》ちがうことはわかりますね。それで、国際的《こくさいてき》に日付《ひづけ》を決《き》めようとして作《つく》られたのが「国際日付変更線《こくさいひづけへんこうせん》」です。この線《せん》を西《にし》から越《こ》える時《とき》は1日戻《にちもど》す、東《ひがし》から越《こ》えた時《とき》は1日進《にちすす》めるという約束《やくそく》です。1884年《ねん》に決《き》められました。

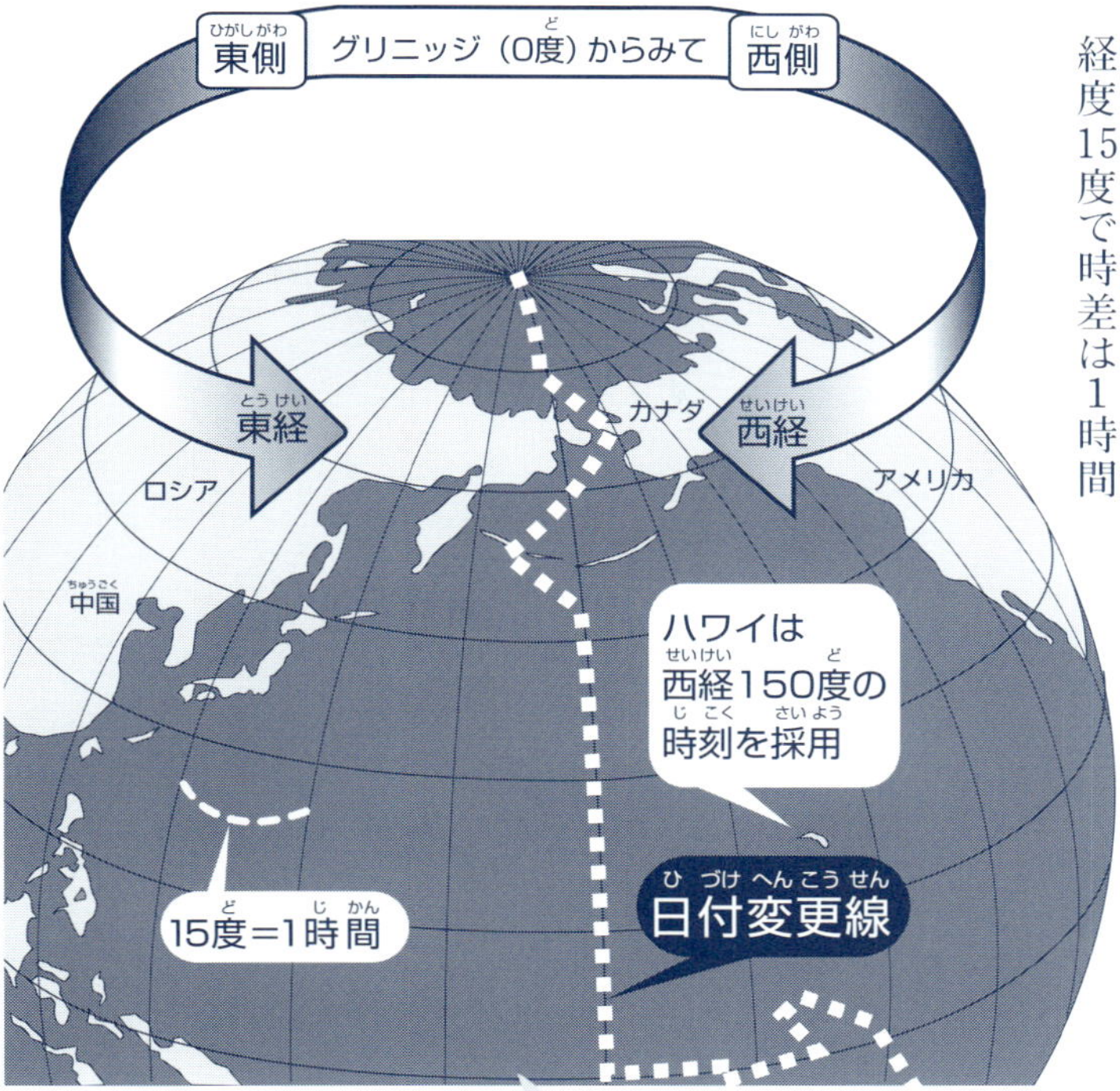

マゼランは航海日誌《こうかいにっし》を毎日記録《まいにちきろく》していました。日《ひ》がのぼると次《つぎ》の日《ひ》、そして、また次《つぎ》の日《ひ》と記録《きろく》していたのです。でも地球《ちきゅう》を一周《いっしゅう》すると「1日《にち》ちがう」ことがわかりました。そのため、どこかでその日《ひ》のはじまりを決《き》める必要《ひつよう》があったのです。それが日付変更線《ひづけへんこうせん》でした。

もうひとつ勉強《べんきょう》しよう！

星《ほし》を見上《みあ》げた人《ひと》たち ④

テレビや雑誌《ざっし》でよく見《み》かける星占《ほしうらな》いですが、日本《にほん》に星座《せいざ》のことが伝《つた》えられたときはすでに88星座《せいざ》が完成《かんせい》していました。星座《せいざ》については、ヨーロッパ、アラブでは長《なが》い間生活《あいだせいかつ》と密着《みっちゃく》していたもののひとつです。「今日《きょう》の運勢《うんせい》は…」という朝《あさ》のテレビ番組《ばんぐみ》の星占《ほしうらな》いとはちがいますが、今《いま》の天気予報《てんきよほう》のような役《やく》割《わり》を星座《せいざ》の変化《へんか》などから判断《はんだん》していたのです。中世《ちゅうせい》の天文《てんもん》学者《がくしゃ》の多《おお》くが占星術師《せんせいじゅつし》、つまり星占《ほしうらな》い師《し》だったのです。やがて、航海《こうかい》に出《で》る時代《じだい》がやってきます。そのときの目印《めじるし》が星《ほし》だったのです。

地図《ちず》の基本《きほん》

北極点《ほっきょくてん》 地球《ちきゅう》のてっぺんには何《なに》があるのか？

北極点《ほっきょくてん》を目指《めざ》した人《ひと》たち

中世《ちゅうせい》ヨーロッパの大航海時《だいこうかいじ》代《だい》は、コロンブスの新大陸発《しんたいりくはっ》見《けん》で西《にし》に向《む》かう人《ひと》が増《ふ》えました。新《あたら》しい大陸発見《たいりくはっけん》で西《にし》だけではなく北《きた》に向《む》かう人《ひと》も少《すく》なくありませんでした。

アイルランド、グリーンランドが発見《はっけん》されたのは9世紀《せいき》から10世紀《せいき》のころ。それから500年《ねん》、冒険者《ぼうけんしゃ》たちはきびしい北《きた》の海《うみ》に向《む》かったのです。

北極点《ほっきょくてん》は、北極海《ほっきょくかい》に浮《う》かぶ大《おお》きな氷《こおり》の上《うえ》にあります。その北極点《ほっきょくてん》に一番《いちばん》はじめに到着《とうちゃく》したのがアメリカ人《じん》のロバート・エドウィン・ピアリーです。1909年《ねん》4月6日《がつむいか》のことです。

ピアリーは、カナダの最北《さいほく》端《たん》の岬《みさき》から北極点《ほっきょくてん》をめざし、4度目《どめ》の冒険《ぼうけん》で北極点《ほっきょくてん》、北緯《ほくい》90度《ど》の地点《ちてん》に着《つ》きました。

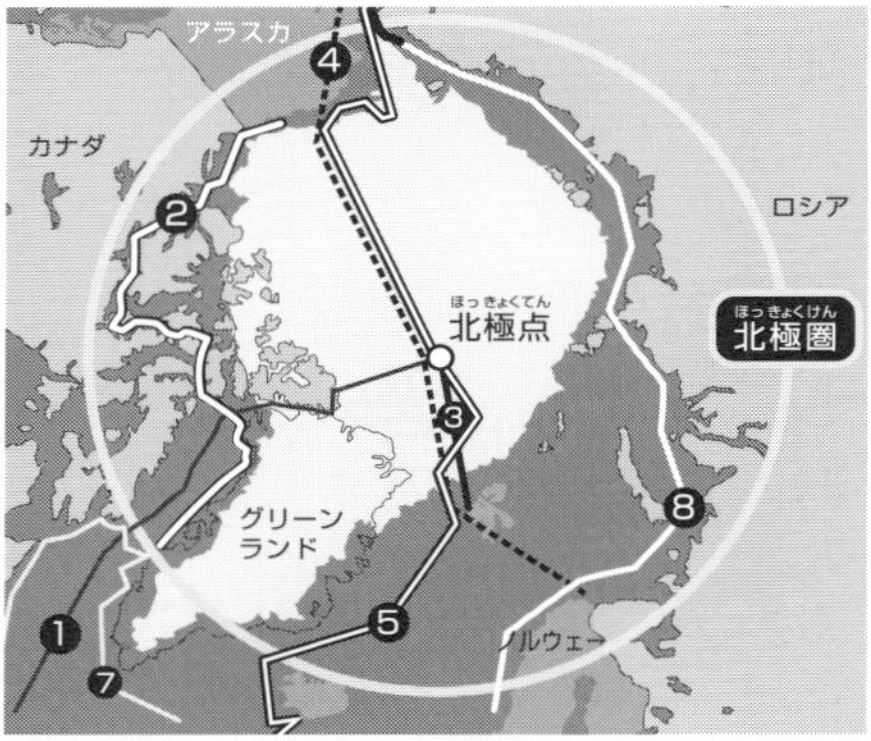

ロバート・エドウィン・ピアリー
（Robert Edwin Peary、
1856年《ねん》5月6日《がつむいか》生まれ）

北極点《ほっきょくてん》のちかくにもピアリーが行《い》く前《まえ》から人《ひと》が住《す》んでいました。なので、ピアリーは北極《ほっきょく》点《てん》に到達《とうたつ》したはじめての西洋人《せいようじん》となるのです。

北極《ほっきょく》から地球《ちきゅう》を見《み》てみると

北極《ほっきょく》はサンタクロースのふるさとです。そう、あのクリスマスに赤《あか》い服《ふく》を着《き》たサンタクロースは北極《ほっきょく》で生《う》まれました。

そのふるさとを別《べつ》の角度《かくど》から書《か》いた地図《ちず》で見《み》てみましょう。よく見《み》るマークが実《じつ》は、北極点《ほっきょくてん》を中心《ちゅうしん》に描《か》いたものです。

これは国際連合《こくさいれんごう》のシンボルマークです。中心部《ちゅうしんぶ》に北極点《ほっきょくてん》があります。この地図《ちず》を見《み》ると、北極《ほっきょく》と北《きた》アメリカ、ヨーロッパとの位置関係《いちかんけい》がよくわかるはずです。

ピアリーの北極点《ほっきょくてん》への冒険《ぼうけん》

1891年《ねん》から1897年《ねん》にかけて4回《かい》グリーンランド探検《たんけん》をします。1898年《ねん》に初《はじ》めて北極《ほっきょく》に挑《いど》みます。しかし、登頂《とうちょう》に失敗《しっぱい》し凍傷《とうしょう》により足《あし》の指《ゆび》を8本《ぼん》失《うしな》ってしまいました。それにもめげず挑戦《ちょうせん》を続《つづ》け、1906年《ねん》4度目《どめ》の挑戦《ちょうせん》では北極点《ほっきょくてん》まで280kmの地点《ちてん》まで到達《とうたつ》しました。そして1909年《ねん》4月《がつ》6日《むいか》に北極点《ほっきょくてん》に着《つ》くのです。

この探検《たんけん》にフレデリック・クックは「自分《じぶん》は、1908年《ねん》4月《がつ》21日《にち》に北極《ほっきょく》点《てん》についている」といいます。調査《ちょうさ》委《い》員会《いんかい》がつくられ、その結果《けっか》クックは詐欺《さぎ》罪《ざい》で捕《つか》まってしまいます。ピアリーが最《さい》初《しょ》の北極点《ほっきょくてん》についた人《ひと》と認《みと》められました。

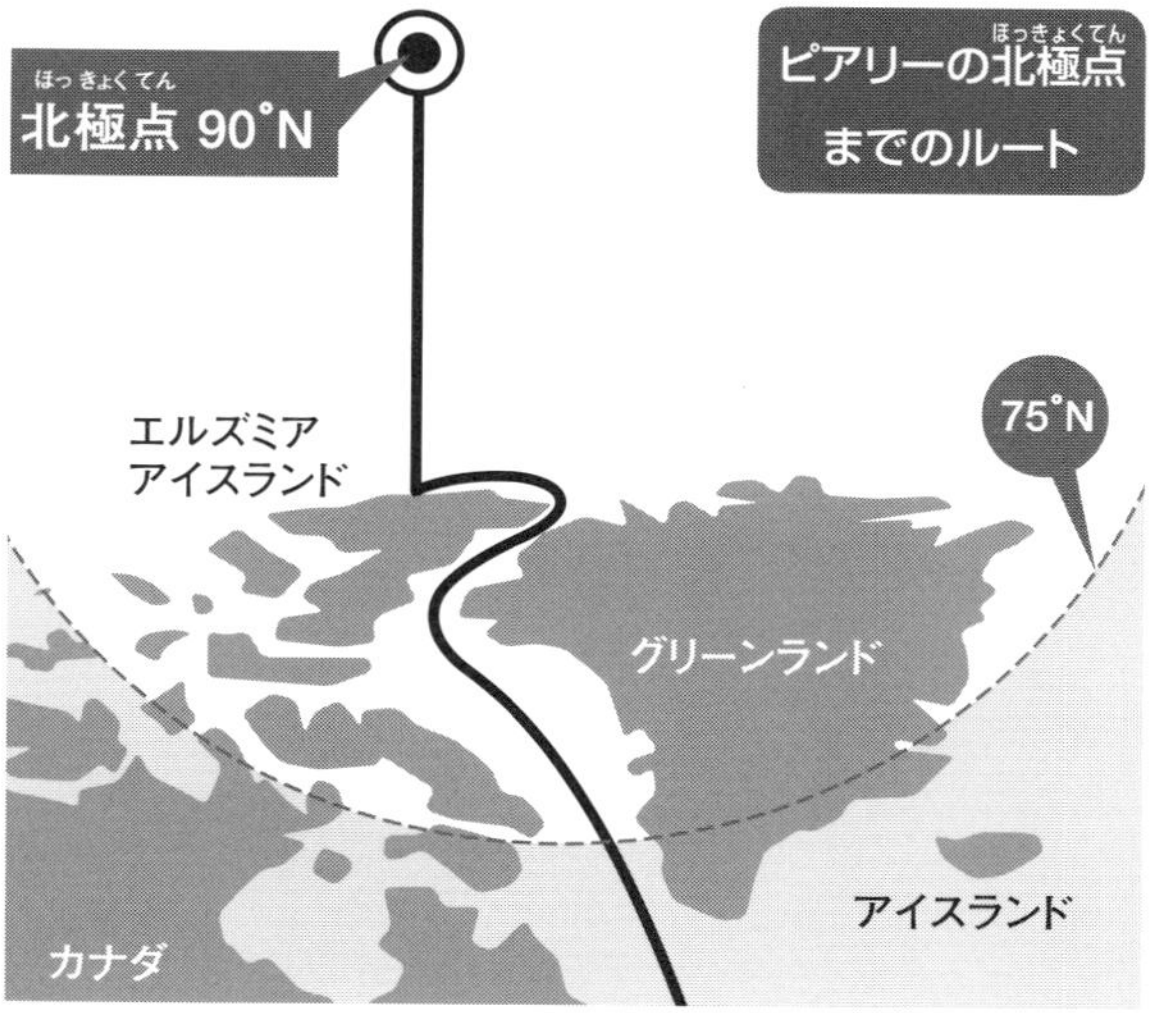

北極《ほっきょく》はやはり大陸《たいりく》ではなかった

南極《なんきょく》は大陸《たいりく》があり、その上《うえ》を氷《こおり》がおおっていますが、北極《ほっきょく》は海《うみ》の上《うえ》に氷《こおり》が浮《う》かんでいるところです。

1958年《ねん》、アメリカの原《げん》子力潜水艦《しりょくせんすいかん》ノーチラス号《ごう》が北《ほっ》極点《きょくてん》を通過《つうか》する北極海横断《ほっきょくかいおうだん》に成功《せいこう》しました。

このことで、北極《ほっきょく》の氷《こおり》は海《うみ》に浮《う》いていることが証明《しょうめい》されました。

もうひとつ勉強《べんきょう》しよう!

星《ほし》を見上《みあ》げた人《ひと》たち ⑤

陸《りく》を渡《わた》ったのはヨーロッパからアジアに向《む》かった人《ひと》だけではありません。ヨーロッパには文献《ぶんけん》などが残《のこ》っていることがあり、くわしく当時《とうじ》の姿《すがた》がわかりますが、アジアに住《す》んでいた人《ひと》たちが西《にし》に向《む》かったことも考《かんが》えられるはずです。日《ひ》の沈《しず》む方向《ほうこう》に向《む》かって旅《たび》をする、広《ひろ》い草原《そうげん》を羊《ひつじ》を追《お》って移動《いどう》する人《ひと》たちはやがてヨーロッパの地《ち》に足《あし》を進《すす》めます。マルコ・ポーロはイタリア・ヴェネティアの商人《しょうにん》でしたが、アジア諸国《しょこく》の人《ひと》たちの話《はなし》を見聞《みき》きして、それを口述《こうじゅつ》したものをまとめたのが「東方見聞録《とうほうけんぶんろく》」です。

南極点《なんきょくてん》　地球《ちきゅう》の一番下《いちばんした》には何《なに》があるのか？

雪《ゆき》と氷《こおり》の大陸《たいりく》を目指《めざ》した人《ひと》たち　アムンゼンとスコット

ピアリーが北極点《ほっきょくてん》に到達《とうたつ》したことで、冒険家《ぼうけんか》たちの目標《もくひょう》は、もうひとつの地《ち》の果《は》て、南極《なんきょく》に向《む》かいます。

ノルウェーのロアール・アムンセンは、北極点《ほっきょくてん》を目指《めざ》していたのですが、先《さき》を越《こ》されたので南極点《なんきょくてん》に向《む》かったひとりです。

もうひとり、同《おな》じころに南極点《なんきょくてん》を目指《めざ》した人《ひと》がいました。イギリス海軍《かいぐん》のロバート・スコットです。

この二組《ふたくみ》の冒険隊《ぼうけんたい》は1911年《ねん》に南極大陸《なんきょくたいりく》で冬《ふゆ》を越《こ》し（南《なん》極《きょく》の冬《ふゆ》は8月《がつ》）、11月《がつ》に南《なん》極点《きょくてん》を目指《めざ》す旅《たび》に出《で》ます。

雪上車《せつじょうしゃ》と馬《ば》ぞりで向《む》かうスコット隊《たい》、アムンセン隊《たい》は犬《いぬ》ぞりでした。結果《けっか》は、12月《がつ》14日《か》にアムンセン隊《たい》が先《さき》に南極《なんきょく》点《てん》に着《つ》きます。

スコット隊《たい》の雪上車《せつじょうしゃ》はすぐに故障《こしょう》、馬《うま》も弱《よわ》ったのが先《さき》を越《こ》された原因《げんいん》でした。

アムンセンは、南極《なんきょく》に向《む》かう前《まえ》に北極《ほっきょく》を目指《めざ》していて、北《きた》の大地《だいち》での冒険《ぼうけん》には犬《いぬ》ぞりがとてもすぐれたものであると知《し》っていたのです。

ロバート・スコット

ロアール・アムンセン

地図《ち》のはて《ず》な？

白夜《びゃくや》と極夜《きょくや》がある場所《ばしょ》

南極大陸《なんきょくたいりく》には、二人《ふたり》の冒険《ぼうけん》家《か》の名前《なまえ》をつけた観測基地《かんそくきち》「アムンゼン・スコット基地《きち》」があります。1956年《ねん》にアメリカ合衆国《がっしゅうこく》が南極点《なんきょくてん》に建設《けんせつ》したもので、アムンセンとスコットの二人《ふたり》に敬意《けいい》を表《ひょう》して名付《なづ》けました。

北緯《ほくい》66・6度《ど》より北《きた》、南緯《なんい》66・6度《ど》より南《みなみ》では、太陽《たいよう》がまったくしずまないので、一日中昼《いちにちじゅうひる》となる白夜《びゃくや》と、太陽《たいよう》がまったく昇《のぼ》らず、一日中夜《いちにちじゅうよる》となる極夜《きょくや》があります。南極点《なんきょくてん》、北極点《ほっきょくてん》がその時間《じかん》が一番長《いちばんなが》くなります。

南緯《なんい》90度《ど》での悲劇《ひげき》

スコットは、アムンセンが先《さき》に南極点《なんきょくてん》についたことを知《し》らずに冒険《ぼうけん》を続《つづ》けます。

南極点《なんきょくてん》に着《つ》いたのが1912年《ねん》1月《がつ》17日《にち》のこと。アムンセンより1カ月《げつ》も遅《おく》れての到着《とうちゃく》となりました。前日《ぜんじつ》の16日《にち》には、アムンセン隊《たい》に先《さき》を越《こ》されたことをそりの滑走跡《かっそうあと》などで知《し》っていたため、失意《しつい》の中《なか》での到達《とうたつ》でした。その後《ご》、さまざまな悪条件《あくじょうけん》が重《かさ》なり、3月《がつ》29日《にち》までにスコット隊《たい》は全員《ぜんいん》亡《な》くなってしまいました。

アムンセンは、飛行機《ひこうき》で北《ほっ》極点《きょくてん》に向《む》かう冒険《ぼうけん》をするのですが、同《おな》じ目的《もくてき》だったイタリアの冒険隊《ぼうけんたい》を助《たす》けようとして1928年《ねん》に北極《ほっきょく》の地《ち》で亡《な》くなりました。

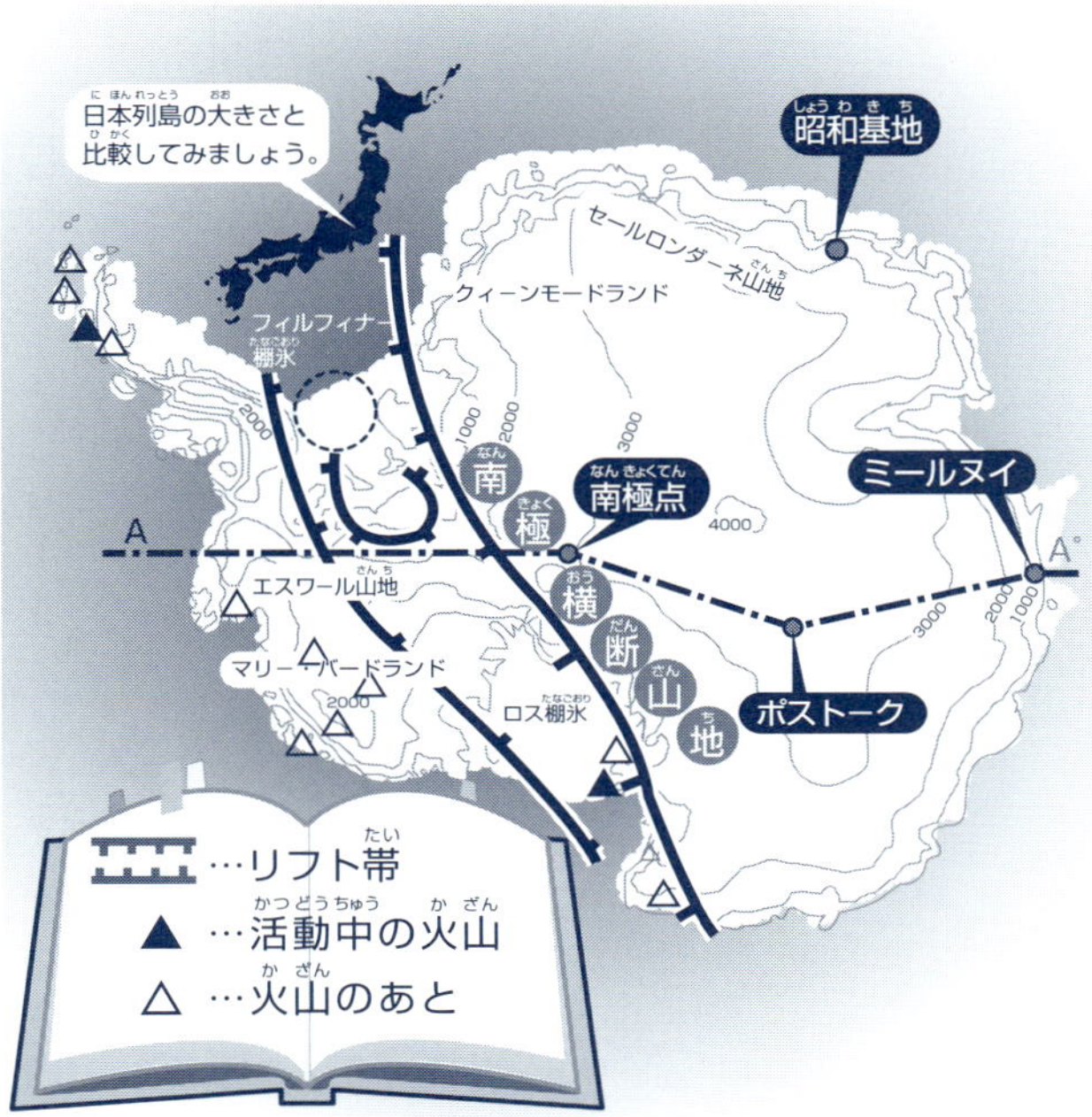

南極大陸《なんきょくたいりく》は、1400万《まん》㎢の大《おお》きな大陸《たいりく》です。1959年《ねん》に南極条約《なんきょくじょうやく》ができ、南極《なんきょく》をどの国《くに》の領土《りょうど》ともしないことを決《き》めています。また、豊富《ほうふ》な地下資源《ちかしげん》があるといわれていますが、資源《しげん》を掘《ほ》ることも禁止《きんし》しています。気象観測《きしょうかんそく》や動物《どうぶつ》の生態系《せいたいけい》の研究《けんきゅう》が南極大陸《なんきょくたいりく》で行《おこな》われてます。

もうひとつ勉強《べんきょう》しよう!

星《ほし》を見上《みあ》げた人《ひと》たち⑥

太陽《たいよう》、月《つき》、星《ほし》。人類《じんるい》は、この空《そら》を見《み》ながら、いろいろなことを見《み》つけました。

1年《ねん》がおよそ365日《にち》であること、ときどき1日多《にちおお》い年《とし》があること。それを記録《きろく》して、やがて暦《こよみ》を作《つく》ります。

夜空《よぞら》に輝《かがや》く星《ほし》を結《むす》んで大《おお》きな絵《え》を描《か》いたのは、アジア大陸《たいりく》で放牧生活《ほうぼくせいかつ》をする羊飼《ひつじか》いだったかもしれません。ギリシャ人《じん》は神々《かみがみ》をその星々《ほしぼし》に重《かさ》ね合《あ》わせてギリシャ神話《しんわ》を作《つく》りました。

やがて、それは地図《ちず》に姿《すがた》を変《か》えてゆくのです。

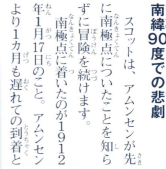

なるほどコラム

西洋《せいよう》と東洋《とうよう》の方位《ほうい》の考《かんが》え方《かた》

円《えん》は360度《ど》たくさんの線《せん》を引《ひ》けますが東洋《とうよう》では中心《ちゅうしん》があると考《かんが》えました

方位《ほうい》は、東西南北《とうざいなんぼく》の4つであらわすことになっています。4方位《ほうい》の場合《ばあい》は、その角度《かくど》が90度《ど》です。

さらに、8方位《ほうい》、16方位《ほうい》、32方位《ほうい》と増《ふ》やすことで、方位《ほうい》がはっきりしてきます。「東《ひがし》のほう」よりは「東南《とうなん》東《とう》のほう」が、わかりやすいですね。

中国《ちゅうごく》やインドでは方位《ほうい》の中心《ちゅうしん》を考《かんが》えました

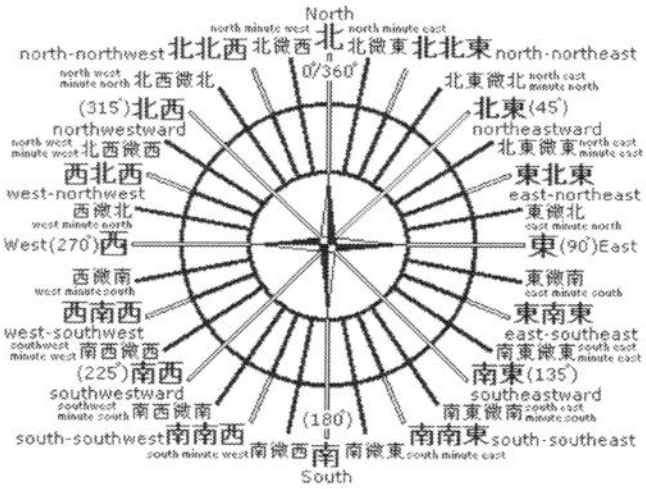

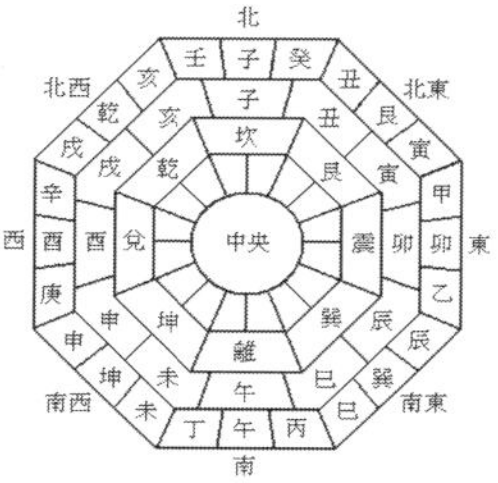

中心点《ちゅうしんてん》から角度《かくど》で割《わ》り切《き》る西洋《せいよう》の方位《ほうい》と、中心《ちゅうしん》を決《き》めて方位《ほうい》をいくつもの円《えん》で囲《かこ》み、それぞれに名前《なまえ》をつけた東洋《とうよう》の考《かんが》え方《かた》。西洋《せいよう》と東洋《とうよう》では方位《ほうい》の考《かんが》え方《かた》が異《こと》なります。

やがて、中国《ちゅうごく》やインドでは、方位《ほうい》にいろいろな意味《いみ》を持《も》たせるようになり、運気《うんき》をはかることにつなげました。

このことは、多神教《たしんきょう》、一神教《いっしんきょう》という宗教感覚《しゅうきょうかんかく》が大《おお》きく関係《かんけい》しているといえます。

北《きた》の空《そら》に北極星《ほっきょくせい》があったから

方位《ほうい》は人《ひと》が移動《いどう》するときの目印《めじるし》だったと考《かんが》えられます。ところが、太陽《たいよう》も星《ほし》も1カ所《しょ》にじっとしていてくれません。

はやくからひとつだけ動《うご》かない星《ほし》があったことはわかっていました。北《きた》の空《そら》に輝《かがや》く北極《ほっきょく》星《せい》です。この星《ほし》だけは、移動《いどう》する人《ひと》たちの目印《めじるし》にはぴったりのものでした。

ひとつの方向《ほうこう》が決《き》まるだけで、あとは簡単《かんたん》です。北極星《ほっきょくせい》から右《みぎ》や左《ひだり》など。やがて、同《おな》じ角度《かくど》で方位《ほうい》を決《き》めた西洋《せいよう》、自分《じぶん》が住《す》んでいるところを「中心《ちゅうしん》」として、方位《ほうい》を決《き》めた中国《ちゅうごく》。いろいろとおもしろい話《はなし》があります。

いろいろな

地図《ちず》

いろいろな地図《ちず》

平面《へいめん》に地図《ちず》を描《か》く工夫《くふう》

世界地図《せかいちず》の原点《げんてん》は地球儀《ちきゅうぎ》です
その地球儀《ちきゅうぎ》を平面《へいめん》に描《か》くと？

全部《ぜんぶ》正《ただ》しく平面《へいめん》に描《か》けない

球体《きゅうたい》のものを正《ただ》しく平面《へいめん》に描《か》くことができない。地図《ちず》を作《つく》ろうとしていた人《ひと》たちの大《おお》きな悩《なや》みはここでした。

絶対《ぜったい》に正《ただ》しく描《か》けないものを正《ただ》しく描《か》こうとした苦《く》労《ろう》が、今《いま》までに編《あ》み出《だ》されてきたさまざまな地図《ちず》の図《ず》法《ほう》にあらわれています。

あくまでも正確《せいかく》さが大切《たいせつ》なら地球儀《ちきゅうぎ》を使《つか》わなければなりませんが、地球儀《ちきゅうぎ》は持《も》ち運《はこ》んだり、描《か》き込《こ》んだりするにはとても不便《ふべん》なものです。それで、便利《べんり》な平面《へいめん》に地図《ちず》を描《か》こうとする人《ひと》たちがたいへん苦労《くろう》しました。

そして、いろいろな地図《ちず》の描《か》き方《かた》を考《かんが》え出《だ》したわけです。

まず実験《じっけん》してみましょう。

野球《やきゅう》のボールや卓球《たっきゅう》のボールを四角《しかく》い紙《かみ》で包《つつ》んでみてください。どこかにシワができるはずです。これが、地図《ちず》の「ゆがみ」になるのです。

世界地図《せかいちず》は地球儀《ちきゅうぎ》から作《つく》ります。丸《まる》いものを一枚《いちまい》の紙《かみ》に、より正《ただ》しく描《か》くための工夫《くふう》が今《いま》までたくさん考《かんが》えられてきました。

地図《ち》の図《ず》はてな？

地図《ちず》の投影《とうえい》

地球儀《ちきゅうぎ》の真《ま》ん中《なか》に電球《でんきゅう》を入《い》れて、その影《かげ》を一枚《いちまい》の紙《かみ》に描《か》き写《うつ》すという、地図《ちず》を作《つく》るときの基本《きほん》が投影法《とうえいほう》という描《か》き方《かた》です。今《いま》はコンピュータ技術《ぎじゅつ》が進《すす》み、この方法《ほうほう》を使《つか》わなくても地図《ちず》を作《つく》ることが簡単《かんたん》になりました。投影法《とうえいほう》を使《つか》うと、いろいろな地図《ちず》ができます。

角度《かくど》、距離《きょり》、面積《めんせき》が正《ただ》しいものが地図《ちず》の投影法《とうえいほう》の基本《きほん》です。どれかが正《ただ》しくないと投影法《とうえいほう》の意味《いみ》はありません。

地球儀《ちきゅうぎ》の真《ま》ん中《なか》に電球《でんきゅう》を入《い》れた

地球儀《ちきゅうぎ》の真《ま》ん中《なか》に電球《でんきゅう》を差《さ》し入《い》れます。さらに、地《ち》球儀《きゅうぎ》を紙《かみ》を筒《つつ》にしたもので回《まわ》りを囲《かこ》みます。

そして、電球《でんきゅう》のあかりをつけると、地球儀《ちきゅうぎ》の模様《もよう》が紙《かみ》に映《うつ》ります。地球儀《ちきゅうぎ》の表面《ひょうめん》が金属《きんぞく》だから映《うつ》らないといわないでくださいね。光《ひかり》を通《とお》すもので作《つく》った地球儀《ちきゅうぎ》での実験《じっけん》ですから。

筒《つつ》にした紙《かみ》に地球《ちきゅう》の模様《もよう》が映《うつ》ることを「投影《とうえい》」といいます。

世界地図《せかいちず》は、この投影《とうえい》という方法《ほうほう》で作《つく》られたのです。

いろいろな形《かたち》の地図《ちず》ができる投影法《とうえいほう》

投影法《とうえいほう》は光《ひかり》の当《あ》てかた、映《うつ》す紙《かみ》の形《かたち》、中心《ちゅうしん》にする場《ば》所《しょ》など、いろいろなことでちがう地図《ちず》を描《か》くことができます。投影《とうえい》は面積《めんせき》、方位《ほうい》(距離《きょり》)、角度《かくど》のいずれかが正確《せいかく》に縮小《しゅくしょう》されていることが基本《きほん》です。地図《ちず》を作《つく》る基本《きほん》が投影法《とうえいほう》ですが、最近《さいきん》は、見《み》やすいデザインの地図《ちず》が増《ふ》えてきました。

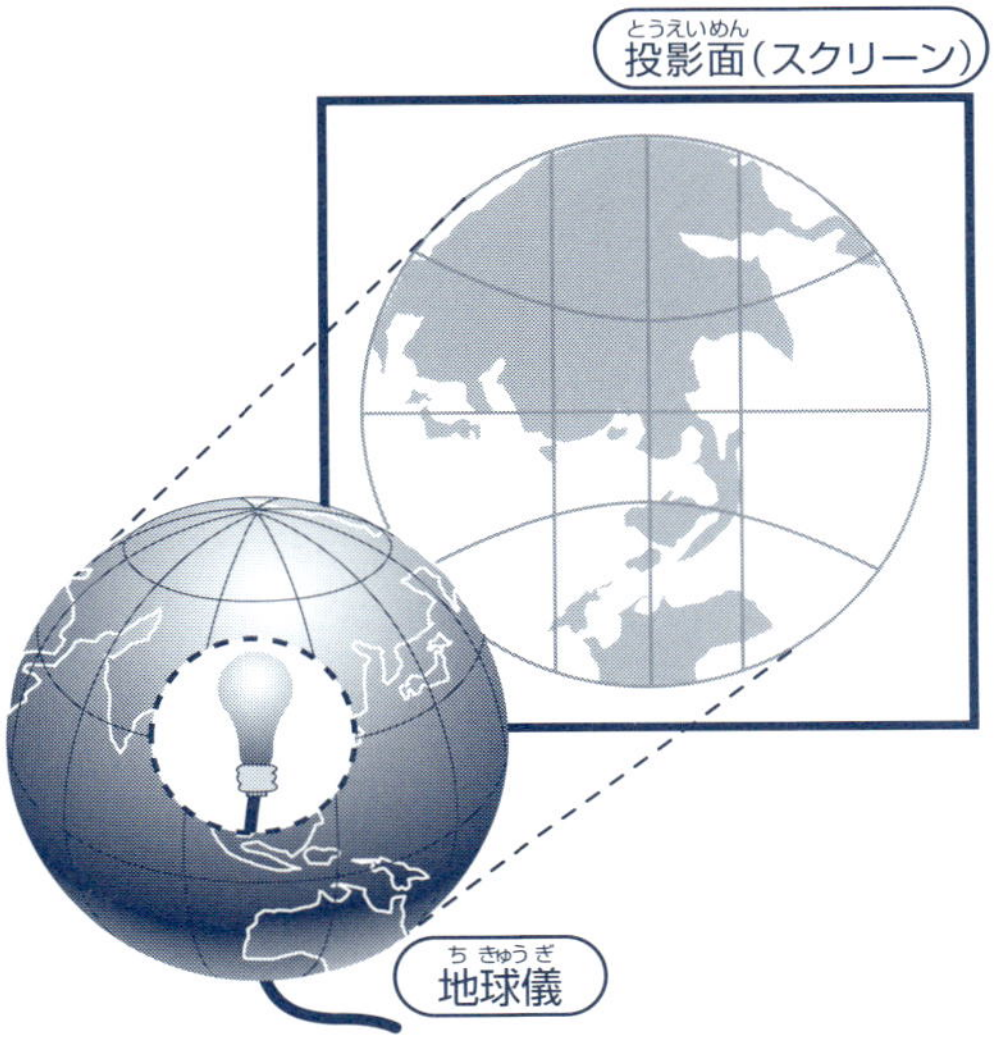

地球儀《ちきゅうぎ》を円柱《えんちゅう》のスクリーンで囲《かこ》み、中心部《ちゅうしんぶ》から電球《でんきゅう》を照《て》らし、地図《ちず》を映《うつ》す方法《ほうほう》がメルカトルが行《おこな》った投影法《とうえいほう》です。

筒状《つつじょう》にした紙《かみ》に反射《はんしゃ》させて描《か》かれた世界地図《せかいちず》

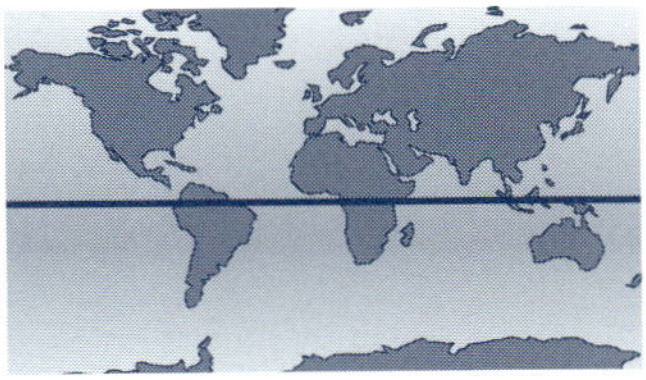

もうひとつ勉《べん》強《きょう》しよう!

見《み》えない地球《ちきゅう》の手《て》「羅針盤《らしんばん》」①

「指南《しなん》」は磁石《じしゃく》から生《う》まれた言葉《ことば》?

教《おし》えることを「指南《しなん》」といいます。この言葉《ことば》は、紀元前《きげんぜん》2600年《ねん》ころの中国《ちゅうごく》の黄帝《こうてい》がつくらせた磁石《じしゃく》が南北《なんぼく》を指《さ》す性質《せいしつ》を応用《おうよう》した「指南車《しなんしゃ》」という道具《どうぐ》から誕生《たんじょう》したといわれています。磁石《じしゃく》は「北《きた》」をさすとおぼえていますが、磁石《じしゃく》は反対側《はんたいがわ》の南《みなみ》もさしていますね。黄河《こうが》から起《お》こる濃《こ》い霧《きり》の中《なか》での戦《いくさ》のためにつくったといわれていますが、実際《じっさい》には磁石《じしゃく》が使《つか》われていたわけではないようです。しかし「指南《しなん》」という言葉《ことば》が残《のこ》っています。

いろいろな地図《ちず》1 正《ただ》しい面積《めんせき》を描《か》いた地図《ちず》

見《み》えにくくなってしまうことでした。360度《ど》の地球《ちきゅう》を145度《ど》で描《か》いているので、どうしても緯度《いど》の高《たか》いところがちぢまってしまうのです。

正積図法《せいせきずほう》

サンソン図法《ずほう》

サンソンだから「山村《さんそん》」の地図《ちず》ではありません。17世紀《せいき》にフランスの地理学者《ちりがくしゃ》サンソンが使《つか》ったことから「サンソン図法《ずほう》」と呼《よ》ばれますが、サンソンが作《つく》ったものではないようです。

何《なに》か、そろばんのたまのように北極《ほっきょく》、南極《なんきょく》がとがっています。

正《ただ》しい図形《ずけい》なのですが、問題《もんだい》は北部《ほくぶ》の国《くに》がちぢまって

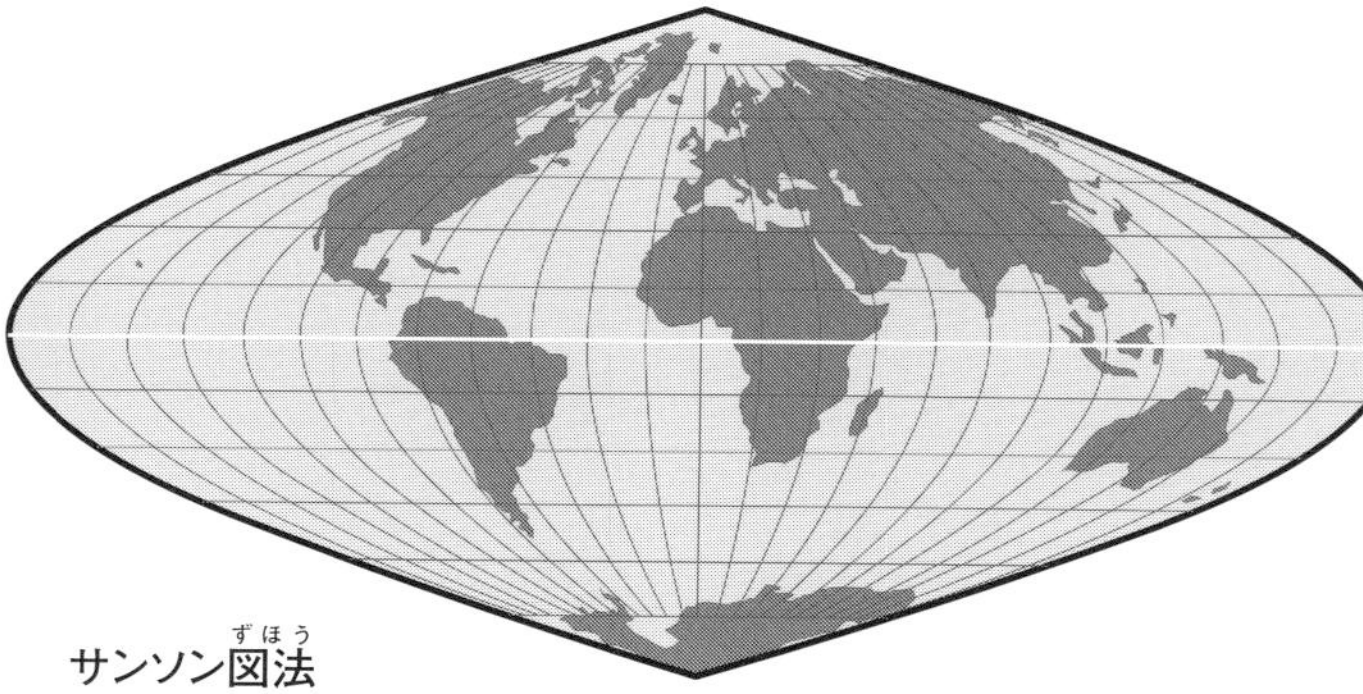

サンソン図法《ずほう》

地図《ちず》の面積《めんせき》は国《くに》の大《おお》きさ

面積《めんせき》は、地図《ちず》の上《うえ》では国《くに》の大《おお》きさになります。縮尺《しゅくしゃく》が正《ただ》しく行《おこな》われていなかった地図《ちず》では、自分《じぶん》の国《くに》が地図《ちず》のほぼ中心《ちゅうしん》にあります。もちろん、大《おお》きな面積《めんせき》で描《か》いてあります。

サンソン図法《ずほう》では、緯度《いど》の高《たか》いところがごちゃごちゃしていましたが、やはり、自分《じぶん》たちの国《くに》のところがはっきりとしない地図《ちず》はダメなのです。ですから、その部分《ぶぶん》を多少《たしょう》はっきりさせたモルワイデ図法《ずほう》が登場《とうじょう》するのです。地図作《ちずづく》りは国《くに》の大切《たいせつ》な仕事《しごと》のひとつだったのです。

モルワイデ図法《ずほう》

1805年《ねん》にドイツの天文《てんもん》学者《がくしゃ》モルワイデが考《かんが》えた図法《ずほう》です。サンソン図法《ずほう》の見《み》にくかったところをすっきりとさせました。

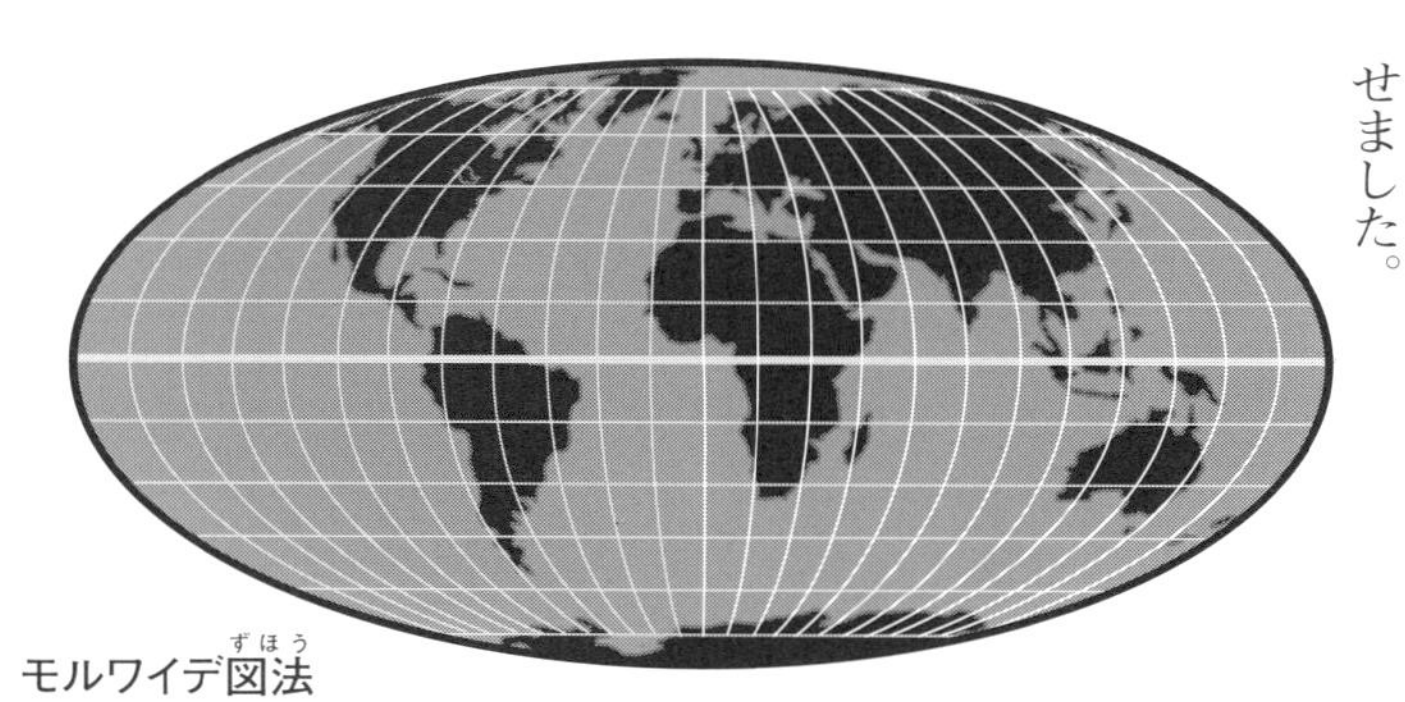

モルワイデ図法《ずほう》

ほかの正積図法《せいせきずほう》

グード図法《ずほう》

海《うみ》を切断《せつだん》することで陸地《りくち》の面積《めんせき》をただしました。海《うみ》が必要《ひつよう》な場合《ばあい》は、陸地《りくち》を分断《ぶんだん》する図法《ずほう》も作《つく》りました。

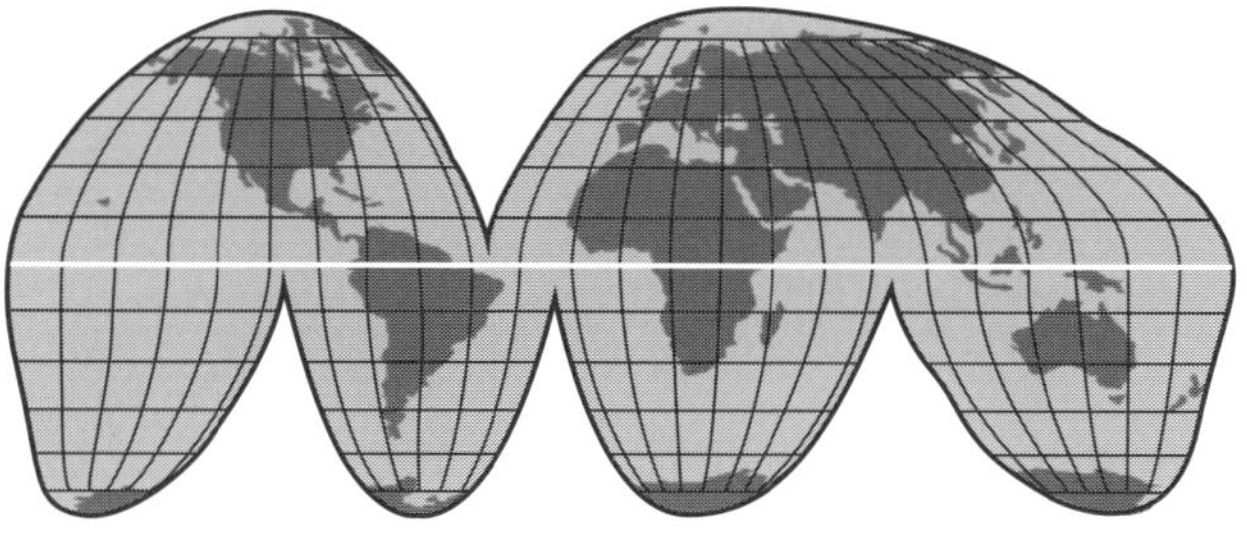

グード図法《ずほう》

大陸《たいりく》や海《うみ》の大《おお》きさは、その面積《めんせき》であらわします。まるい地球《ちきゅう》を一枚《いちまい》の紙《かみ》に描《か》くのが地図《ちず》なので、北極《ほっきょく》、南極《なんきょく》に近《ちか》い地域《ちいき》と赤道《せきどう》に近《ちか》い地域《ちいき》を同《おな》じ手法《しゅほう》であらわすと、上《うえ》と下《した》がちぢんだ図形《ずけい》になってしまいます。緯線《いせん》が曲線《きょくせん》になるのが正積図法《せいせきずほう》の特徴《とくちょう》でもあるのです。

もうひとつ勉強《べんきょう》しよう!

見《み》えない地球《ちきゅう》の手《て》「羅針盤《らしんばん》」②

紀元前《きげんぜん》の中国《ちゅうごく》の本《ほん》に登場《とうじょう》した「慈石《じしゃく》」

『慈石《じしゃく》は鉄《てつ》の母《はは》の様《よう》だ。慈石《じしゃく》は母《はは》が子《こ》どもを引《ひ》き寄《よ》せるかの様《よう》に鉄《てつ》を呼《よ》び寄《よ》せる』

紀元前《きげんぜん》２４０年《ねん》ころの中国《ちゅうごく》の本《ほん》に書《か》かれた文章《ぶんしょう》です。「慈《じ》石《しゃく》」は今《いま》の「磁石《じしゃく》」のことです。ヨーロッパの歴史《れきし》でも磁石《じしゃく》=コンパスは中国《ちゅうごく》から伝《つた》わったものだが、使《つか》いにくいので作《つく》り変《か》えたとされていて、磁気《じき》を利用《りよう》して方位《ほうい》を測《はか》ったのは中国《ちゅうごく》から広《ひろ》がったものと考《かんが》えていいようです。針《はり》をワラなどにつき刺《さ》して水《みず》の上《うえ》に浮《う》かべるものがヨーロッパに伝《つた》わっています。

いろいろな地図《ちず》2 正《ただ》しい角度《かくど》を描《か》いた地図《ちず》

正角図法《せいかくずほう》

メルカトル図法《ずほう》

72ページで勉強《べんきょう》する地図《ちず》帳《ちょう》に「アトラス」と名前《なまえ》をつけたメルカトルが作《つく》った世界地《せかいち》図《ず》です。

世界地図《せかいちず》の図法《ずほう》では一番有《いちばんゆう》名《めい》な地図《ちず》かもしれません。

経線《けいせん》、緯線《いせん》を直角《ちょっかく》に引《ひ》いたこの図法《ずほう》は、緯度《いど》の高《たか》いところの面積《めんせき》が極端《きょくたん》に大《おお》きくなることと方角《ほうがく》が正確《せいかく》でないことが特徴《とくちょう》です。

メルカトルの地図《ちず》は航海《こうかい》ではたいへん便利《べんり》なものです。目的地《もくてきち》との間《あいだ》に直線《ちょくせん》を引《ひ》き、緯《い》度《ど》と交《まじ》わる角度《かくど》をはかり、その角度《かくど》のかじを切《き》ることで目的地《もくてきち》に着《つ》くのです。

★当時《とうじ》の航海術《こうかいじゅつ》としてはすぐれたものですが、常《つね》に経度《けいど》をはかりながらの航海《こうかい》が必要《ひつよう》でした。

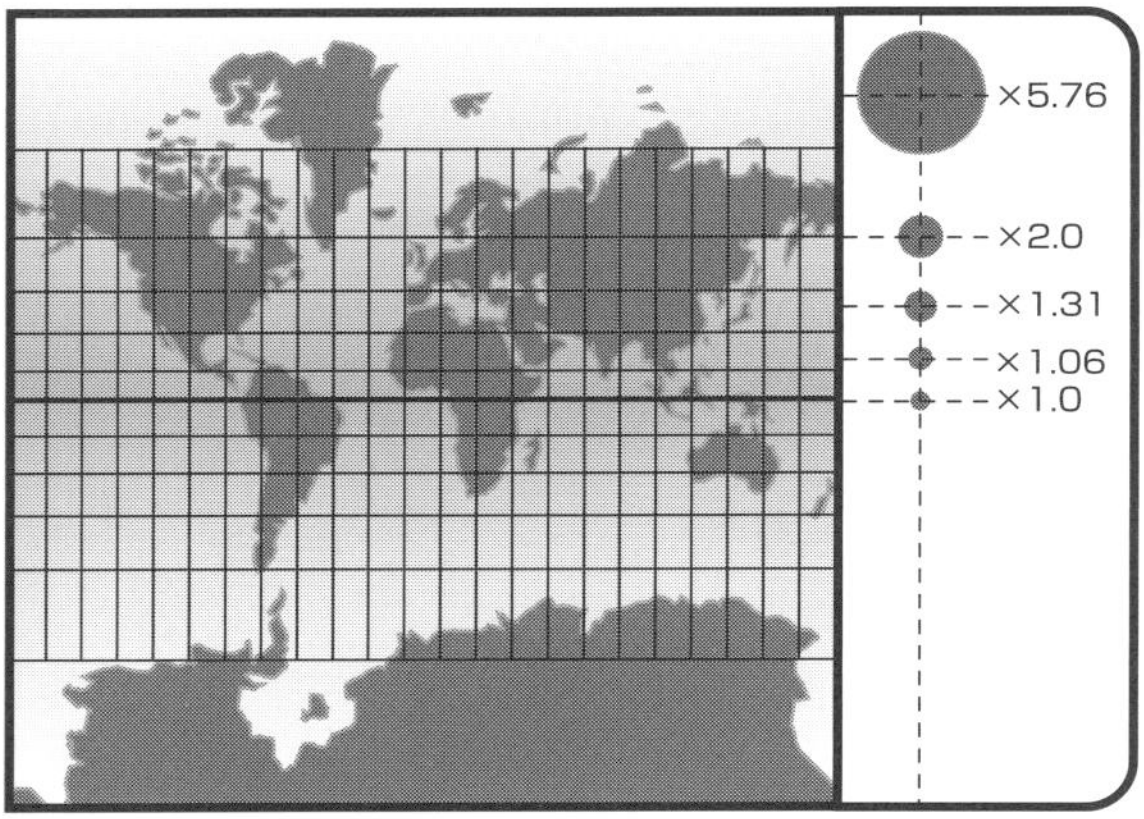

緯度《いど》の高《たか》いところに向《む》かうにつれ距離《きょり》や面積《めんせき》が実際《じっさい》よりも拡大《かくだい》されるのが、メルカトル図法《ずほう》の最大《さいだい》の欠点《けってん》なのですが、地図全体《ちずぜんたい》が見《み》やすいという点《てん》で人気《にんき》です

東京《とうきょう》から真東《まひがし》に進《すす》むとどこ?

世界地図《せかいちず》で一番多《いちばんおお》いのがメルカトル図法《ずほう》と、それをもとにした図法《ずほう》のものです。この地《ち》図《ず》が方角《ほうがく》を勘違《かんちが》いさせてしまいます。「東京《とうきょう》の真東《まひがし》にある都市《とし》はどこですか?」と聞《き》くと、サンフランシスコとかロサンゼルスと答《こた》えてしまいます。メルカトルの地図《ちず》ではサンフランシスコのちかくになりますね。これが地球儀《ちきゅうぎ》で調《しら》べてみるとすぐにわかるのです。答《こた》えは、南米《なんべい》大陸《たいりく》のチリのサンティアゴ、アルゼンチンのブエノスアイレスのほうです。

ほかの正角図法《せいかくずほう》

ランベルト正角円錐図法《せいかくえんすいずほう》

1772年《ねん》にドイツのランベルトが考《かんが》えた図法《ずほう》です。緯《い》線《せん》は同心円《どうしんえん》で、経線《けいせん》は中心《ちゅうしん》からの放射状直線《ほうしゃじょうちょくせん》にしています（緯線《いせん》の間《あいだ》は正角《せいかく》となるように補正《ほせい》）。

ヨーロッパ、北《きた》アメリカの関《かん》係《けい》がわかることから、欧米《おうべい》で使《つか》われています。メルカトル図法《ずほう》より、面積《めんせき》のちがいが少《すく》ないのも特徴《とくちょう》です。

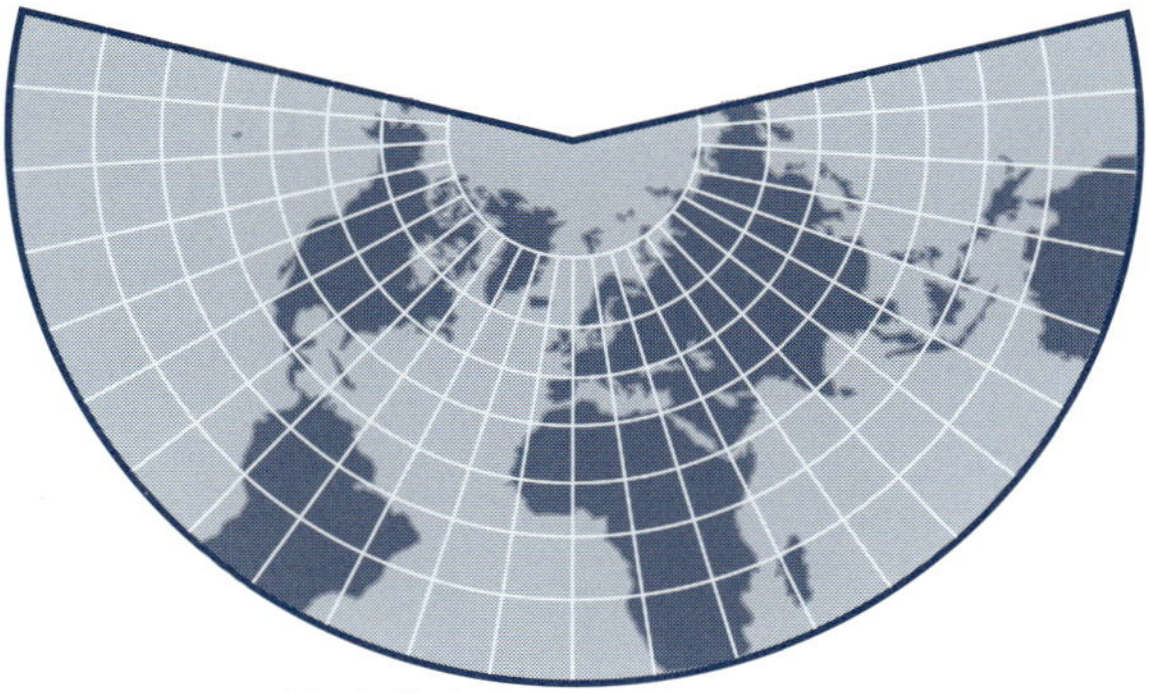

ランベルト正角円錐図法《せいかくえんすいずほう》

「正確《せいかく》」ではなく「正角《せいかく》」です。

ただしい角度《かくど》とはなんでしょうか?

メルカトルの地図《ちず》が航海《こうかい》に役立《やくだ》ったのは、その地点《ちてん》から目的地《もくてきち》に線《せん》を引《ひ》き、経緯度《けいいど》との角度《かくど》をはかると目的地《もくてきち》に着《つ》くことができたからです。その角度《かくど》のことです。地図《ちず》の上《うえ》ではかった角《かく》が正しいと、目的地《もくてきち》に着《つ》くことができるのは、角度《かくど》が正《ただ》しい地図《ちず》、つまり「正角《せいかく》」なのです。

もうひとつ勉強《べんきょう》しよう!

見《み》えない地球《ちきゅう》の手《て》「羅針盤《らしんばん》」③

磁石《じしゃく》をマグネットと呼《よ》ぶ

西暦《せいれき》77年《ねん》、当時《とうじ》のローマの博物学者《はくぶつがくしゃ》プリニウスは「博物《はくぶつ》誌《し》」（今《いま》の百科辞典《ひゃっかじてん》のようなもの）という本《ほん》の中《なか》で磁石《じしゃく》のことをいくつか紹介《しょうかい》しています。『マグネスという名前《なまえ》の羊飼《ひつじか》いが、放牧中《ほうぼくちゅう》に杖《つえ》の先《さき》に付《つ》けられた鉄《てつ》や靴《くつ》に付《つ》いていた鉄《てつ》を引《ひ》き寄《よ》せる石《いし》を見《み》つけた。それ以来《いらい》、鉄《てつ》を引《ひ》き寄《よ》せる不思《ふし》議《ぎ》なこの石《いし》のことを羊飼《ひつじか》いの名前《なまえ》にちなんでマグネットと呼《よ》ぶようになった』。また羅針盤《らしんばん》をコンパスと呼《よ》ぶのは「円《えん》を分割《ぶんかつ》した」という意味《いみ》のラテン語《ご》からきたものです。

いろいろな地図《ちず》

いろいろな地図《ちず》3 正《ただ》しい方位《ほうい》を描《か》いた地図《ちず》

正方位図法《せいほういずほう》

地表《ちひょう》の形《かたち》を平面《へいめん》に投影《とうえい》した図法《ずほう》と応用《おうよう》した図法《ずほう》のことを「方位図法《ほういずほう》」といいます。

平面図法《へいめんずほう》ではなく「方位図《ほういず》法《ほう》」というのは、中心《ちゅうしん》（接点《せってん》）からの方位角《ほういかく》が正《ただ》しく表現《ひょうげん》されるからです。全《ぜん》体《たい》の形《かたち》は円形《えんけい》になります。

この正方位図法《せいほういずほう》は、どの場所《ばしょ》からも正《ただ》しく方位《ほうい》がわかるわけではなく、その中心《ちゅうしん》からの方位《ほうい》を描《か》いたものです。

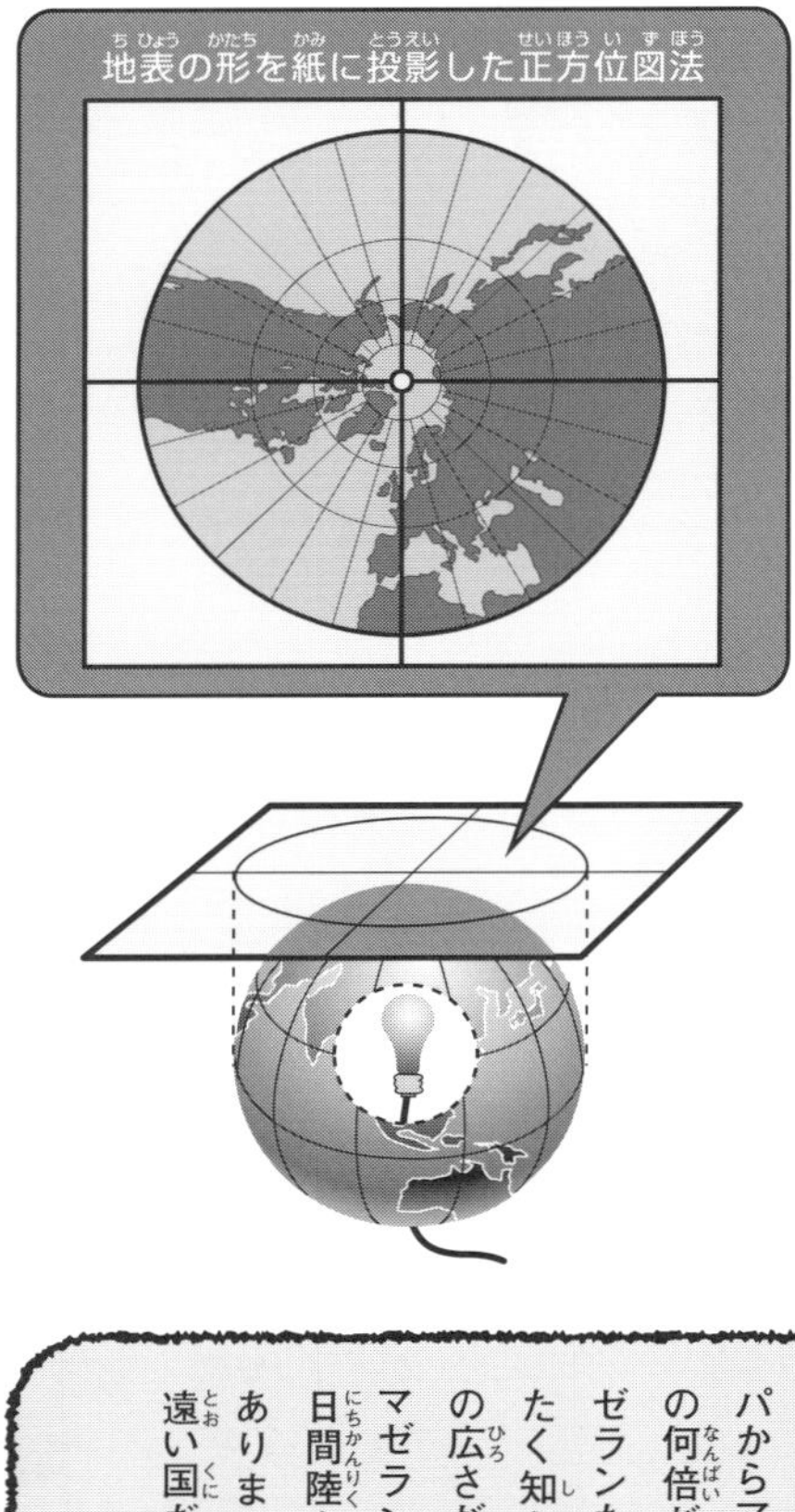
地表《ちひょう》の形《かたち》を紙《かみ》に投影《とうえい》した正方位図法《せいほういずほう》

地表《ちひょう》の形《かたち》を平面《へいめん》のスクリーンに投影《とうえい》する場合《ばあい》とその考《かんが》え方《かた》を使《つか》った図法《ずほう》をまとめて「方《ほう》位図法《いずほう》」といいます。方位図《ほういず》法《ほう》の一種《いっしゅ》の投射図法《とうしゃずほう》では地球《ちきゅう》の半分程度《はんぶんていど》しか映《うつ》せません。のこりの半分《はんぶん》は、計算《けいさん》をして図形《ずほう》を追加《ついか》するのです。

地図《ちず》のはてな？

海《うみ》の大《おお》きさ

正距方位図法《せいきょほういずほう》の地図《ちず》をみると、太平洋《たいへいよう》の大《おお》きさがよくわかります。マゼランが南《みなみ》アメリカ大陸《たいりく》を抜《ぬ》け太平洋《たいへいよう》に出《で》たときに「もうすぐスペインに戻《もど》れる」といったそうです。ヨーロッパからマゼラン海峡《かいきょう》までの距離《きょり》の何倍《なんばい》が太平洋《たいへいよう》でしょうか？　マゼランたちは、その時代《じだい》はまったく知《し》られていなかった太平洋《たいへいよう》の広《ひろ》さがわからなかったのです。マゼランの航海日誌《こうかいにっし》では「98日間陸《にちかんりく》を見《み》なかった」と書《か》いてあります。目指《めざ》したインドは遠《とお》い国《くに》だと思《おも》ったはずです。

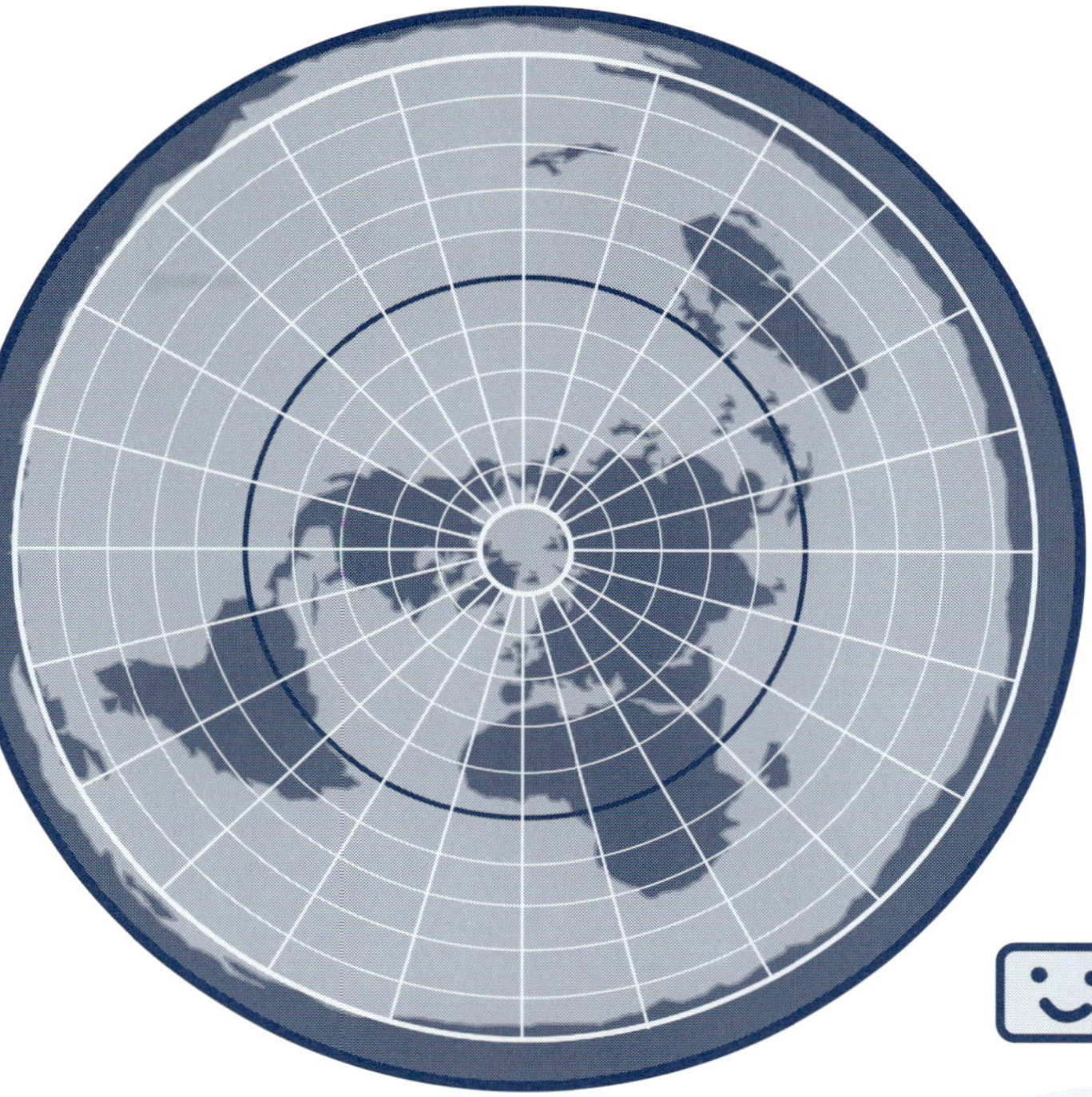

正距方位図法《せいきょほういずほう》

方位《ほうい》だけではなく、距離《きょり》も正《ただ》しく書《か》いたものです。これも中心点《ちゅうしんてん》からの距離《きょり》が正確《せいかく》なだけです。

距離《きょり》が正《ただ》しいといっても、北極点《ほっきょくてん》から見《み》た地図《ちず》で距離《きょり》が正《ただ》しいのはおよそ赤道《せきどう》までです。方位《ほうい》がわかりやすいことから航空業界《こうくうぎょうかい》ではよく使《つか》われる地図《ちず》のひとつです。中心点《ちゅうしんてん》を自由《じゆう》に決《き》めることができるので、方位《ほうい》、距離《きょり》を見《み》るのに便利《べんり》な地図《ちず》のひとつです。

もうひとつ勉強《べんきょう》しよう！

見《み》えない地球《ちきゅう》の手《て》「羅針盤《らしんばん》」④

星《ほし》の位置《いち》や風向《かざむ》きで海《うみ》を渡《わた》っていた時代《じだい》から少《すこ》し進《すす》んだ12世紀《せいき》のイタリア。ジェノバ、ベネチアでは地中海《ちちゅうかい》を使《つか》った航《こう》海術《かいじゅつ》が発達《はったつ》していきます。航《こう》海《かい》は出発《しゅっぱつ》したところから目的《もくてき》地《ち》に着《つ》き、そして戻《もど》ってくることが大切《たいせつ》です。地中海《ちちゅうかい》で使《つか》われた地図《ちず》は、海岸線《かいがんせん》と角度《かくど》を書《か》き込《こ》んだものでした。はじめは、船乗《ふなの》りたちから聞《き》いたことと天体《てんたい》などから地図《ちず》が作《つく》られ、やがて「ポルトラノ」という海図《かいず》につながるのです。

いろいろな地図《ちず》

いろいろな地図《ちず》4

よく使《つか》われる地図《ちず》 非投影図法《ひとうえいずほう》

見《み》やすい地図《ちず》を作《つく》る

地球儀《ちきゅうぎ》のなかに電球《でんきゅう》を入《い》れて映《うつ》し出《だ》す投影法《とうえいほう》は、良《い》い点《てん》と悪《わる》い点《てん》がそれぞれあります。この悪《わる》い点《てん》に手《て》を加《くわ》えたものが「非投影図法《ひとうえいずほう》」と呼《よ》ばれるものです。

方位《ほうい》、角度《かくど》、面積《めんせき》も正《ただ》しくないけど、とても見《み》やすい世界地図《せかいちず》があります。

地図《ちず》はほぼ正《ただ》しいのが基本《きほん》です。全体《ぜんたい》を見《み》やすくすることも、地図《ちず》のひとつの正《ただ》しさなのかもしれません。

ミラー図法《ずほう》

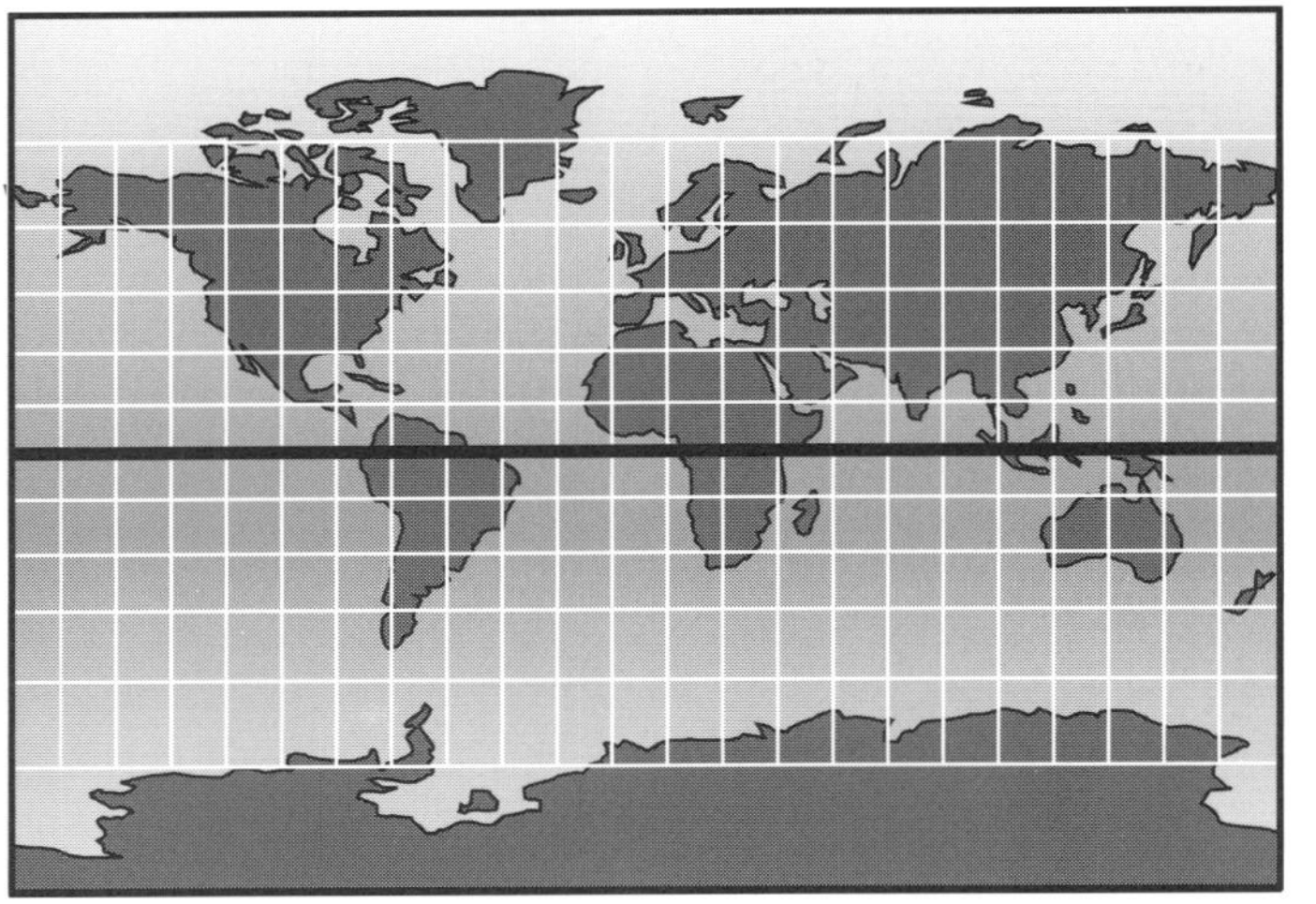

経緯線《けいいせん》は垂直線《すいちょくせん》と水平線《すいへいせん》であらわします。メルカトル図法《ずほう》では、高緯度地方《こういどちほう》が拡大《かくだい》されすぎて、しかも両極《りょうきょく》が投影《とうえい》できないため、この点《てん》を改良《かいりょう》したものです。1942年《ねん》にアメリカの地理学者《ちりがくしゃ》ミラーが考案《こうあん》しました。

地図《ちず》のはてな？

20世紀《せいき》になると

20世紀《せいき》になると、地球全体《ちきゅうぜんたい》の姿《すがた》がわかりはじめました。大陸《たいりく》や海《うみ》の形《かたち》を正《ただ》しく地図《ちず》にしようとの考《かんが》え方《かた》から、新《あたら》しくわかる地図《ちず》を作《つく》ろうとの動《うご》きが増《ふ》えてきます。投影《とうえい》を使《つか》わない地図作《ちずづく》りです。それは、測量《そくりょう》で作《つく》られる地図《ちず》とはちがう「使《つか》いやすさ」を考《かんが》えたものです。丸《まる》い地球《ちきゅう》から地図《ちず》を作《つく》るのではなく、すでにあった地図《ちず》を見《み》やすく直《なお》すものです。丸《まる》い地球《ちきゅう》を形《かたち》にした地球儀《ちきゅうぎ》が作《つく》られてから500年近《ねんちか》く経《た》った20世紀《せいき》はじめのことです。

ヴィンケル図法《ずほう》

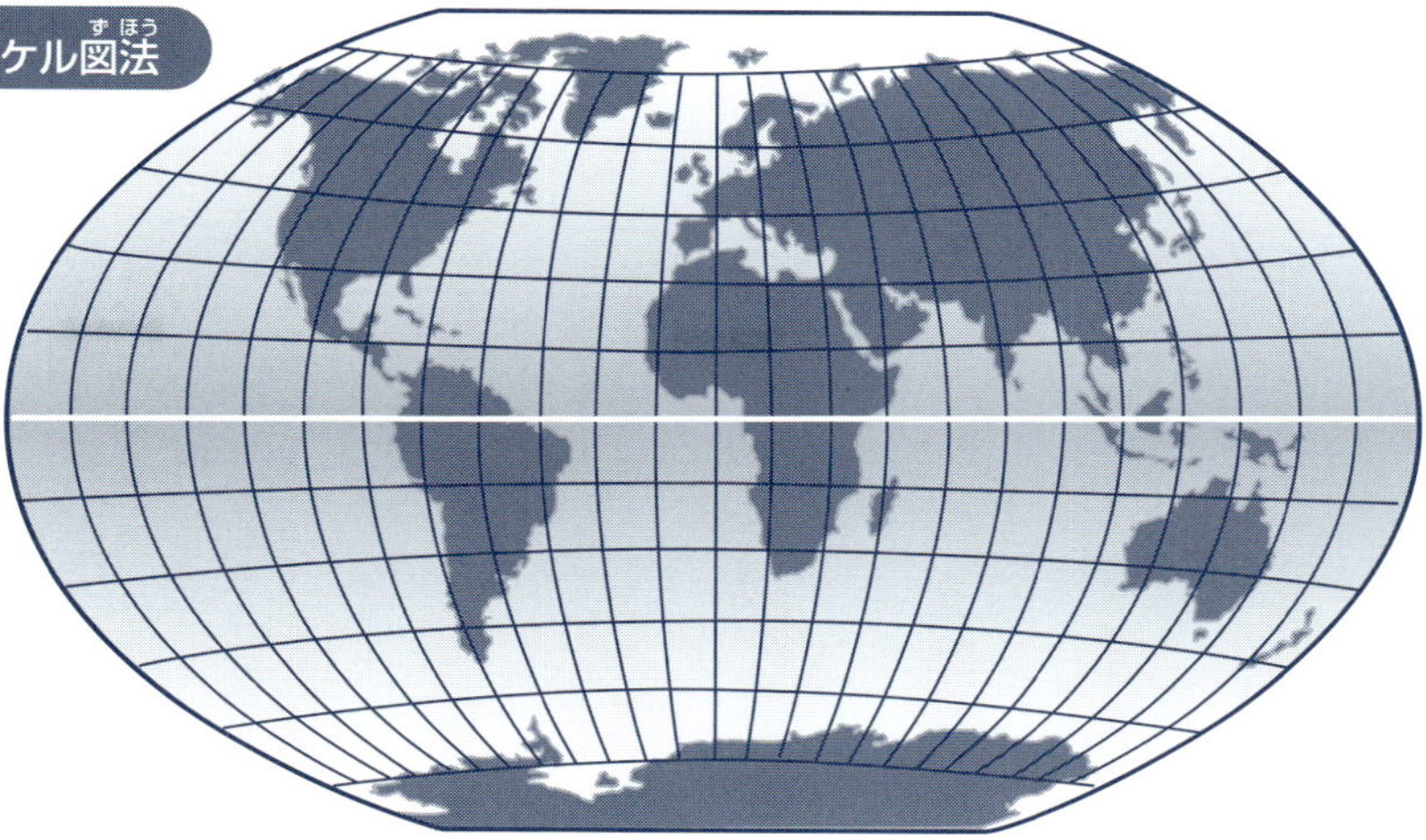

エイトフ図法《ずほう》と正距円筒図法《せいきょえんとうずほう》の平均《へいきん》を取《と》って作《つく》ったもので、極《きょく》を赤道《せきどう》の半分《はんぶん》の長《なが》さで表《あらわ》す平極法《へいきょくほう》の形《かたち》をとります。全体《ぜんたい》のひずみは非常《ひじょう》に小《ち》さくなります。しかもどの部分《ぶぶん》をとっても総合的《そうごうてき》なひずみは同《おな》じになるため、全世界図《ぜんせかいず》に適《てき》しています。1913年《ねん》にドイツのヴィンケルが考案《こうあん》しました。

エイトフ図法《ずほう》

1918年《ねん》、ロシアのエイトフが考《かんが》えた方位図法《ほういずほう》です。36ページの「ハンメル図法《ずほう》」とよく似《に》ていますが、正積《せいせき》ではありません。

もうひとつ勉強《べんきょう》しよう!

見《み》えない地球《ちきゅう》の手《て》「羅針盤《らしんばん》」⑤

32方位《ほうい》の海図《かいず》

ポルトラノ海図《かいず》には、航海《こうかい》の目標《もくひょう》となるいくつかの地点《ちてん》から、方位線《ほういせん》とよばれる32本《ほん》の直線《ちょくせん》が放射状《ほうしゃじょう》に描《えが》かれています。出発地《しゅっぱつち》から目的地《もくてきち》までの方位線《ほういせん》を組《く》み合《あ》わせて、これに沿《そ》って航海《こうかい》していけば、複雑《ふくざつ》な地中海《ちちゅうかい》でもまちがいなく目的《もくてき》の港《みなと》に到達《とうたつ》することができるわけです。『港《みなと》を出《で》たら東南東《とうなんとう》に進《すす》み、A岬《みさき》が左《ひだり》に見《み》えたら東南《とうなん》に向《む》きを変《か》え、B島《とう》を過《す》ぎたら東北東《とうほくとう》に向《む》きを変《か》え、順風《じゅんぷう》ならそのまま半日進《はんにちすす》む』。コンパスのおかげで安全《あんぜん》な航海《こうかい》ができるようになりました。

いろいろな地図《ちず》5 まだまだある よく使《つか》われる地図《ちず》

投影法《とうえいほう》を使《つか》うと いろいろな世界地図《せかいちず》ができます

地球儀《ちきゅうぎ》の中《なか》に電球《でんきゅう》を入《い》れ、その影《かげ》を平面《へいめん》の紙《かみ》に映《うつ》し出《だ》す投影法《とうえいほう》は、いろいろな地図《ちず》の形《かたち》ができます。丸《まる》い地球《ちきゅう》から地図《ちず》を作《つく》るには、この方法《ほうほう》が一番《いちばん》わかりやすかったのです。

ハンメル図法《ずほう》 正積図法《せいせきずほう》

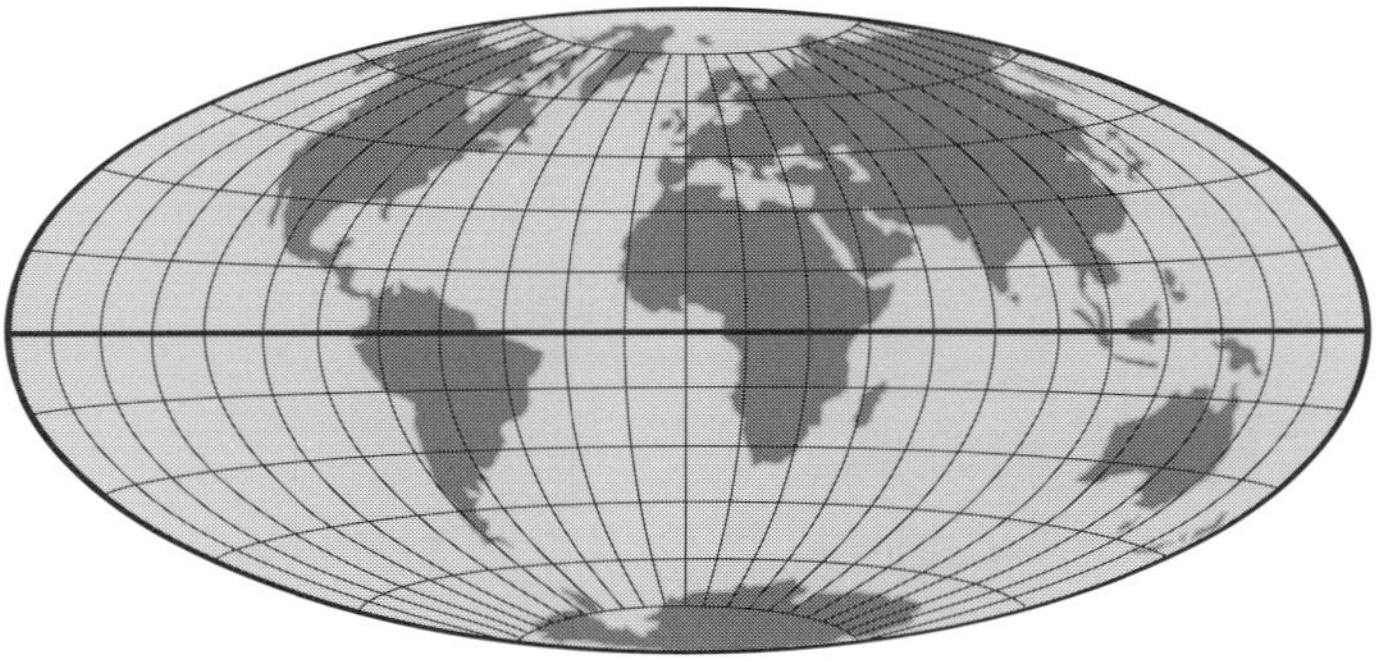

経線《けいせん》の間《かん》かくは中心《ちゅうしん》からはなれるにしたがってせばめられていきます。経線《けいせん》が曲線《きょくせん》で、経線《けいせん》と緯線《いせん》の交差《こうさ》は直角《ちょっかく》になり、周《まわ》りの形《かたち》のひずみは比較的小《ひかくてきちい》さくなっていきます。1892年《ねん》にドイツの地理学者《ちりがくしゃ》ハンメルが考案《こうあん》した、全世界図《ぜんせかいず》として優《すぐ》れた図法《ずほう》です。

地図《ちず》のはてな?

想像力《そうぞうりょく》がたりない?

投影法《とうえいほう》は、地図《ちず》を学校《がっこう》で習《なら》うときの最初《さいしょ》の壁《かべ》になるそうです。どうも、地球《ちきゅう》の真《ま》ん中《なか》から電球《でんきゅう》を照《て》らすときにできる図《ず》を…のあたりで、よくわからなくなってしまうのです。世界地図《せかいちず》がこの投影法《とうえいほう》でたくさんできたのは確《たし》かです。でも、最近《さいきん》はこの投影法《とうえいほう》からできた地図《ちず》を手直《てなお》しして、見《み》やすくした地図《ちず》がよく使《つか》われています。絶対《ぜったい》にできない丸《まる》いものを平面《へいめん》に書《か》くことではなく、それがわかりやすいものに変《か》わってきました。

ベールマン図法《ずほう》

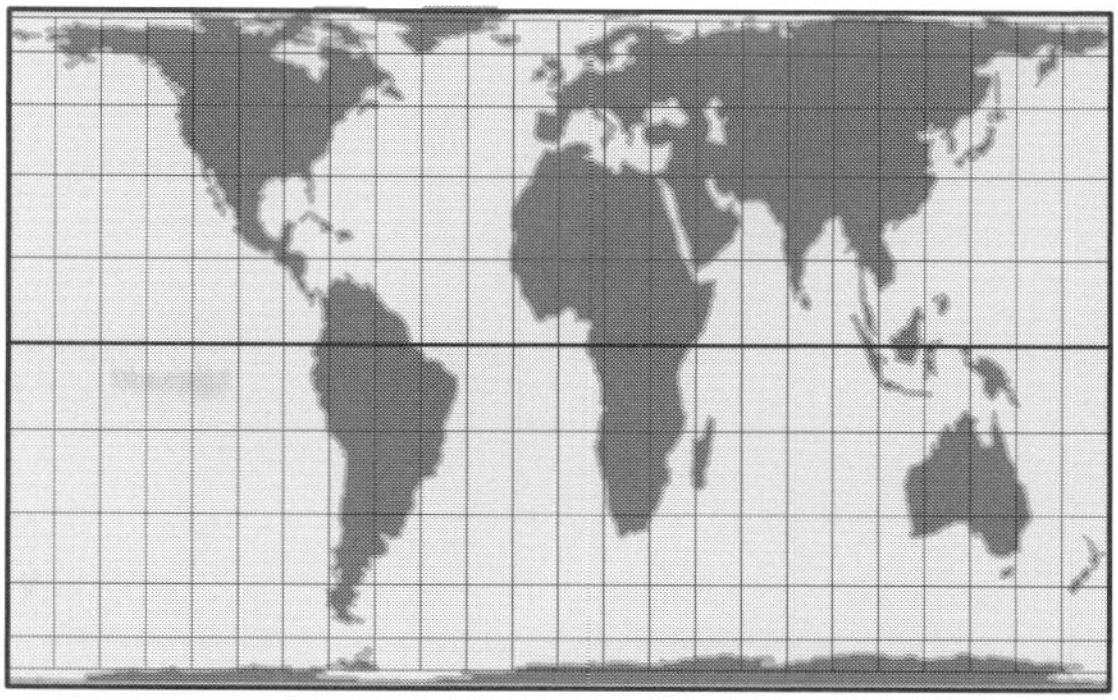

経緯線《けいいせん》は垂直線《すいちょくせん》と水平線《すいへいせん》であらわされる、正積割円筒図法《せいせきかつえんとうずほう》です。割円筒《かつえんとう》であるため中緯度地方《ちゅういどちほう》を正《ただ》しく表《あらわ》わすことができます（割円筒《かつえんとう》の特徴《とくちょう》です）。割線《かつせん》の間《かん》かくで縦《たて》と横《よこ》の比率《ひりつ》が変化《へんか》します。1910年《ねん》にベールマンが考案《こうあん》したのは標準緯線《ひょうじゅんいせん》を30度《ど》にしたものです。

エケルト図法《ずほう》4と6 正積図法《せいせきずほう》

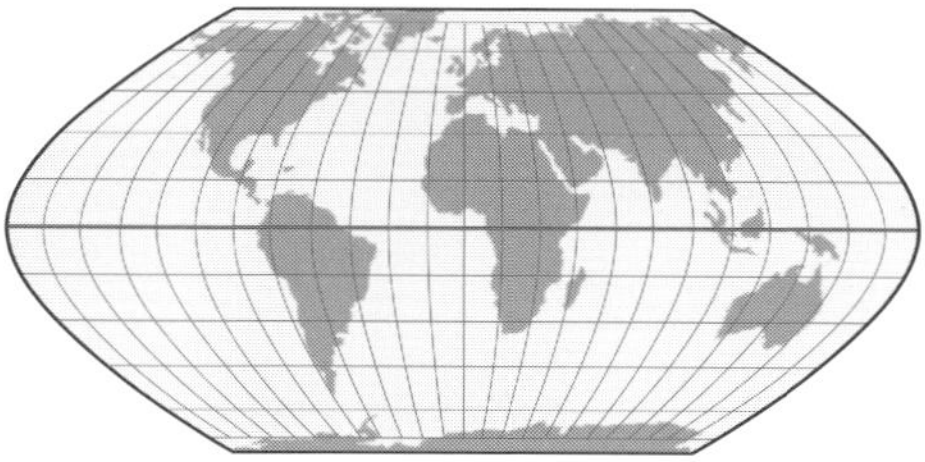

エケルト図法《ずほう》6

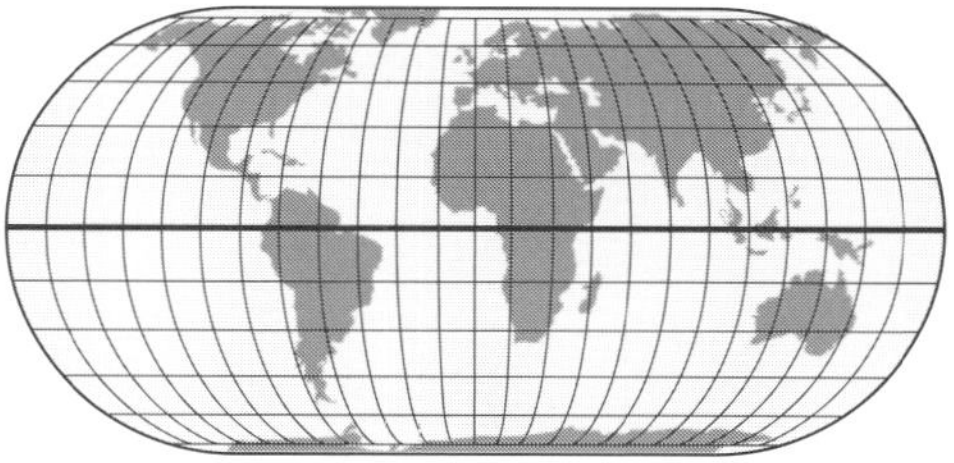

エケルト図法《ずほう》4

緯線《いせん》の間《かん》かくは正積《せいせき》になるようになっています。平極法《へいきょくほう》のため、経線《けいせん》が1点《てん》に集《あつ》まらず、高緯度《こういど》での形状《けいじょう》のひずみが比較的《ひかくてき》小《ち》さくなります。そのかわり低緯度《ていいど》では南北《なんぼく》に拡大《かくだい》されていることになってしまいます。1906年《ねん》にドイツの地理学者《ちりがくしゃ》マックス・エケルトが考案《こうあん》しました。エケルトは6つの地図《ちず》をつくりましたが、4と6がよく使《つか》われます。

もうひとつ勉《べん》強《きょう》しよう!

見《み》えない地球《ちきゅう》の手《て》「羅針盤《らしんばん》」⑥

中国《ちゅうごく》・宋《そう》の3つの発明《はつめい》

10世紀《せいき》後半《こうはん》から中国《ちゅうごく》を治《おさ》めていたのは「宋《そう》」です。大陸《たいりく》を横断《おうだん》することで中国《ちゅうごく》とヨーロッパはわずかですが交流《こうりゅう》を持《も》ちます。それはイスラム商人《しょうにん》たちによるものでした。11世《せい》紀《き》の宋《そう》では、3つの大《おお》きなものを発明《はつめい》しました。印刷《いんさつ》、火《か》薬《やく》、そして羅針盤《らしんばん》です。一番《いちばん》早《はや》く、ヨーロッパに伝《つた》わったのは羅針盤《らしんばん》でした。陸《りく》を歩《ある》くときに方角《ほうがく》を知《し》ることが必要《ひつよう》だったからです。この3つの発明《はつめい》は、その後《ご》ヨーロッパで改良《かいりょう》され、大《おお》きな変化《へんか》をもたらすことになります。

いろいろな地図《ちず》6
南半球《みなみはんきゅう》のおもしろ地図《ちず》 いつも下《した》なのが嫌《いや》だった？

南半球《みなみはんきゅう》のお土産品《みやげひん》

上《うえ》と下《した》を間違《まちが》えたわけではありません。正《ただ》しい地図《ちず》です。

実《じつ》は、この地図《ちず》はオーストラリアの人《ひと》が考《かんが》えたものです。地図《ちず》の約束《やくそく》で上《うえ》は北《きた》ですが、「南《みなみ》が上《うえ》でもかまわないでしょう」と作《つく》ったものです。

「地球《ちきゅう》は丸《まる》い球体《きゅうたい》だ」といったときに、南半球《みなみはんきゅう》の人《ひと》たちは逆立《さかだ》ちをして生活《せいかつ》しているのかと不思議《ふしぎ》がりました。ときどきは、南半球《みなみはんきゅう》が上《うえ》でもいいのかもしれません。

北《きた》と南《みなみ》を反対《はんたい》にした地図《ちず》

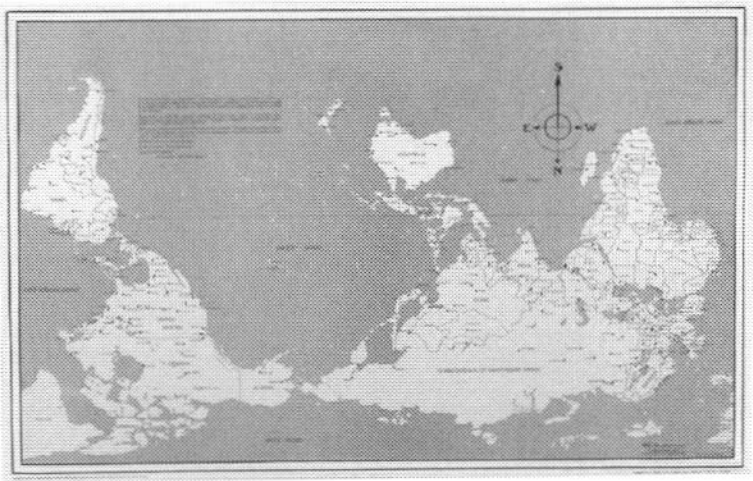

オーストラリアの逆《さか》さ地図《ちず》

日本《にほん》にもある逆《さか》さ地図《ちず》

日本海《にほんかい》を中心《ちゅうしん》にした逆《さか》さ地図《ちず》。富山県《とやまけん》が作成《さくせい》したものです。

「環日本海諸国図《かんにほんかいしょこくず》」
この地図《ちず》は、富山県《とやまけん》が作成《さくせい》した地図《ちず》の（一部《いちぶ》）を転載《てんさい》したものである（平《へい》6総使第《そうしだい》76号《ごう》）

地図《ちず》のはてな？

地球《ちきゅう》にアイロンをかけるようなもの

地図作《ちずづく》りは、ゴムまりを平《たい》らにするためにたくさんのきざみをいれるようなことのくり返《かえ》しであるといいます。絶対《ぜったい》にできないことをなんとかしてみるということが地図《ちず》の発展《はってん》の歴史《れきし》です。今《いま》も1枚《まい》の紙《かみ》に地球《ちきゅう》を描《か》きたいという研究者《けんきゅうしゃ》がたくさんいます。1㎝で何《なん》キロメートルもちがってしまうほど大変《たいへん》な作業《さぎょう》ですが、地図作《ちずづく》りは楽《たの》しい仕事《しごと》のようです。

ハート型《がた》に地球《ちきゅう》を書《か》いたボンヌ図法《ずほう》

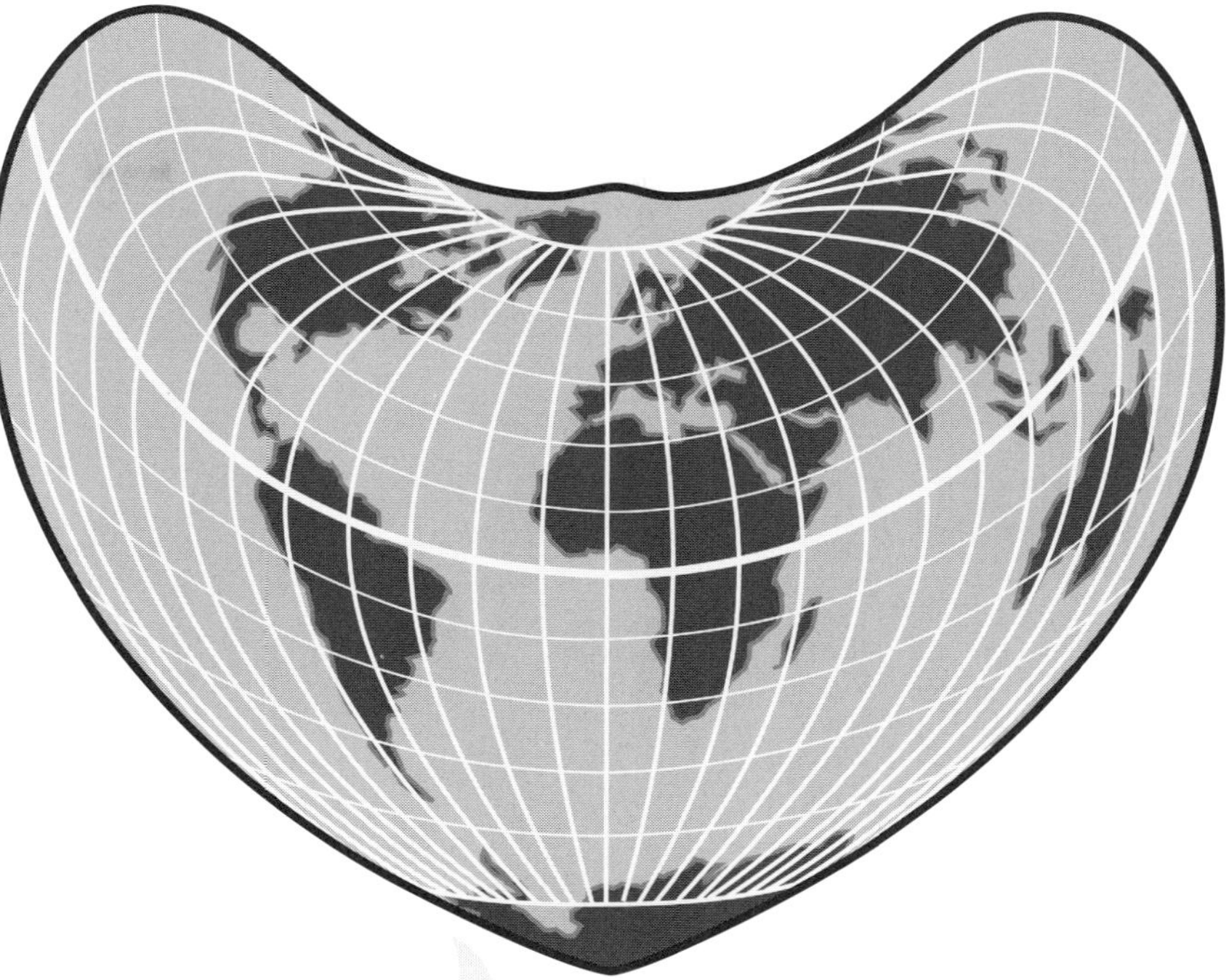

緯線《いせん》は正《ただ》しい間《かん》かくで書《か》き込《こ》まれ、正《ただ》しい長《なが》さの同心円《どうしんえん》で表《あらわ》されます。経線《けいせん》は曲線《きょくせん》ですが正《ただ》しい間《かん》かくで描《か》かれています。中緯度地方《ちゅういどちほう》を描《か》くのに適《てき》していて、大陸図《たいりくず》や地方図《ちほうず》に使《つか》われることが多《おお》いです。1752年《ねん》にフランスの地理学者《ちりがくしゃ》のボンヌが考《かんが》えました。

もうひとつ勉《べん》強《きょう》しよう！

見《み》えない地球《ちきゅう》の手《て》「羅針盤《らしんばん》」⑦

刀《かたな》が方位《ほうい》を狂《くる》わす

伊能忠敬《いのうただたか》は、測量《そくりょう》を行《おこな》うときに「小方儀《しょうほうぎ》」という方位磁《ほういじ》石《しゃく》を使《つか》いました。まだ、磁石《じしゃく》についての知識《ちしき》があまりなかったのですが、伊能《いのう》は鉄《てつ》が磁石《じしゃく》を狂《くる》わせることを知《し》っていて、測量《そくりょう》のときには同行者《どうこうしゃ》に刀《かたな》などの鉄《てつ》を身《み》につけさせず、銅《どう》や竹《たけ》の刀《かたな》を携《たずさ》えさせていたそうです。幕府《ばくふ》の仕事《しごと》で腰《こし》に刀《かたな》を差《さ》していない侍《さむらい》はやはりだめだったのでしょう。17年《ねん》という年月《ねんげつ》をかけて作《つく》った「大日本沿岸輿地全図《だいにほんえんがんよちぜんず》」は、伊能《いのう》がなくなってから2年後《ねんご》に発行《はっこう》されました。

いろいろな地図《ちず》

鳥瞰図《ちょうかんず》

鳥《とり》の気持《きも》ちで地図《ちず》を作《つく》ったから鳥瞰図《ちょうかんず》といいます

空中《くうちゅう》から地上《ちじょう》を見下《みお》ろしたような地図《ちず》

鳥瞰図《ちょうかんず》は、角度《かくど》や方位《ほうい》、面積《めんせき》をあまり気《き》にすることはなく、目的《もくてき》のものを立体《りったい》的《てき》に描《か》き上《あ》げるもので、地図《ち》というより絵画《かいが》に近《ちか》いものがあります。

今《いま》はコンピュータ技術《ぎじゅつ》があるので、立体地図《りったいちず》や鳥瞰図《ちょうかんず》は簡単《かんたん》に描《か》けるようになりました。コンピュータで作《つく》る立体図《りったいず》、そう「３Ｄ」です。コンピュータがとても得意《とくい》な技術《ぎじゅつ》です。カーナビの画面《がめん》も「３Ｄ」が使《つか》われています。

新潟県《にいがたけん》のトキの野生順化施設《やせいじゅんかしせつ》の鳥瞰図《ちょうかんず》

野生順化施設《やせいじゅんかしせつ》　鳥瞰図《ちょうかんず》

地図《ち》のはてな？

吉田初三郎《よしだはつさぶろう》の鳥瞰図《ちょうかんず》

吉田初三郎《よしだはつさぶろう》は大正《たいしょう》から昭和《しょうわ》にかけて活躍《かつやく》した鳥瞰図絵師《ちょうかんずえし》です。全国《ぜんこく》の観光名所《かんこうめいしょ》や都市《とし》を独特《どくとく》のパノラマ技法《ぎほう》を駆使《くし》して書《か》いた地図《ちず》は「初三郎鳥瞰図《はつさぶろうちょうかんず》」と呼《よ》ばれています。彼《かれ》ははじめ友禅《ゆうぜん》の絵《え》を描《か》いたのですが、その後洋画《あとようが》を勉強《べんきょう》して、昭和《しょうわ》のはじめに鉄道《てつどう》などを利用《りよう》した旅行《りょこう》ブームのなかで、初三《はつさぶ》郎《ろう》の鳥瞰図《ちょうかんず》は大人気《だいにんき》になりました。

なぜ鳥瞰図《ちょうかんず》が作《つく》られるのか

地図《ちず》を見《み》てもわからないことがよくあります。地図《ちず》が読《よ》めない、という人《ひと》もたくさんいます。鳥瞰図《ちょうかんず》はそんな人《ひと》たちのために作《つく》られた「わかりやすい地図《ちず》」のひとつなのです。必要《ひつよう》なものと目標《もくひょう》となるものを立体的《りったいてき》に描《か》くことで、実際《じっさい》の地形《ちけい》がイメージしやすくなるのです。

等高図《とうこうず》ではわかりにくい山《やま》も鳥瞰図《ちょうかんず》なら高《たか》い低《ひく》いがわかりやすくなります。縮尺《しゅくしゃく》などは間違《まちが》えていても、なんとなくわかるのが鳥瞰図《ちょうかんず》です。

鳥瞰図《ちょうかんず》はよく案内板《あんないばん》に使《つか》われています。観光地《かんこうち》の案内看板《あんないかんばん》などは、この鳥瞰図《ちょうかんず》を使《つか》うことで見《み》たいところがおよそどちらなのかがよくわかるからです。

コンピュータが作《つく》った
北海道洞爺湖《ほっかいどうとうやこ》の鳥瞰図《ちょうかんず》

出典《しゅってん》：宇宙航空研究開発機構《うちゅうこうくうけんきゅうかいはつきこう》（JAXA）ホームページ

吉田初三郎《よしだはつさぶろう》の鳥瞰図《ちょうかんず》

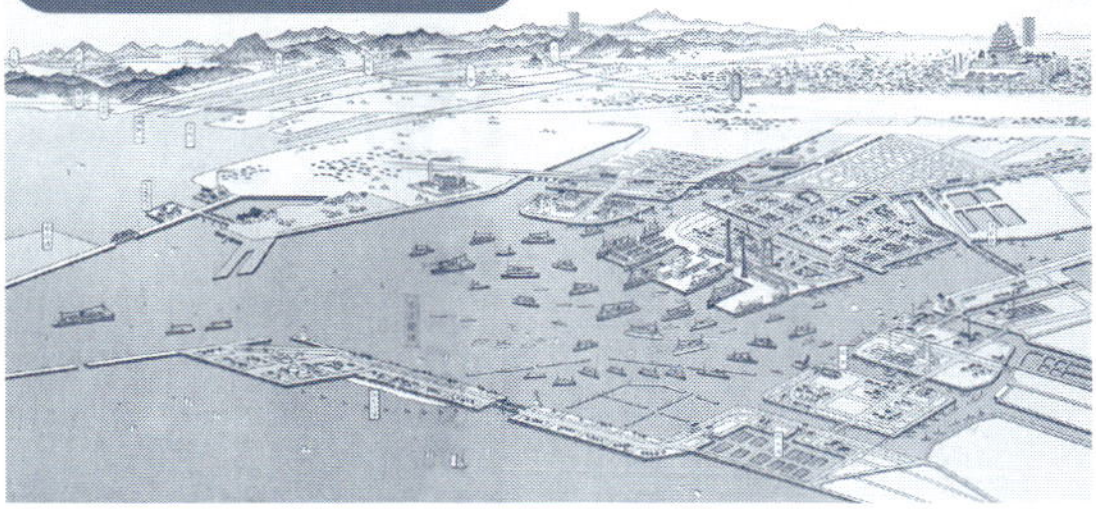

吉田初三郎《よしだはつさぶろう》は、もともとは着物《きもの》の図案《ずあん》を描《か》いていました。やがて洋画《ようが》の世界《せかい》に行《い》きますが、別府《べっぷ》でホテルを経営《けいえい》する人《ひと》と出会《であ》い、観光地《かんこうち》の図案《ずあん》を描《か》きはじめます。もちろん、日本《にほん》ではじめての人《ひと》です。大正時代《たいしょうじだい》、観光《かんこう》が大《おお》きな人気《にんき》になり、初三郎《はつさぶろう》の書《か》いた鳥瞰図《ちょうかんず》は、観光者《かんこうしゃ》にたくさんの夢《ゆめ》を与《あた》えました。

もうひとつ勉強《べんきょう》しよう！

見《み》えない地球《ちきゅう》の手《て》「羅針盤《らしんばん》」⑧

電流《でんりゅう》を通《とお》すと磁石《じしゃく》になる

電磁気学《でんじきがく》の基礎《きそ》をつくったデンマークの物理学者《ぶつりがくしゃ》エルステッドは、1820年《ねん》に電流《でんりゅう》が熱《ねつ》や光《ひかり》を発生《はっせい》するように磁気《じき》も生《しょう》じさせるのではないかと考《かんが》え実験《じっけん》を行《おこな》いました。鉄《てつ》を摩擦《まさつ》することで磁石《じしゃく》ができることはわかっていましたが、電流《でんりゅう》を電線《でんせん》に流《なが》すと電線《でんせん》の周《まわ》りに磁気《じき》が発生《はっせい》し、近《ちか》くに置《お》いてあった方位磁石《ほういじしゃく》の磁針《じしん》の向《む》きが変《か》わることを実験《じっけん》で確《たし》かめたのです。雷《かみなり》にあうと磁石《じしゃく》が狂《くる》うことを科学的《かがくてき》に証明《しょうめい》したのです。

いろいろな地図《ちず》

等高線《とうこうせん》 山《やま》や谷《たに》の高《たか》さを平面《へいめん》に描《か》く地図《ちず》の技術《ぎじゅつ》

高《たか》さのの基準《きじゅん》

富士山《ふじさん》の高《たか》さは３７７６ｍです。この高《たか》さは、どこからの高《たか》さなのでしょうか?日本《にほん》の場合《ばあい》は、東京湾《とうきょうわん》の平均海面《へいきんかいめん》の高《たか》さを０として高《たか》さをはかります。

ふだんは、およそ２万《まん》カ所《しょ》に置《お》かれている標準点《ひょうじゅんてん》を使《つか》って高《たか》さをはかります。この標準点《ひょうじゅんてん》は、国会前庭園北《こっかいぜんていえんきた》地区内《ちくない》にある日本水準原点《にほんすいじゅんげんてん》です。東京湾《とうきょうわん》の平均海面《へいきんかいめん》より２４・３９００ｍの高《たか》さになっています。日本全国《にほんぜんこく》がこの標準《ひょうじゅん》を使《つか》っているか、というとちがいます。北方四島《ほっぽうよんとう》、佐渡《さど》・隠岐《おき》・対馬《つしま》、伊豆《いず》・小笠原諸島《おがさわらしょとう》、南西諸島《なんせいしょとう》の大《だい》部分《ぶぶん》の島《しま》は、それぞれの適宜《てきぎ》の海岸《かいがん》や湾《わん》の平均海面《へいきんかいめん》が高《たか》さの基準《きじゅん》になっているのです。

高《たか》さについては、それぞれの国《くに》、地域《ちいき》で定《さだ》めた地《ち》の平均《へいきん》海面《かいめん》を基準《きじゅん》として、それとの垂直距離《すいちょくきょり》であらわすのが一般的《いっぱんてき》です。

それは、地球《ちきゅう》が丸《まる》いので緯《い》度《ど》が違《ちが》うと高《たか》さが変《か》わってしまうからです。

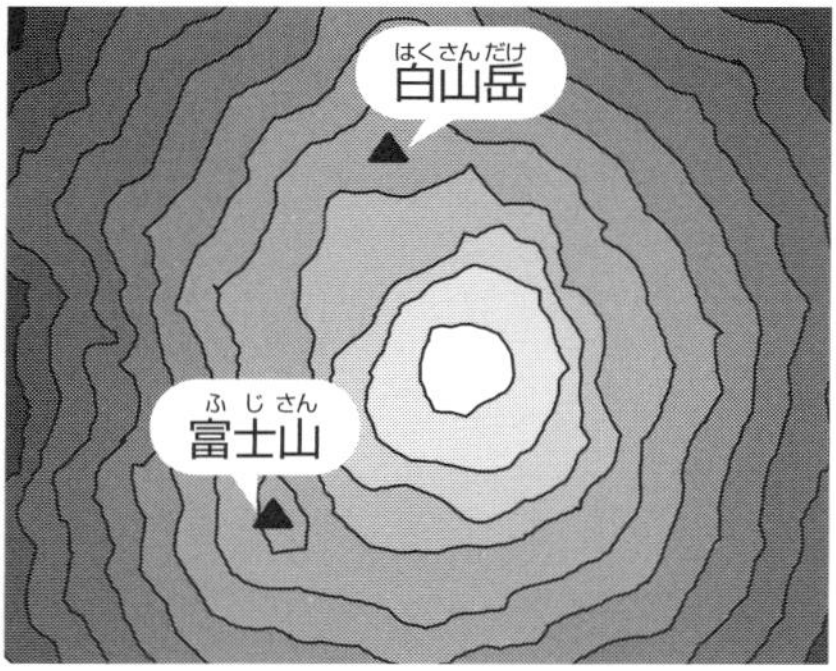

等高線《とうこうせん》

山《やま》や谷《たに》の高《たか》さの同《おな》じところを結《むす》んだ線《せん》を「等高線《とうこうせん》」といいます。

地図《ちず》のはてな?

「広《ひろ》い＝緩《ゆる》やか」「狭《せま》い＝急《きゅう》」という公式《こうしき》

等高線《とうこうせん》の間隔《かんかく》と土地《とち》の傾《かたむ》きは、「広《ひろ》い＝緩《ゆる》やか」、「狭《せま》い＝急《きゅう》」という公式《こうしき》で暗記《あんき》するのではなく、断面図《だんめんず》で理解《りかい》することが大切《たいせつ》です。次《つぎ》のページでは、等高線《とうこうせん》から山《やま》の断面図《だんめんず》を作《つく》る方法《ほうほう》を紹介《しょうかい》します。段々《だんだん》畑《ばたけ》などは、山《やま》の斜面《しゃめん》がゆるやかなほうが恵《めぐ》まれた地形《ちけい》です。等高線《とうこうせん》から山《やま》の形《かたち》を作《つく》ることと、その地形《ちけい》も合《あ》わせて勉強《べんきょう》すると等高線《とうこうせん》がわかりやすくなります。

高《たか》さを地図《ちず》に書《か》く

富士山《ふじさん》の高《たか》さはわかりましたが、地図《ちず》の上《うえ》では、山《やま》の広《ひろ》がりも必要《ひつよう》です。一番高《いちばんたか》いところは▲を書《か》き込《こ》みます。さらに、どの場所《ばしょ》から山《やま》が盛《も》り上《あ》がっているのか。1000m地点《ちてん》は、1500m地点《ちてん》はとその傾斜《けいしゃ》の位置《いち》を地図《ちず》に書《か》き込《こ》むのです。山《やま》の周囲《しゅうい》から高《たか》さをはかり、同《おな》じ高《たか》さをつなげたものが等高線《とうこうせん》なのです。

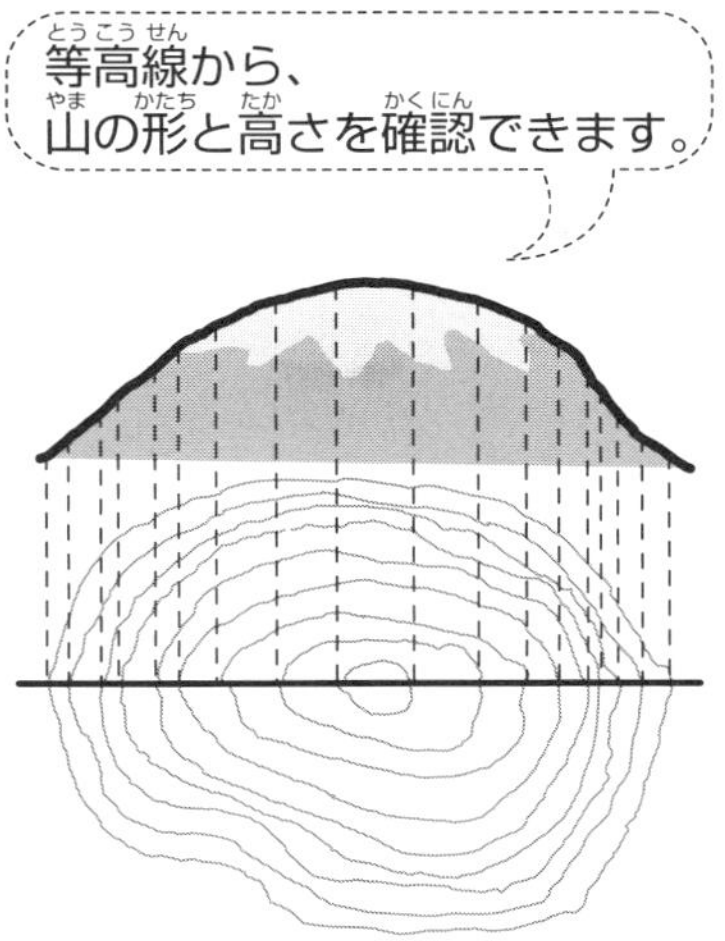

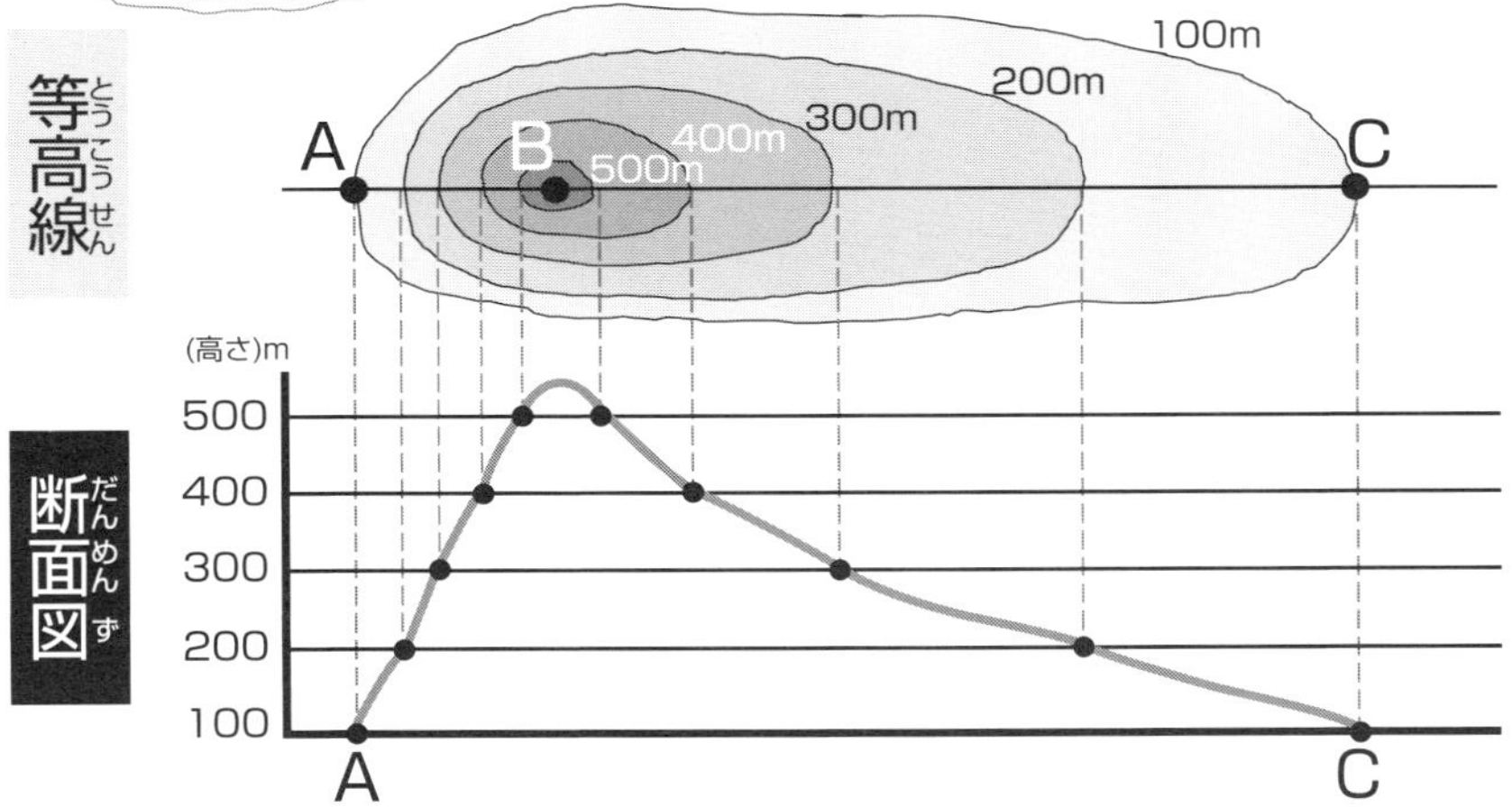

等高線《とうこうせん》から断面図《だんめんず》を作《つく》る方法《ほうほう》は、頂上《ちょうじょう》を通《とお》る線《せん》ACを等高線《とうこうせん》の上《うえ》に引《ひ》きます。
たて軸《じく》に「高《たか》さ」をつけたグラフに向《む》かって、同《おな》じ高《たか》さを示《しめ》す等高線《とうこうせん》をまっすぐにおろします。
その点《てん》を結《むす》ぶと、山《やま》のかたちや高《たか》さがグラフにできます。

もうひとつ勉《べん》強《きょう》しよう！

見《み》えない地球《ちきゅう》の手《て》
「羅針盤《らしんばん》」⑨

キュリー点《てん》

キュリー夫人《ふじん》ことマリ・キュリーは有名《ゆうめい》ですが、その夫《おっと》のピエール・キュリーの話《はなし》です。放射線《ほうしゃせん》の研究《けんきゅう》で大《おお》きな成果《せいか》を上《あ》げた二人《ふたり》ですが、実《じつ》は磁石《じしゃく》のことも研究《けんきゅう》をしていました。磁石《じしゃく》を暖《あたた》めるとその能力《のうりょく》がなくなり、磁石《じしゃく》として機能《きのう》しなくなる温度《おんど》を見《み》つけたのです。この温度《おんど》を「キュリー点《てん》」といいます。

ピエール・キュリー

地球儀《ちきゅうぎ》

地球《ちきゅう》は丸《まる》いことがわかって地球儀《ちきゅうぎ》が作《つく》られました

1492年《ねん》マルチン・ベハイムの地球儀《ちきゅうぎ》

15世紀《せいき》は、地図《ちず》の世界《せかい》に大《おお》きな変化《へんか》がありました。ひとつは印刷《いんさつ》ができるようになったことです。1445年《ねん》にグーテンベルクが活字印刷《かつじいんさつ》を発明《はつめい》したことで、世界地図《せかいちず》がヨーロッパ中《じゅう》に広《ひろ》まっていきました。

そして、地球儀《ちきゅうぎ》です。ドイツの地理学者《ちりがくしゃ》マルティン・ベハイムが作《つく》った地球儀《ちきゅうぎ》が今残《いまのこ》っているもので一番古《いちばんふる》い地球儀《ちきゅうぎ》といわれています。本物《ほんもの》は、ドイツのニュルンベルクにあるゲルマン国立博物館《こくりつはくぶつかん》にあります。

ジパング（日本《にほん》）はマルコ＝ポーロの「大陸《たいりく》から1500マイル東《ひがし》の海洋《かいよう》にある」という記述《きじゅつ》にしたがってカタイ（中国《ちゅうごく》）から経度《けいど》で25度《ど》というメキシコに近《ちか》いところに位置《いち》しています。

なぜにインドに向《む》かったのか

ヨーロッパの人《ひと》たちはどうしてインドに向《む》かったのでしょう？ シルクロードを使《つか》ってアジアから届《とど》いた香料《こうりょう》（スパイス）がとても高《たか》い値段《ねだん》でヨーロッパでは取引《とりひき》されていたからで、香料《こうりょう》を多《おお》く手《て》に入《い》れるためです。その原産地《げんさんち》のインドは香料《こうりょう》の国《くに》、新《あたら》しい富《とみ》がある国《くに》だったのです。陸《りく》ではなく海《うみ》を使《つか》ったのは、陸地《りくち》では当時強《とうじつよ》かったローマを通《とお》らなければならなかったからです。その結果《けっか》、スペイン、ポルトガルの航海《こうかい》でいろいろなことを発見《はっけん》したのです。

地球儀《ちきゅうぎ》がひとつあれば

どんな国《くに》があるか、南極《なんきょく》大陸《たいりく》はどんな形《かたち》か、赤道付《せきどうふ》近《きん》のキリマンジャロはどこにあるかということは、世界地図《せかいちず》でわかります。

一方地球儀《いっぽうちきゅうぎ》は、日本《にほん》の裏《うら》側《がわ》や、昼《ひる》と夜《よる》、季節《きせつ》の変化《へんか》はどうしておきるのかということを知《し》るのに役立《やくだ》ちます。方位《ほうい》、大陸《たいりく》と海《うみ》の大《おお》きさ、距離《きょり》だけではなく、地軸《ちじく》の傾《かたむ》きと太陽《たいよう》の関係《かんけい》なども地球儀《ちきゅうぎ》があるとわかりやすいですね。

地図《ちず》や地球儀《ちきゅうぎ》は測量《そくりょう》や航海《こうかい》の発達《はったつ》とともに正確《せいかく》なものになってきました。古《ふる》い地球儀《ちきゅうぎ》を見るると、あるはずの島《しま》がなかったり、大陸《たいりく》の形《かたち》が今《いま》とはちがっていたりします。一度《いちど》、今《いま》の地球儀《ちきゅうぎ》と、昔《むかし》の地球儀《ちきゅうぎ》を見くらべてみるとおもしろいですよ。

もうひとつ勉強《べんきょう》しよう!

見《み》えない地球《ちきゅう》の手《て》「羅針盤《らしんばん》」⑩

アインシュタインと磁石《じしゃく》

身体《からだ》の弱《よわ》かったアルベルト・アインシュタインは5歳《さい》のときにコンパスをプレゼントされました。父親《ちちおや》は電気店《でんきてん》をしていて、売《う》り物《もの》にならないコンパスをアインシュタインにプレゼントしたのです。針《はり》が同《おな》じ方向《ほうこう》を向《む》くことに5歳《さい》のアインシュタインは不思議《ふしぎ》に思《おも》いました。父《ちち》は「それは神《かみ》の手《て》、いや地球《ちきゅう》の手《て》が引《ひ》っ張《ば》っているからだよ」といいました。「きっと、北《きた》を向《む》くから北《きた》の国《くに》の人《ひと》たちが引《ひ》っ張《ば》っているのだ」とアインシュタインは考《かんが》えたそうです。

なるほどコラム
地図《ちず》と測量《そくりょう》の科学館《かがくかん》で体験《たいけん》しよう

つくば市《し》にある「地図《ちず》と測量《そくりょう》の科学館《かがくかん》」

地図《ちず》のことをもっと知《し》りたい、もっと見《み》たいという人《ひと》は「地図《ちず》と測量《そくりょう》の科学館《かがくかん》」があるので行《い》ってみましょう。ここは、日本《にほん》の地図《ちず》を作《つく》る国土地理院《こくどちりいん》が地図《ちず》にもっと親《した》しんでもらおうと平成《へいせい》8年《ねん》に開設《かいせつ》した施設《しせつ》です。

入口《いりぐち》の正面《しょうめん》にある長《なが》さ約《やく》33mの「日本列島空中散歩《にほんれっとうくうちゅうさんぽ》マップ」は、立体《りったい》メガネをかけて歩《ある》くと、日本《にほん》の山々《やまやま》や近海《きんかい》の海底地形《かいていちけい》など、迫力《はくりょく》ある3次元《じげん》の地形《ちけい》を体験《たいけん》することができます。ほかにも、測量《そくりょう》の歴史《れきし》がわかる道具《どうぐ》、古《ふる》い地図《ちず》など貴重《きちょう》な資料《しりょう》を見《み》ることもできます。

日本列島空中散歩《にほんれっとうくうちゅうさんぽ》マップ

地図《ちず》と測量《そくりょう》の科学館《かがくかん》

特別展示室《とくべつてんじしつ》では、地図《ちず》や測量《そくりょう》に関《かん》するテーマで「企画展《きかくてん》」を開催《かいさい》しています。くわしい予定《よてい》は、ホームページで確《たし》かめてください。

http://www.gsi.go.jp/MUSEUM/

地球《ちきゅう》ひろば

常設展示室《じょうせつてんじしつ》の風景《ふうけい》

実際《じっさい》に航空測量《こうくうそくりょう》をした飛行機《ひこうき》も展示《てんじ》されています。

前庭《まえにわ》の「地球《ちきゅう》ひろば」には、高《たか》さ2m、直径《ちょっけい》22mの"登《のぼ》れる地球儀《ちきゅうぎ》(日本列島球体模型《にほんれっとうきゅうたいもけい》)"があります。ここは「地図《ちず》と測量《そくりょう》の科学館《かがくかん》」の人気《にんき》の場所《ばしょ》です。地球《ちきゅう》の丸《まる》さや日本《にほん》の大《おお》きさがわかります。

■開館時間《かいかんじかん》:午前《ごぜん》9時《じ》30分《ぶん》〜午後《ごご》4時《じ》30分《ぶん》　■休館日《きゅうかんび》:月曜《げつよう》(祝日《しゅくじつ》の場合《ばあい》、順次翌日《じゅんじよくじつ》)、年末年始《ねんまつねんし》(12月《がつ》28日《にち》〜1月《がつ》3日《か》)※施設点検《しせつてんけん》のため臨時休館《りんじきゅうかん》あり

■〒305-0811　茨城県《いばらきけん》つくば市北郷《しきたさと》1番《ばん》　国土交通省国土地理院《こくどこうつうしょうこくどちりいん》　Tel. 029-864-1872 / Fax. 029-864-3729　■入館無料《にゅうかんむりょう》

■交通《こうつう》(東京発《とうきょうはつ》)

・つくばエクスプレスで「つくば駅《えき》」をおります。「つくば駅《えき》」からバスで10分《ぷん》。

・サイエンスバスは、科学《かがく》の街《まち》・つくばでのサイエンスツアーを楽《たの》しむ1日乗降自由《にちじょうこうじゆう》の周遊《しゅうゆう》バスです。土日祝日《どにちしゅくじつ》に運行《うんこう》しています。(夏休《なつやす》み期間《きかん》は毎日運行《まいにちうんこう》)

教科書《きょうかしょ》の地図帳《ちずちょう》を理解《りかい》する

教科書《きょうかしょ》の地図帳《ちずちょう》を理解《りかい》する

地図帳《ちずちょう》の約束《やくそく》1

地図《ちず》の記号《きごう》と文字《もじ》は地図帳《ちずちょう》の約束《やくそく》のひとつです

地図帳《ちずちょう》をじょうずに使《つか》う

持《も》っている地図《ちず》を開《ひら》いてみましょう。たくさん色《いろ》がついた地図《ちず》が載《の》っているはずです。地図帳《ちずちょう》に描《か》いてある地図《ちず》にはいつくか約束《やくそく》があります。どのような図法《ずほう》で描《か》いたか、大《おお》きさ（縮尺《しゅくしゃく》）、場所《ばしょ》、いつのものかなどが必《かなら》ず書《か》いてあります。

海《うみ》のところを見《み》てください。濃《こ》い青《あお》や薄《うす》い青《あお》が海《うみ》のところにありますね。これは、海《うみ》の深《ふか》さを地図上《ちずじょう》であらわしたものです。

目次《もくじ》から地名《ちめい》をさくいん（図《ず》1）

地図帳《ちずちょう》には「さくいん」が簡単《かんたん》にできる記号《きごう》があります。「地名《ちめい》のさくいん」として、地図帳《ちずちょう》の前《まえ》かうしろに図《ず》2のような五十音順《ごじゅうおんじゅん》の地名《ちめい》を書《か》いたものがあります。地名《ちめい》の読《よ》み方《かた》、漢字《かんじ》、のっている地図帳《ちずちょう》のページと横《よこ》と縦《たて》の記号《きごう》が書《か》いてあります。

例《たと》えば、四国《しこく》の高知市《こうちし》をさがすときは、図《ず》2で「こうち」をみつけます。うしろの記号《きごう》「8　オ5」ですね。これは、8ページの地図《ちず》の「横《よこ》はオのブロック、たては5のブロック」に高知市《こうちし》があります、ということです。

図《ず》2

かりかちとうげ　狩勝峠…14　オ3
かりや　刈谷……………28　イ4
かるいざわ　軽井沢………32　ア2
かわぐち　川口……………32　イ3
かわぐちこ　河口湖………32　ア3
かわごえ　川越……………32　イ3
かわさき　川崎……………32　イ3
かわちながの　河内長野…24　イ3
かわにし　川西……………24　イ3
かわのえ　川之江…………20　エ4
かんおんじ　観音寺………20　エ3
かんとうへいや
関東平野…32　イ～ウ2
かんもんとんねる
関門トンネル……15　イ2
きいさんち（はんとう）紀伊
山地（半島）…24　イ～ウ3～4
きかいしま　喜界島………5②　エ1
きくち　菊池………………15　イ3
きさらづ　木更津…………32　イ3
きしわだ　岸和田…………24　イ3
くわな　桑名………………23　ウ2
けごんのたき　華厳滝……31　イ2
けせんぬま　気仙沼………37　ウ2
げんかいなだ　玄海灘……15　イ2
こうしょく　更埴…………27　ウ2
こうち　高知………………8　オ5
こうちへいや　高知平野…22　イ2
ごうつ　江津…………19　ウ2～3
こうなん　江南……………29　イ2
ごうのかわ　江の川………20　ウ2
こうのす　鴻巣……………33　ウ1
こうふ　甲府………………9　コ3
こうべ　神戸………………8　キ40
こうやさん　高野山………24　イ3
こおりやま　郡山…………31　ウ1
こが　古河…………………32　イ2
こかいがわ　小貝川…32　イ～ウ2
こがねい　小金井…………33　ウ2
こくぶ　国分………………16　イ4
こくぶんじ　国分寺………33　イ2
こさい　湖西………………30　エ3
さんじょう　三条…………31　ア1
さんだ　三田………………24　イ3
しおがま　塩竈……………37　ウ2
しおじり　塩尻……………27　イ2
しおのみさき　潮岬………24　イ4
しがこうげん　志賀高原…31　ア2
しかのしま　志賀島………15　イ2
しき　志木…………………33　ウ2
しこくさんち
四国山地………20　エ～オ4
しこたんとう　色丹島……14　ケ3
しこつこ　支笏湖…………13　エ4
しじょうなわて　四条畷…25　ウ2
しずおか　静岡……………8　コ4
しなのがわ　信濃川………31　ア1
しばた　新発田……………31　イ1
しぶかわ　渋川……………31　イ2
しぶしわん　志布志湾…16　ウ4
しべつ　士別………………13　オ4
しまはんとう　志摩半島…24　ウ3
しまだ　島田………………28　ウ4

陸高《りくこう》と水深《すいしん》(m)

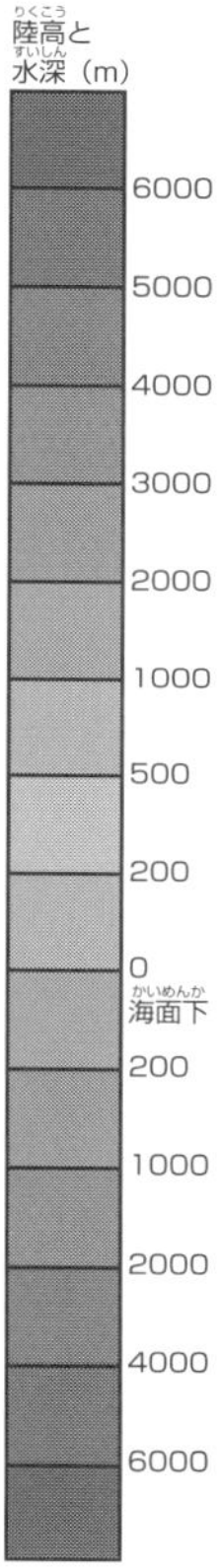

地図帳《ちずちょう》で使《つか》う記号《きごう》の例《れい》

日本地図《にほんちず》の記号《きごう》

市町村《しちょうそん》の記号《きごう》

□ 人口《じんこう》100万人以上《まんにんいじょう》の市《し》
◎ 人口《じんこう》30～100万人以上《まんにんいじょう》の市《し》
◎ 人口《じんこう》10～30万人以上《まんにんいじょう》の市《し》
⦿ 人口《じんこう》10万未満《まんみまん》の市《し》
○ 町村《ちょうそん》
• おもな字《あざ》
回 ◎ 都《と》・道《どう》・府《ふ》・県庁《けんちょう》のある都市《とし》
⦿ ● 北海道《ほっかいどう》の支庁《しちょう》のある都市《とし》
市街地《しがいち》

境界《きょうかい》の記号《きごう》

外国《がいこく》との境界《きょうかい》
地方《ちほう》との境界《きょうかい》
都《と》・道《どう》・府《ふ》・県《けん》の境界《きょうかい》
北海道《ほっかいどう》の支庁《しちょう》の境界《きょうかい》

交通《こうつう》の記号《きごう》

えき　トンネル
JR新幹線《しんかんせん》
JR特急《とっきゅう》の通《とお》る鉄道《てつどう》
その他《た》の鉄道《てつどう》
予定線
インターチェンジ（50万分の1のみ）
高速道路《こうそくどうろ》
(36)
国道番号　未開通
国道《こくどう》
航路《こうろ》
地下鉄《ちかてつ》
国際線《こくさいせん》・国内線《こくないせん》とも利用《りよう》する空港《くうこう》
国内線《こくないせん》だけの空港《くうこう》

その他《たきごう》の記号

灯台《とうだい》
橋《はし》
特殊《とくしゅ》な建物《けんせつ》・場所《ばしょ》
神社《じんじゃ》
鉱山《こうざん》
炭田《たんでん》
油田《ゆでん》
ガス田《でん》

世界地図《せかいちず》の記号《きごう》

都市《とし》の記号《きごう》

回 人口《じんこう》300万以上《まんいじょう》の都市《とし》
□ 人口《じんこう》100万《まん》～300万人以上《まんにんいじょう》の都市《とし》
◎ 人口《じんこう》30万《まん》～100万人《まんじん》の都市《とし》
◎ 人口《じんこう》30万人未満《まんにんみまん》の都市《とし》
回 ⦿ 首都《しゅと》

その他《た》の記号《きごう》

大州界《だいしゅうかい》
国《くに》の境界《きょうかい》
確定《かくてい》してない国《くに》の境界《きょうかい》
鉄道《てつどう》
砂漠《さばく》
氷雪地《ひょうせつち》

各国《かっこく》の領土記号《りょうどきごう》

〔ア〕	アメリカ合衆国領《がっしゅうこくりょう》
〔イ〕	イギリス領《りょう》
〔オー〕	オーストラリア領《りょう》
〔ス〕	スペイン領《りょう》
〔デ〕	デンマーク領《りょう》
〔ニュー〕	ニュージーランド領《りょう》
〔ノ〕	ノルウェー領《りょう》
〔フ〕	フランス領《りょう》
〔ポ〕	ポルトガル領《りょう》
〔南ア〕	南《みなみ》アフリカ共和国領《きょうわこくりょう》

水力発電所《すいりょくはつでんしょ》
火力発電所《かりょくはつでんしょ》
地熱発電所《ちねつはつでんしょ》
原子力発電所《げんしりょくはつでんしょ》
用水路《ようすいろ》・運河《うんが》
砂浜《すなはま》
△ 山頂《さんちょう》
3776
〔数字は高さ(m)〕 火山頂《かざんちょう》
峠《とうげ》

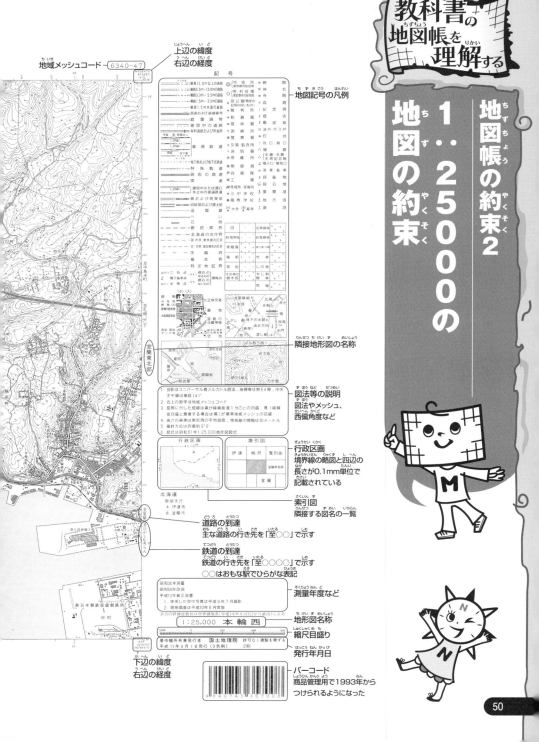

地図《ちず》帳《ちょう》の約束《やくそく》2 1:25000の地《ち》図《ず》の約《やく》束《そく》

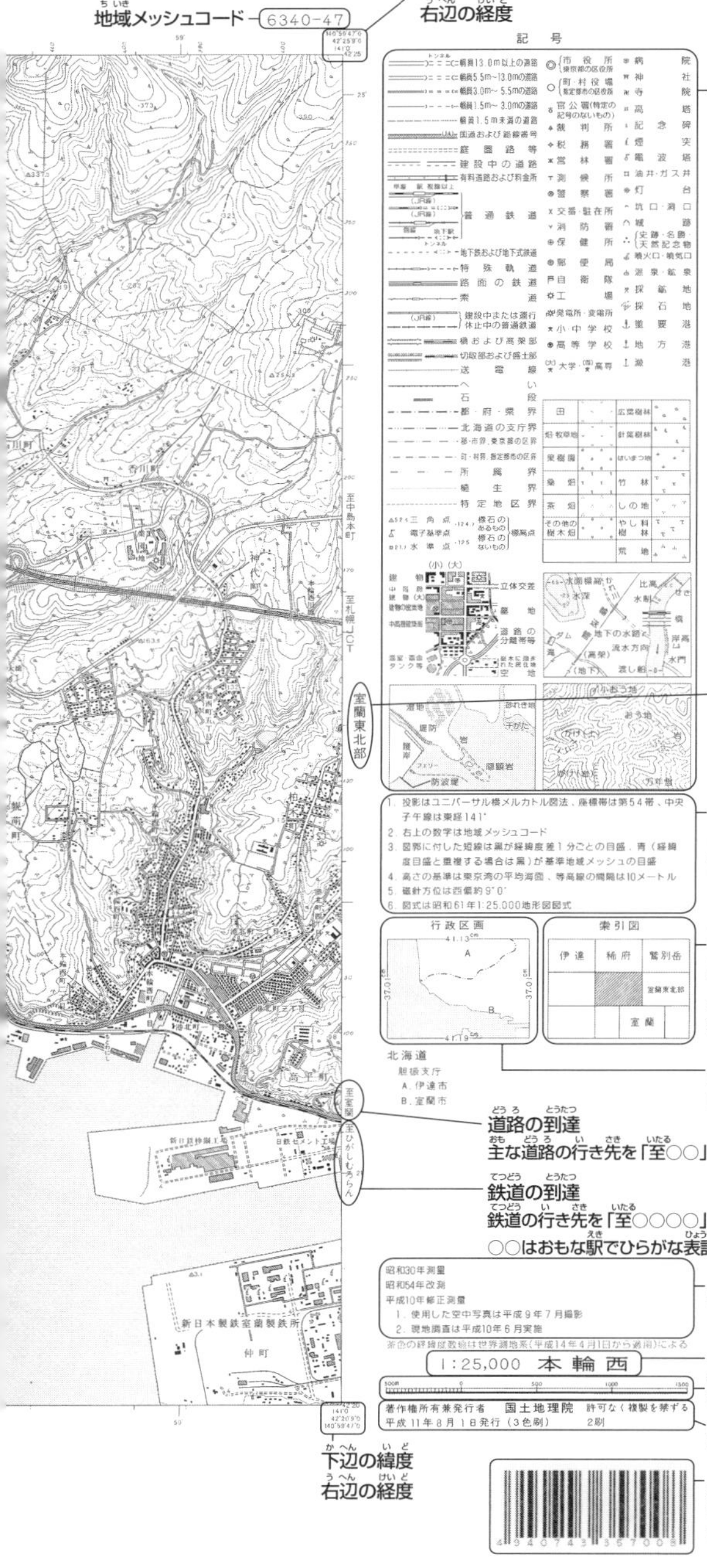

ひらがなによる地名《ちめい》
図《ず》の名称《めいしょう》（図名《ずめい》）
縮尺《しゅくしゃく》と地図《ちず》の種類《しゅるい》
地形図番号《ちけいずばんごう》
地図上《ちずじょう》における位置《いち》を示《しめ》す
図名《ずめい》
著名《ちょめい》な地名《ちめい》が選《えら》ばれるが
意外《いがい》に読《よ》みにくいものもある
隣接地形図《りんせつちけいず》の名称《めいしょう》

上辺《じょうへん》の緯度《いど》
左辺《さへん》の経度《けいど》

下辺《かへん》の緯度《いど》
左辺《さへん》の経度《けいど》

この地図《ちず》は、国土地理院発行《こくどちりいんはっこう》の2万《まん》5千分《せんぶん》の1の地図《ちず》（本輪西《もとわにし》）を使用《しよう》したものです。

教科書《きょうかしょ》の地図帳《ちずちょう》を理解《りかい》する

国境《こっきょう》と国《くに》、海峡《かいきょう》、地域《ちいき》

東西南北《とうざいなんぼく》、日本《にほん》の端《はし》を地図《ちず》でみる

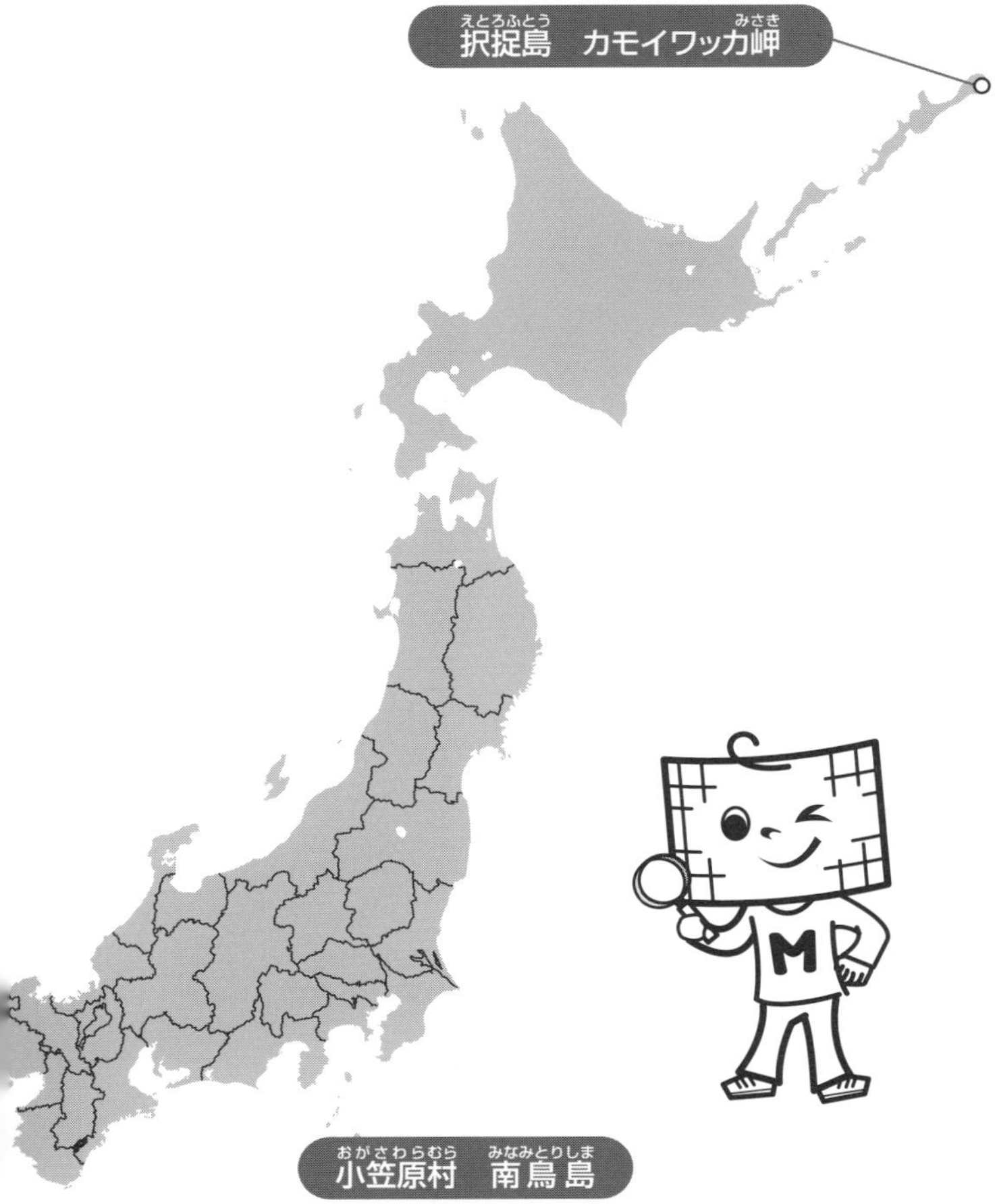

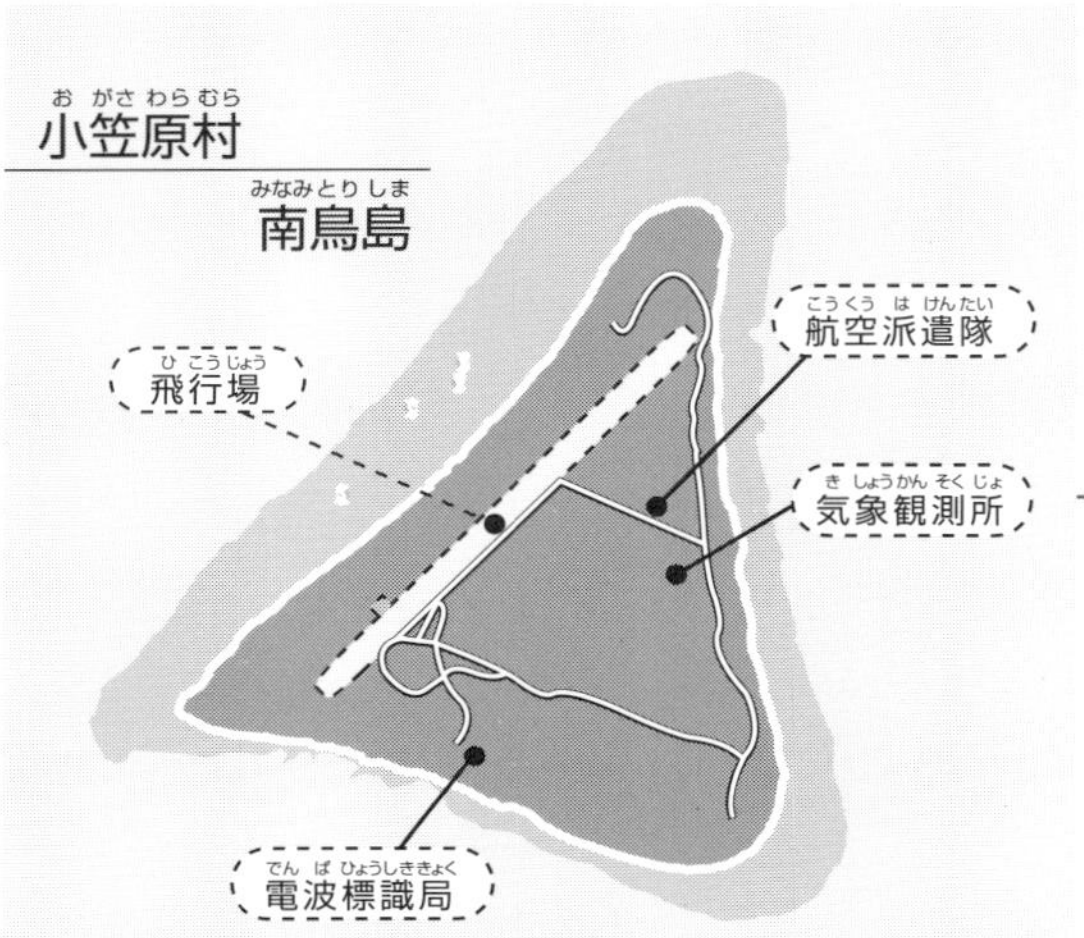

一般人《いっぱんじん》はこの島《しま》に上陸《じょうりく》はできません。気象庁《きしょうちょう》、海上《かいじょう》自衛隊《じえいたい》・海上保安庁《かいじょうほあんちょう》の職員《しょくいん》と工事《こうじ》の場合《ばあい》（許可《きょか》が必要《ひつよう》）。

日本《にほん》は島国《しまぐに》です。その島《しま》は、6800を超《こ》える数《かず》です。北海道《ほっかいどう》から沖縄《おきなわ》まで南北《なんぼく》に長《なが》くのびた地形《ちけい》ですが、国《くに》の面積《めんせき》では世界《せかい》で62位《い》と、なかなか大《おお》きなものなのです。

ではその東西南北《とうざいなんぼく》それぞれの端《はし》をみてみましょう。

まず一番北《いちばんきた》の場所《ばしょ》を見《み》てみましょう。地図上《ちずじょう》の北端《ほくたん》は択捉島《えとろふとう》のカモイワッカ岬《みさき》です。

南端《なんたん》は、東京都小笠原村《とうきょうとおがさわらむら》の「沖ノ鳥島《おきのとりしま》」です。

東端《とうたん》は、同《おな》じく東京都《とうきょうと》小《お》笠原村《がさわらむら》の「南鳥島《みなみとりしま》」です。

西端《せいたん》は沖縄県与那国島《おきなわけんよなぐにじま》の西崎《いりさき》です。

与那国島《よなぐにじま》　西崎灯台《いりさきとうだい》

日本《にほん》の東西南北《とうざいなんぼく》の端《はし》でただひとつ自由《じゆう》に行《い》ける場所《ばしょ》が、ここ西崎灯台《いりさきとうだい》です。「いま、一番西《いちばんにし》にいるんだ」とさけびたくなります。

小笠原村《おがさわらむら》　沖《おき》ノ鳥島《とりしま》

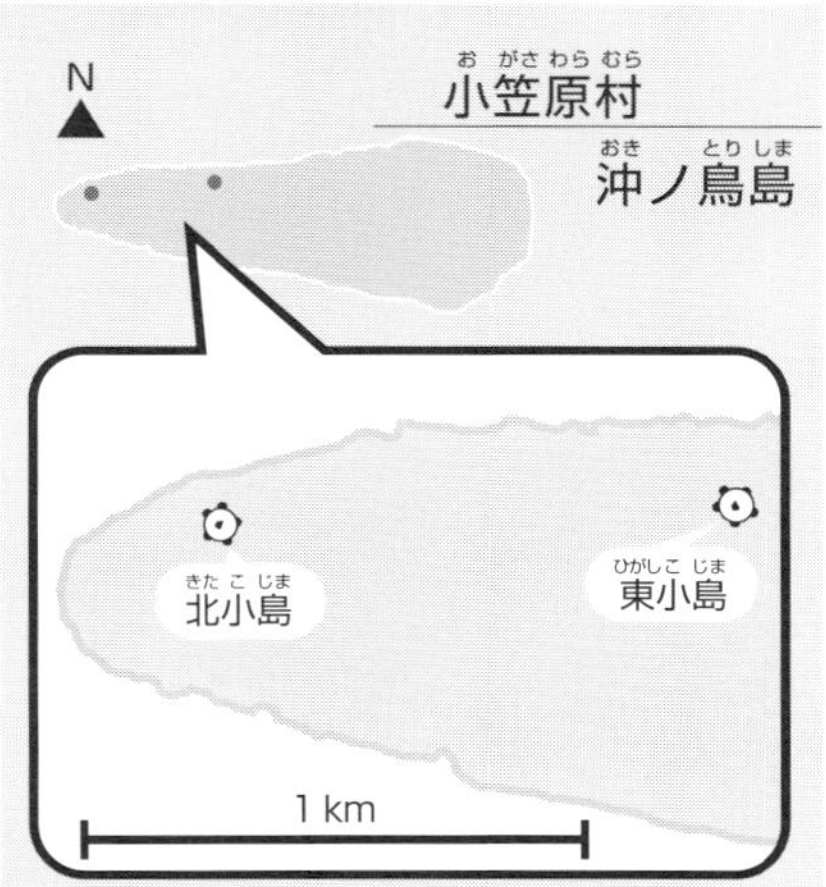

岩《いわ》です、いや、島《しま》ですと問題《もんだい》になる沖ノ鳥島《おきのとりしま》です。郵便番号《ゆうびんばんごう》「100-2100」、東京都小笠原村《とうきょうとおがさわらむら》沖ノ鳥島《おきのとりしま》1番地《ばんち》（北小島《きたこじま》）、2番地《ばんち》（東小島《ひがしこじま》）です。電話《でんわ》の市外局番《しがいきょくばん》は04998です

なるほどコラム 地図地理《ちずちり》検定試験《けんていしけん》

「地図《ちず》地理《ちり》検定《けんてい》」は、地《ち》図《ず》や地理《ちり》の知識《ちしき》を豊《ゆた》かにし、地図《ちず》を楽《たの》しく読《よ》み・使《つか》う力《ちから》を養《やしな》うために、一般財団法《いっぱんざいだんほう》人日本地図《じんにほんちず》センターと公益《こうえき》財団法人国土地理協会《ざいだんほうじんこくどちりきょうかい》が実施《じっし》している検定試験《けんていしけん》です。地図《ちず》や地理《ちり》が好《す》きな人《ひと》ならだれもが受《う》けられるもので、96点以上《てんいじょう》または1級認定《きゅうにんてい》5回《かい》で、「地図地理力博士《ちずちりりょくはかせ》」の称号《しょうごう》が与《あた》えられます。この地図地理力博士《ちずちりりょくはかせ》の称号《しょうごう》を持《も》っていても、社会《しゃかい》の試験《しけん》を受《う》けなくてもいいというものではありません。自分《じぶん》の地《ち》図《ず》や地理《ちり》の力《ちから》、知識《ちしき》を試《ため》す試験《しけん》なのです。

こんな問題《もんだい》が出《で》ます（第《だい》25～27回試験問題《かいしけんもんだい》から抜粋《ばっすい》）

(1) 紀元前《きげんぜん》219年《ねん》から201年《ねん》まで戦《たたか》われた第《だい》2次《じ》ポエニ戦争《せんそう》で、制海権《せいかいけん》をローマに奪《うば》われていたカルタゴは、ハンニバルに率《ひき》いられた軍《ぐん》をローマへ向《む》けて侵攻《しんこう》させました。推定《すいてい》されるルートとして妥当《だとう》なものを、下《した》の①～④のうちから1つ選《えら》びなさい。

①海路《かいろ》を直行《ちょっこう》してローマを目指《めざ》した。

②サルデーニャ島《とう》へ渡《わた》り、コルシカ島《とう》からローマを目指《めざ》した。

③シチリア島《とう》へ渡《わた》り、イタリア半島《はんとう》を北上《ほくじょう》してローマを目指《めざ》した。

④イベリア半島《はんとう》を経由《けいゆ》して陸路《りくろ》をとり、アルプスを経《へ》てローマを目指《めざ》した。

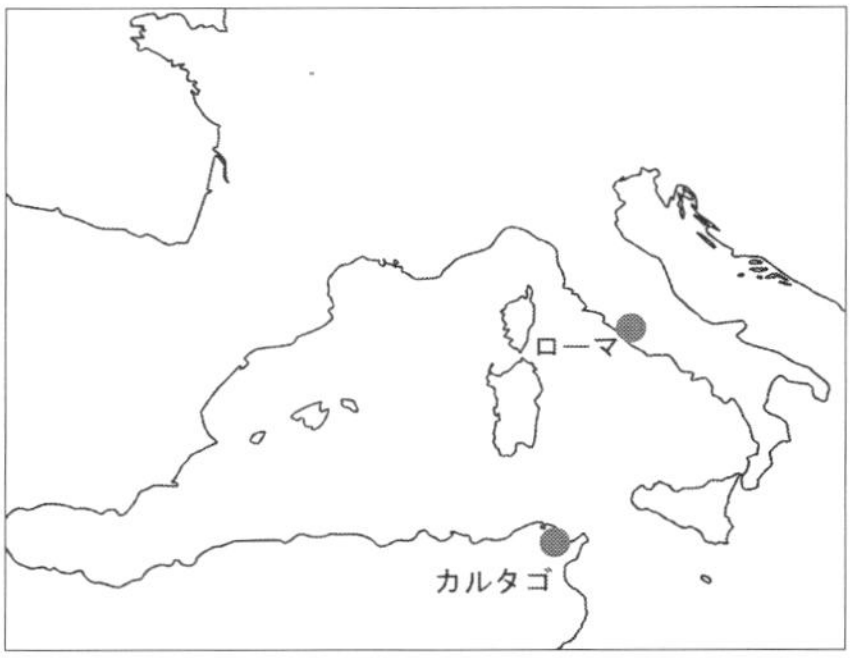

(2) 右《みぎ》の地図《ちず》は、モルワイデ図法《ずほう》で描《か》いた世界全図《せかいぜんず》です。この地図《ちず》について述《の》べた文《ぶん》として、正《ただ》しいものはどれですか。下《した》の①～④のうちから1つ選《えら》びなさい。

①地図《ちず》の中心《ちゅうしん》(A点《てん》)から離《はな》れるにつれて、実際《じっさい》の面積《めんせき》よりも小《ちい》さく描《か》かれている。

②B点《てん》から見《み》ると、A点《てん》よりもE点《てん》の方《ほう》が近《ちか》い。

③D点《てん》から見《み》ると、C点《てん》は地球上《ちきゅうじょう》の真裏《まうら》の位置《いち》にある。

④E点《てん》から見《み》ると、D点《てん》は北北西《ほくほくせい》の方向《ほうこう》にある。

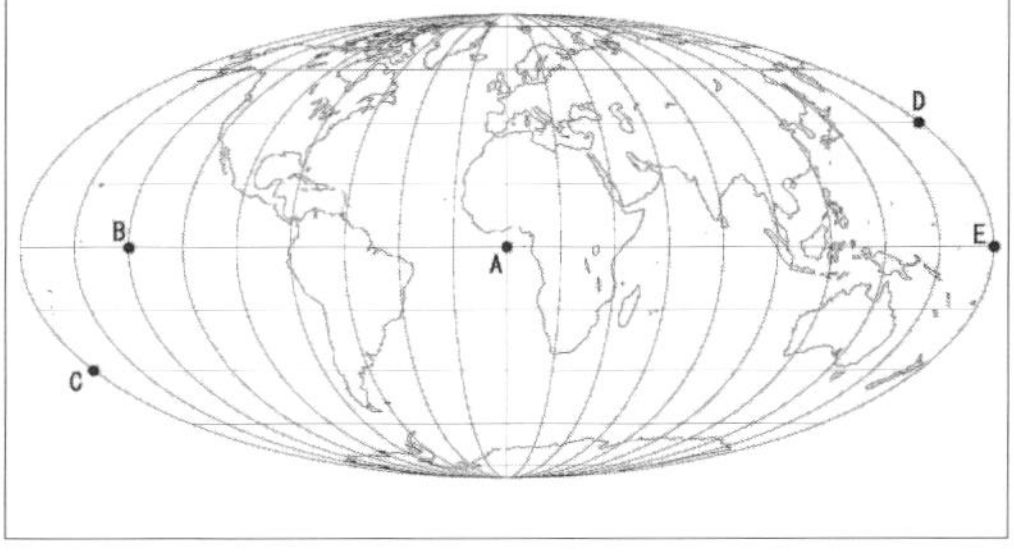

答《こた》えは(1)4、(2)2

地《ち》図《ず》記《き》号《ごう》を覚《おぼ》えよう

地図《ちず》記号《きごう》の歴史《れきし》

どうして地図《ちず》記号《きごう》が必要《ひつよう》なの？

せまい地図《ちず》にたくさんの情報《じょうほう》を入《い》れるため

地図《ちず》記号《きごう》の使《つか》いかた

地図《ちず》記号《きごう》はテストに出《で》たりするので、いやいやおぼえることが多《おお》いですね。

地図《ちず》記号《きごう》は、大《おお》きく1・建物《たてもの》、2・土地《とち》、3・目印《めじるし》になるもの4・測量《そくりょう》、地図《ちず》つくりに必要《ひつよう》なものの4つに分《わ》けられます。

地図《ちず》記号《きごう》は、数年《すうねん》ごとに見直《みなお》され、必要《ひつよう》のないものは削除《さくじょ》して、必要《ひつよう》なものは新《あたら》しく記号《きごう》として作《つく》られることになっています。

記号《きごう》の使《つか》いかたを決《き》めたものを図式《ずしき》といいます。はじめて地形図《ちけいず》の図式《ずしき》が決《き》められたのは明治《めいじ》13年《ねん》です。これを「明治《めいじ》13年式《ねんしき》」といいます。その後《ご》、何度《なんど》か図式《ずしき》が変更《へんこう》され、「大正《たいしょう》6年式《ねんしき》」という地形図《ちけいず》の図式《ずしき》が昭和《しょうわ》30年《ねん》まで使《つか》われていました。

これまで、図式《ずしき》の変更《へんこう》は20回以上《かいいじょう》ありました。今《いま》は、「平成《へいせい》14年式《ねんしき》」で決《き》められた地図《ちず》記号《きごう》が使《つか》われています。

外国人《がいこくじん》向《む》け地図《ちず》記号《きごう》

国土《こくど》地理院《ちりいん》では、平成《へいせい》29年《ねん》7月《がつ》20日《か》に外国人《がいこくじん》向《む》けの地図《ちず》記号《きごう》15施設《しせつ》を決定《けってい》しました。これは2020年《ねん》の東京《とうきょう》五輪《ごりん》・パラリンピックなどにむけて、外国人《がいこくじん》旅行者《りょこうしゃ》が観光《かんこう》しやすい環境《かんきょう》をつくることが目的《もくてき》で、日本《にほん》に訪《おとず》れた外国人《がいこくじん》や留学生《りゅうがくせい》など約《やく》1000人《にん》にアンケートをとって決《き》めました。ひと目見《めみ》ただけでどんな施設《しせつ》かがわかる地図《ちず》記号《きごう》には、日本《にほん》の地図《ちず》記号《きごう》も統一《とういつ》したほうがいいという声《こえ》もあるそうです。

地《ち》図《ず》のはてな？

地図《ちず》を作《つく》ることであったこと

日本《にほん》で今《いま》のような地図《ちず》を国《くに》が作《つく》ったのは明治時代《めいじじだい》になってからです。

地図《ちず》は、江戸時代《えどじだい》は国外《こくがい》に持《も》ち出《だ》すことを禁止《きんし》したほど重要《じゅうよう》なものだったのです。明治《めいじ》政府《せいふ》も地図《ちず》は軍《ぐん》に担当《たんとう》させました。地形図《ちけいず》は、内務省《ないむしょう》と陸軍《りくぐん》参謀本部《さんぼうほんぶ》、海図《かいず》は海軍水路部《かいぐんすいろぶ》が作《つく》っていました。内務省《ないむしょう》は、測量《そくりょう》の基点《きてん》となる全国三角測《ぜんこくさんかくそく》量《りょう》網設置《もうせっち》を行《おこな》い、陸軍《りくぐん》は、実《じつ》用地図《ようちず》を作《つく》っていたようです。ところが昭和《しょうわ》10年代《ねんだい》に間違《まちが》いを起《お》こします。地図《ちず》にウソを書《か》き込《こ》んでしまったのです。

外国人向《がいこくじんむ》け地図記号一覧《ちずきごういちらん》

もうひとつ勉強《べんきょう》しよう!

日本地図《にほんちず》を作《つく》った人《ひと》・伊能忠敬《いのうただたか》①

50歳《さい》ではじめた地図《ちず》つくり

商人《しょうにん》として成功《せいこう》した伊能《いのう》忠敬《ただたか》は、50歳《さい》になると家業《かぎょう》をゆずり、小《ち》さなときからあこがれていた測量《そくりょう》の仕事《しごと》をはじめました。今《いま》の香取市《かとりし》は忠敬《ただたか》の旧宅《きゅうたく》があるところです。この記念館《きねんかん》では、忠敬《ただたか》の生涯《しょうがい》と仕事《しごと》のすべてがわかるようになっています。

千葉県《ちばけん》香取市《かとりし》佐原《さはら》イ1722-1
TEL 0478-54-1118 FAX 0478-54-3649
http://www.city.katori.lg.jp/sightseeing/museum/

いろいろな地図《ちず》記号《きごう》1

建物《たてもの》を表《あらわ》す地図《ちず》記号《きごう》①

建物《たてもの》をあらわす記号《きごう》1

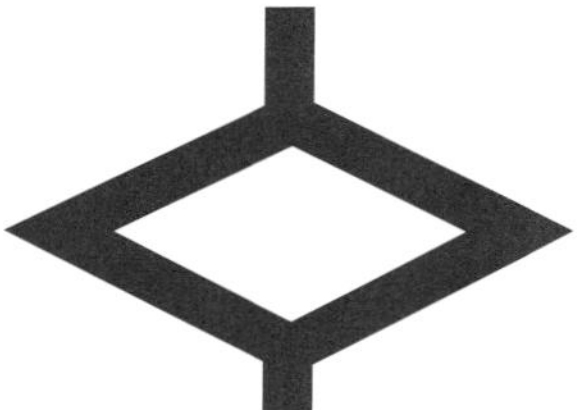

税務署《ぜいむしょ》

裁判所《さいばんしょ》

気象台《きしょうだい》

森林管理署《しんりんかんりしょ》

警察署《けいさつしょ》

消防署《しょうぼうしょ》

なくなった地図《ちず》記号《きごう》

田《た》んぼは3つの記号《きごう》に分《わ》けられていました。乾田《かんでん》、水田《すいでん》、沼田《ぬまた》です。乾田《かんでん》は、冬《ふゆ》に水《みず》を落《お》とし裏作《うらさく》ができる二毛作田《にもうさくでん》。水田《すいでん》は、冬《ふゆ》の裏作《うらさく》ができない湿田《しつでん》（一毛作《いちもうさく》田《でん》）。沼田《ぬまた》とは、農作業《のうさぎょう》も容易《ようい》でない深《ふか》い田《た》のことです。

なぜこのようなくわしい区別《くべつ》がされたのでしょうか。農家《のうか》のためではなく、地図《ちず》は軍隊《ぐんたい》の行動《こうどう》に役立《やくだ》てるためのものでもあったからです。「沼田《ぬまた》」「通過《つうか》困難《こんなん》な草地《くさち》」がわかっていれば、そこに兵隊《へいたい》は通《とお》さないと地図《ちず》の上《うえ》で判断《はんだん》することができたからです。

建物《たてもの》をあらわす記号《きごう》2

博物館《はくぶつかん》

寺院《じいん》

保健所《ほけんじょ》

図書館《としょかん》

交番《こうばん》

病 院《びょういん》

老人《ろうじん》ホーム

郵 便 局《ゆうびんきょく》

神社《じんじゃ》

もうひとつ勉強《べんきょう》しよう！

日本地図《にほんちず》を作《つく》った人《ひと》・伊能忠敬《いのうただたか》②

星《ほし》を見続《みつづ》けた日《ひ》

1745年《ねん》に千葉県《ちばけん》で伊能《いのう》忠敬《ただたか》は生《う》まれました。今《いま》の九十九里浜《くじゅうくりはま》の真《ま》ん中《なか》あたりの町《まち》です。お母《かあ》さんをはやくに亡《な》くし、さびしがる忠敬《ただたか》（幼《おさな》いときは三治郎《さんじろう》という名前《なまえ》でした）は、夜空《よぞら》の星《ほし》のひとつを指差《ゆびさ》して「あれがお母《かあ》さんの星《ほし》だ」といわれたことから、さびしくなると夜空《よぞら》を見続《みつづ》けてました。あるとき、お母《かあ》さんの星《ほし》のまわりがちがうことに気《き》がつきます。勉強好《べんきょうず》きだった忠敬《ただたか》は、空《そら》は動《うご》いていることを知《し》ったのです。

いろいろな地図《ち ず》記号《き ご う》2

建物《たてもの》を表《あらわ》す地図《ちず》記号《きごう》②

建物《たてもの》をあらわす記号《きごう》3

小・中学校《しょうちゅうがっこう》

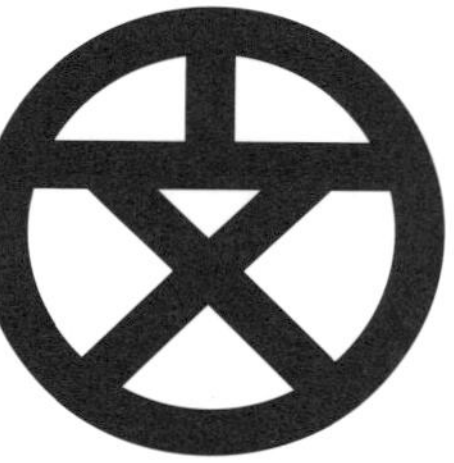

高等学校《こうとうがっこう》

大学《だいがく》

短期大学《たんきだいがく》

発電所《はつでんしょ》

市役所《しやくしょ》

今《いま》も余白《よはく》のままのところがあります

地図《ちず》は、その国《くに》のことがくわしく描《か》き込《こ》まれていることから、戦争《せんそう》になったときなどは、敵《てき》にとって、たいへん重要《じゅうよう》な情《じょう》報《ほう》となってしまいます。

昭和《しょうわ》10年代《ねんだい》に陸軍《りくぐん》が日本《にほん》の地図《ちず》を全部《ぜんぶ》描《か》きかえてしまったのは秘密《ひみつ》を守《まも》る、敵《てき》をだますということからでした。

今《いま》は、皇居《こうきょ》をはじめ、地図《ちず》に白《しろ》い部分《ぶぶん》はほぼありませんが、アメリカ軍《ぐん》の基地《きち》、自衛《じえい》隊《たい》の基地《きち》などは、地図《ちず》の上《うえ》では正《ただ》しく測量《そくりょう》されていない場合《ばあい》があります。

建物《たてもの》をあらわす記号《きごう》4

総描建物《そうびょうたてもの》(大《だい》)

独立建物《どくりつたてもの》(大《だい》)

町村役場《ちょうそんやくば》

中高層建物街《ちゅうこうそうたてものがい》

中高層建物《ちゅうこうそうたてもの》

官公署《かんこうしょ》

建物類似《たてものるいじ》の構築物《こうちくぶつ》

総描建物《そうびょうたてもの》(小《しょう》)

独立建物《どくりつたてもの》(小《しょう》)

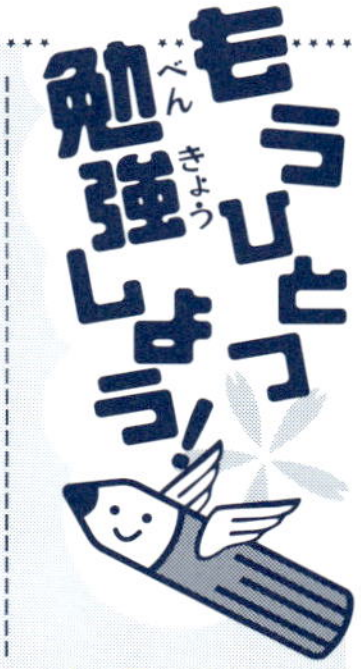

日本地図《にほんちず》を作《つく》った人《ひと》・伊能忠敬《いのうただたか》 ③

幕府《ばくふ》が暦《こよみ》をかえる

家業《かぎょう》の酒造《さけづく》りが順調《じゅんちょう》になったことから、忠敬《ただたか》は隠居《いんきょ》をすることにしました。でも、本当《ほんとう》は幕府《ばくふ》が暦《こよみ》をかえることを耳《みみ》にしていて、その仕事《しごと》をしたかったのです。

50歳《さい》で今《いま》の東京都江東区《とうきょうとこうとうく》深川《ふかがわ》にうつります。中国《ちゅうごく》からきた学問《がくもん》や宗教《しゅうきょう》から暦《こよみ》を作《つく》っていた幕府《ばくふ》ですが、西洋《せいよう》の学問《がくもん》も検討《けんとう》して暦《こよみ》をかえるようだ、と聞《き》き忠敬《ただたか》はどうしてもその仕事《しごと》をしたかったのです。師匠《ししょう》となる高橋至時《たかはしよしとき》に弟子入《でしい》りした忠敬《ただたか》は、当時《とうじ》50歳《さい》で師匠《ししょう》より19歳《さい》も上《うえ》でした。

いろいろな地図《ちず》記号《きごう》3
土地《とち》を表《あらわ》す地図《ちず》記号《きごう》

土地《とち》をあらわす記号《きごう》1

畑《はたけ》

田《た》

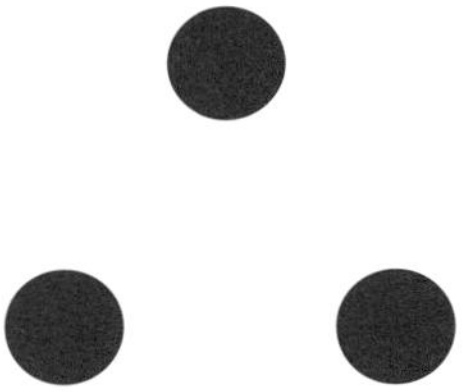

茶畑《ちゃばたけ》

果樹園《かじゅえん》

国境《こっきょう》の引《ひ》き方《かた》

地図《ちず》の上《うえ》では、国境《こっきょう》は領土《りょうど》権《けん》（自分《じぶん》の国《くに》のものという権《けん》利《り》）があるところで国境《こっきょう》を引《ひ》きます。北方領土《ほっぽうりょうど》のところに国境《こっきょう》があるのはそのためです。ただ、領土権《りょうどけん》によってすべての地域《ちいき》がいずれかの国《くに》に属《ぞく》しているかというと話《はなし》は少《すこ》し別《べつ》です。

北方領土《ほっぽうりょうど》は、第二次世界大戦《だいにじせかいたいせん》以降《いこう》、旧《きゅう》ソビエト（現《げん》ロシア）連邦《れんぽう》が占有《せんゆう》しています。日本《にほん》政府《せいふ》は、戦争前《せんそうまえ》の領地《りょうち》に戻《もど》すようにロシアと交渉《こうしょう》を続《つづ》けています。同《おな》じようなことはどの国《くに》でも行《おこな》われています。

土地《とち》をあらわす記号《きごう》2

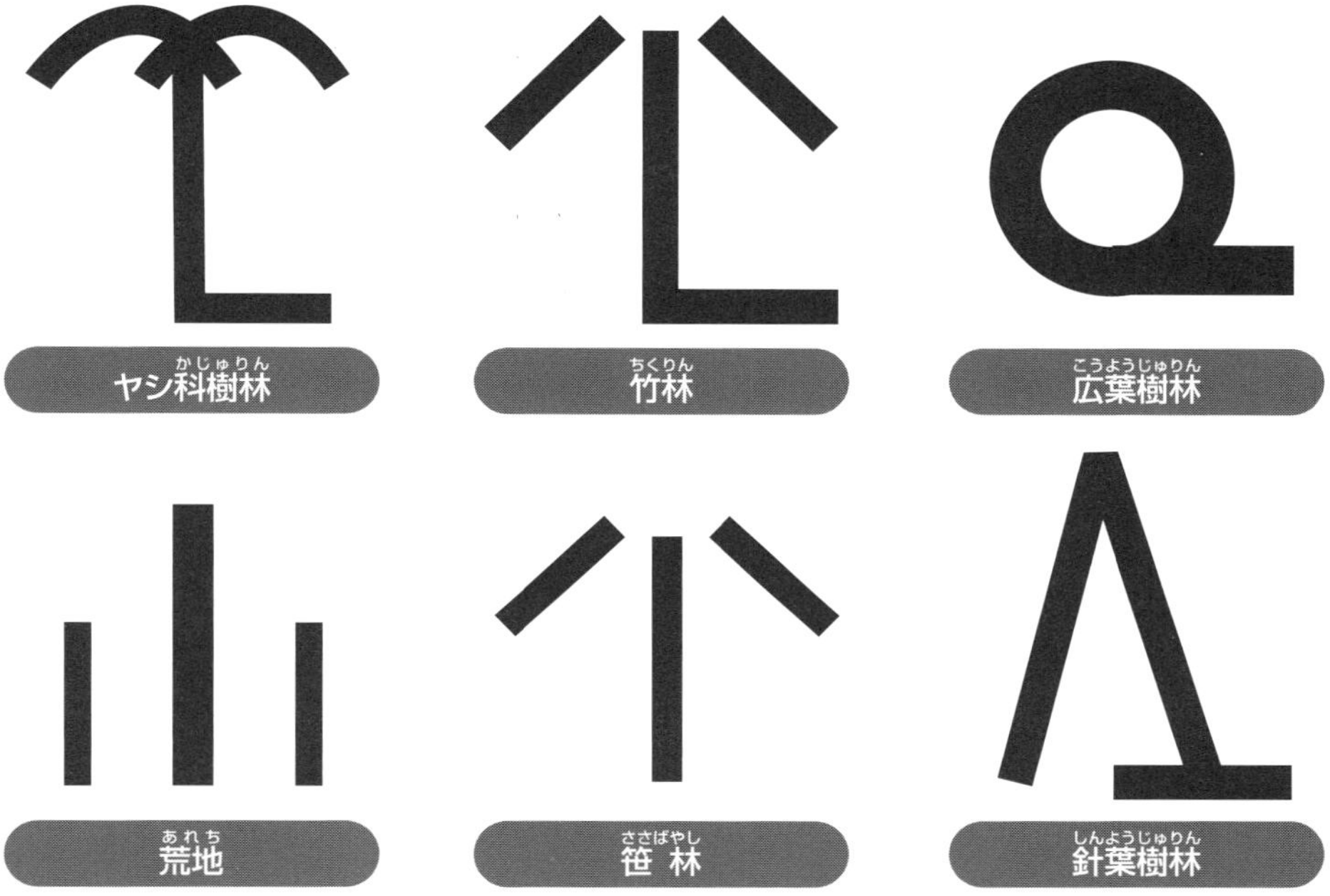

たくさんある地図記号《ちずきごう》。全部《ぜんぶ》おぼえるのは大変《たいへん》なので、地図帳《ちずちょう》で地図記号《ちずきごう》をみつけたら、興味《きょうみ》を持《も》って、何《なん》の記号《きごう》なのかを調《しら》べてみましょう。

日本地図《にほんちず》を作《つく》った人《ひと》・伊能忠敬《いのうただたか》④

緯度《いど》1度《ど》をはかるために

まずは西洋《せいよう》の暦《こよみ》を勉強《べんきょう》しました。太陽《たいよう》から暦《こよみ》を作《つく》る「太陽暦《たいようれき》」です。太陽《たいよう》が同《おな》じ位置《いち》に戻《もど》ってくるのは365日《にち》、ときどき366日《にち》になるという暦《こよみ》です。忠敬《ただたか》は天文学《てんもんがく》に夢中《むちゅう》になりました。あのお母《かあ》さんの星《ほし》のまわりがどうして変《か》わったのかもこの時期《じき》にわかりました。その後、緯度《いど》1度《ど》の長《なが》さがどのくらいなのか実際《じっさい》にはかってみようと測量《そくりょう》の勉強《べんきょう》もはじめました。測量《そくりょう》は足《あし》の幅《はば》ではかる「歩測《ほそく》」でした。

いろいろな地図《ちず》記号《きごう》4
目標《もくひょう》となる建物《たてもの》などの記号《きごう》

目標《もくひょう》となる建物《たてもの》などの記号《きごう》1

電波塔《でんぱとう》

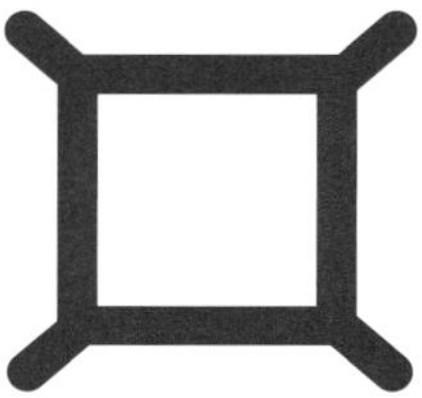
高塔《こうとう》

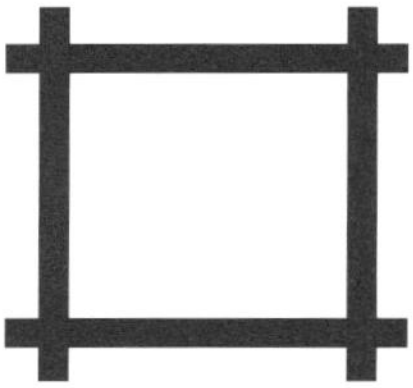
油井《ゆせい》

記念碑《きねんひ》

灯台《とうだい》

煙突《えんとつ》

地図《ちず》のはてな？

12海里《かいり》の領海《りょうかい》

国《くに》の領地《りょうち》は陸地《りくち》だけではありません。空《そら》、そして海《うみ》にまでおよびます。勝手《かって》に近《ちか》よってはいけない海《うみ》のことを「領海《りょうかい》」といいます。

では、その近《ちか》よってはいけない距離《きょり》はどのくらいなのでしょう。以前《いぜん》は、大砲《たいほう》の届《とど》く距離《きょり》である3海里《かいり》が領海《りょうかい》だったのですが、1994年《ねん》の海洋法《かいようほう》に関《かん》する国際連合条約《こくさいれんごうじょうやく》で、それぞれの国《くに》が12海里《かいり》を超《こ》えない範《はん》囲《い》で自国《じこく》の領海《りょうかい》を決《き》めることができるようになりました。

目標《もくひょう》となる建物《たてもの》などの記号《きごう》2

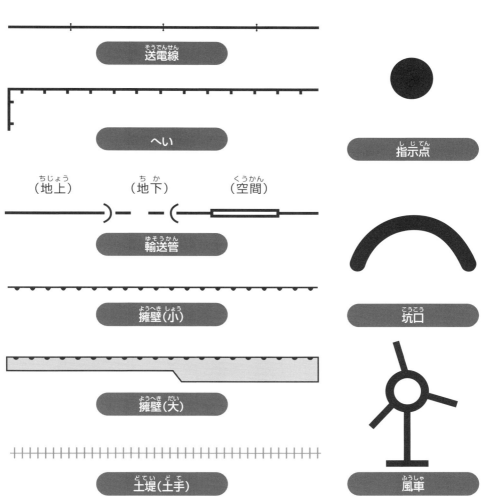

送電線《そうでんせん》

へい

輸送管《ゆそうかん》

擁壁《ようへき》（小《しょう》）

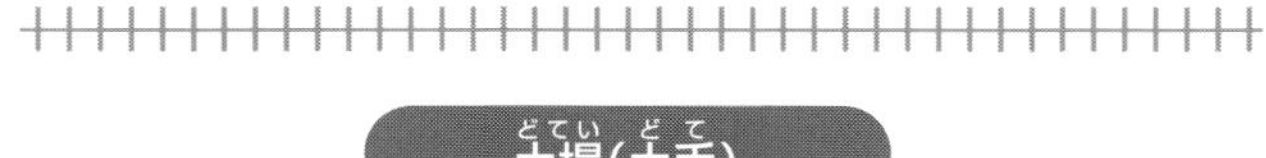

擁壁《ようへき》（大《だい》）

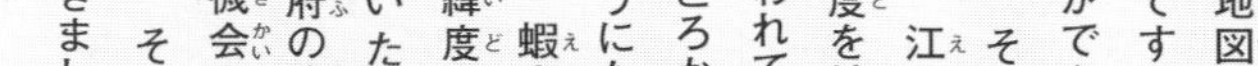

土堤《どてい》（土手《どて》）

指示点《しじてん》

坑口《こうこう》

風車《ふうしゃ》

もうひとつ勉《べん》強《きょう》しよう！

日本地図《にほんちず》を作《つく》った人《ひと》・伊能忠敬《いのうただたか》⑤

歩測《ほそく》ではかった江戸《えど》のまちなか

地図《ちず》を作《つく》ることは幕府《ばくふ》の仕《し》事《ごと》です。堂々《どうどう》と道《みち》をはかることができないのが江戸時代《えどじだい》です。そこで歩測《ほそく》をしたのですが、江戸《えど》のまちなかだけでは緯度《いど》をはかることができないといわれてしまいます。実《じつ》は、このころから外国船《がいこくせん》がやってくるようになっていたのです。師匠《ししょう》は、蝦夷地《えぞち》の測量《そくりょう》をすることで緯度《いど》の長《なが》さをはかろうとしていたのです。それには、幕府《ばくふ》の許可《きょか》が必要《ひつよう》でした。その機会《きかい》をじっと待っていたのです。そして蝦夷地《えぞち》に向かう日《ひ》がきました。

地図《ちず》記号《きごう》を覚《おぼ》えよう

いろいろな地図《ちず》記号《きごう》

その他《ほか》の地図《ちず》記号《きごう》

記《き》号《ごう》	名《めい》称《しょう》
	噴火口《ふんかこう》・噴気口《ふんきこう》
	採鉱地《さいこうち》
	漁港《ぎょこう》
	渡船《とせん》（フェリー）
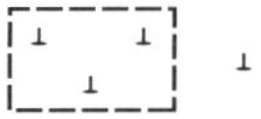	墓地《ぼち》
	水門《すいもん》
	水準点《すいじゅんてん》
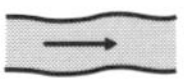	流水方向《りゅうすいほうこう》
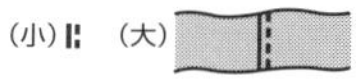	せき
	水制《すいせい》
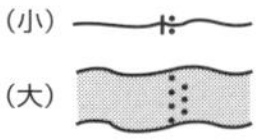	滝《たき》
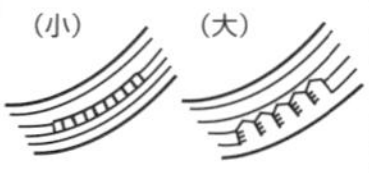	湖底《こてい》のがけ
	岩《いわ》
	万年雪《まんねんゆき》
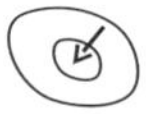	湖底《こてい》のおう地《ち》

記《き》号《ごう》	名《めい》称《しょう》
	温泉《おんせん》
	城跡《しろあと》
	地方港《ちほうこう》
	渡船《とせん》（その他《た》の旅客船《りょかくせん》）
	石段《いしだん》
	史跡《しせき》・名勝《めいしょう》・天然記念物《てんねんきねんぶつ》
	湿地《しっち》
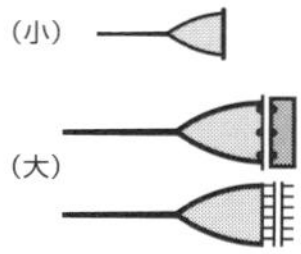	ダム
	隠顕岩《いんけんがん》
	防波堤《ぼうはてい》
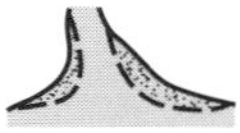	干潟《ひがた》
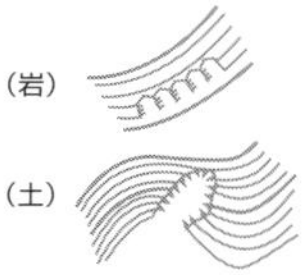	がけ
	雨裂《うれつ》
	砂《さ》れき地《ち》

記《き》号《ごう》	名《めい》称《しょう》
	軽車道《けいしゃどう》
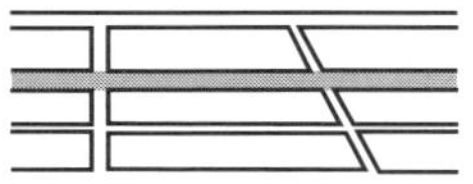	街路《がいろ》
	庭園路《ていえんろ》
	地下鉄《ちかてつ》及《およ》び地下式鉄道《ちかしきてつどう》
	特殊鉄道《とくしゅてつどう》
	駅《えき》（JR線《せん》）
	駅《えき》（地下鉄《ちかてつ》及《およ》び地下式鉄道《ちかしきてつどう》）
	建設中《けんせつちゅう》または運行休《うんこうきゅう》止中《しちゅう》の鉄道《てつどう》（JR線《せん》）
	道路橋《どうろきょう》
	トンネル（道路《どうろ》）
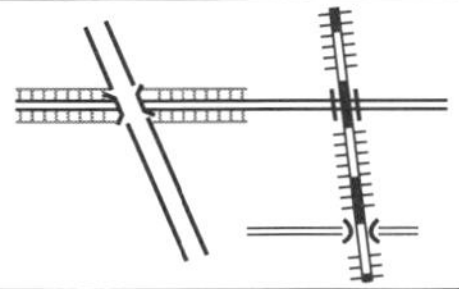	立体交差《りったいこうさ》
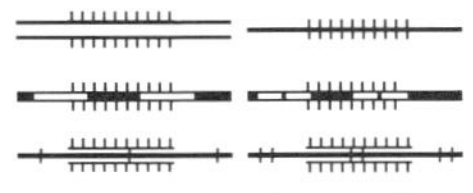	盛土部《もりどぶ》
	北海道《ほっかいどう》の支庁界《しちょうかい》
	町村《ちょうそん》･政令市《せいれいし》の区界《くかい》
	植生界《しょくせいかい》
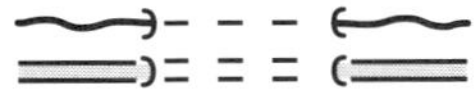	地下《ちか》の水路《すいろ》

記《き》号《ごう》	名《めい》称《しょう》
	軽車道《けいしゃどう》
	真幅道路《しんぷくどうろ》
	有料道路《ゆうりょうどうろ》、料金所《りょうきんじょ》
	国道等《こくどうとう》
	2車線道路《しゃせんどうろ》
	JR線《せん》（単線《たんせん》）
	JR線《せん》以外《いがい》（単線《たんせん》）
	路面《ろめん》の鉄道《てつどう》
	リフト等《とう》
	駅《えき》（JR線《せん》以外《いがい》）
	側線《そくせん》
	鉄道橋《てつどうきょう》
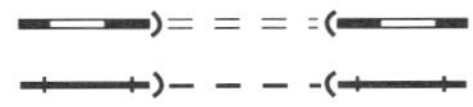	トンネル（鉄道《てつどう》）
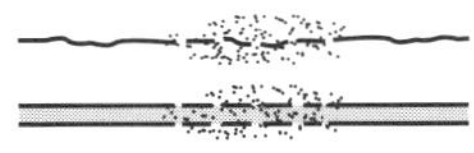	かれ川《がわ》
	郡市《ぐんし》、東京都《とうきょうと》の区界《くかい》
	特定地区界《とくていちくかい》
	都府県界《とふけんかい》

地図《ちず》記号《きごう》を覚《おぼ》えよう

地図《ちず》を正《ただ》しく描《か》くには正《ただ》しく地形《ちけい》をはかることからはじまります

測量《そくりょう》の基本《きほん》

窓《まど》の外《そと》を見《み》てみましょう。隣《となり》の家《いえ》の屋根《やね》まで何《なん》メートルあるでしょうか？

道路《どうろ》の長《なが》さなどは長《なが》いひもなどではかることができますが、高《たか》さがあるとちょっとはかるのがたいへんです。そういうときは、三角測量《さんかくそくりょう》という方法《ほうほう》を使《つか》います。

三角測量《さんかくそくりょう》は、2つの点《てん》を決《き》めて、その点《てん》の間《あいだ》の長《なが》さとその点《てん》から目標物《もくひょうぶつ》（屋根《やね》の端《はし》とか山《やま》の頂上《ちょうじょう》など）の角度《かくど》をはかることで長《なが》さを求《もと》めることができるのです。

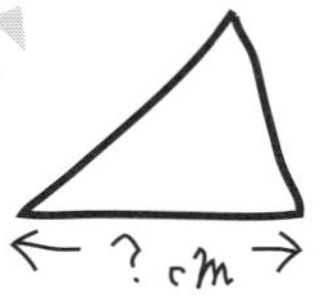

測量《そくりょう》の基準《きじゅん》となる三角点《さんかくてん》

三角点《さんかくてん》は、山《やま》の高《たか》さをはかる基準《きじゅん》となるものです。

日本経緯度原点《にほんけいいどげんてん》は、東京《とうきょう》都《と》港区《みなとく》麻生台《あざぶだい》の旧東京天文台《きゅうとうきょうてんもん》《だい》の構内《こうない》です。原点《げんてん》から45㎞ごとにおいた1等本点《とうほんてん》が測量《そくりょう》の基準《きじゅん》となるものです。

この1等本点《とうほんてん》から2等《とう》、3等《とう》、4等《とう》と三角点《さんかくてん》が全国《ぜんこく》にたくさんおかれているのです。

この三角点《さんかくてん》を基準《きじゅん》に山《やま》の測量《そくりょう》が行《おこな》われています。今《いま》は、衛星《えいせい》をつかったGPS測量《そくりょう》とあわせた測量《そくりょう》が増《ふ》えています。

地図《ちず》のはてな？

三角形《さんかくけい》で地形《ちけい》をはかるには

中学校《ちゅうがっこう》で習《なら》う「三角形《さんかくけい》の定理《ていり》」を使《つか》ったものです。1辺《ぺん》の長《なが》さとその角度《かくど》が2つわかると目的地《もくてきち》までの長《なが》さが計算《けいさん》できるのです。それではかった三角形《さんかく》をたくさんつなぐことで大《おお》きな地形《ちけい》をはかることができるわけです。

山《やま》の高《たか》さをはかる場合《ばあい》に、この目的《もくてき》の場所《ばしょ》をたくさん作《つく》ることで、傾斜《けいしゃ》も計算《けいさん》できるわけです。計算方法《けいさんほうほう》を利用《りよう》して、伊能忠敬《いのうただたか》は、この地図《ちず》を正《ただ》しく作《つく》り上《あ》げました。

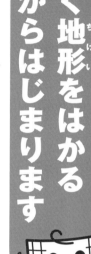

三角測量《さんかくそくりょう》

三角形《さんかくけい》の原理《げんり》を使《つか》って離《はな》れた地点《ちてん》との距離《きょり》をはかる方法《ほうほう》を三角測量《さんかくそくりょう》といいます。

2点間《てんかん》の正確《せいかく》な距離《きょり》がわかっているときは、2点《てん》から離《はな》れた場所《ばしょ》のある地点《ちてん》との距《きょ》離《り》は、その2点《てん》との角度《かくど》がわかれば三角形《さんかくけい》の性質《せいしつ》から計算《けいさん》することができます。（図《ず》1）

例《たと》えば木《き》の高《たか》さをはかりたい時《とき》には、木《き》から少《すこ》し離《はな》れた場所《ばしょ》に立《た》ち、その木《き》との距離《きょり》と、その場所《ばしょ》から木《き》のてっぺんを結《むす》んだ線《せん》と地表《ちひょう》の角度《かくど》がわかれば、木《き》の高《たか》さを計算《けいさん》できます。木《き》と地表《ちひょう》の角度《かくど》は90度《ど》とします（図《ず》2）。

図《ず》1

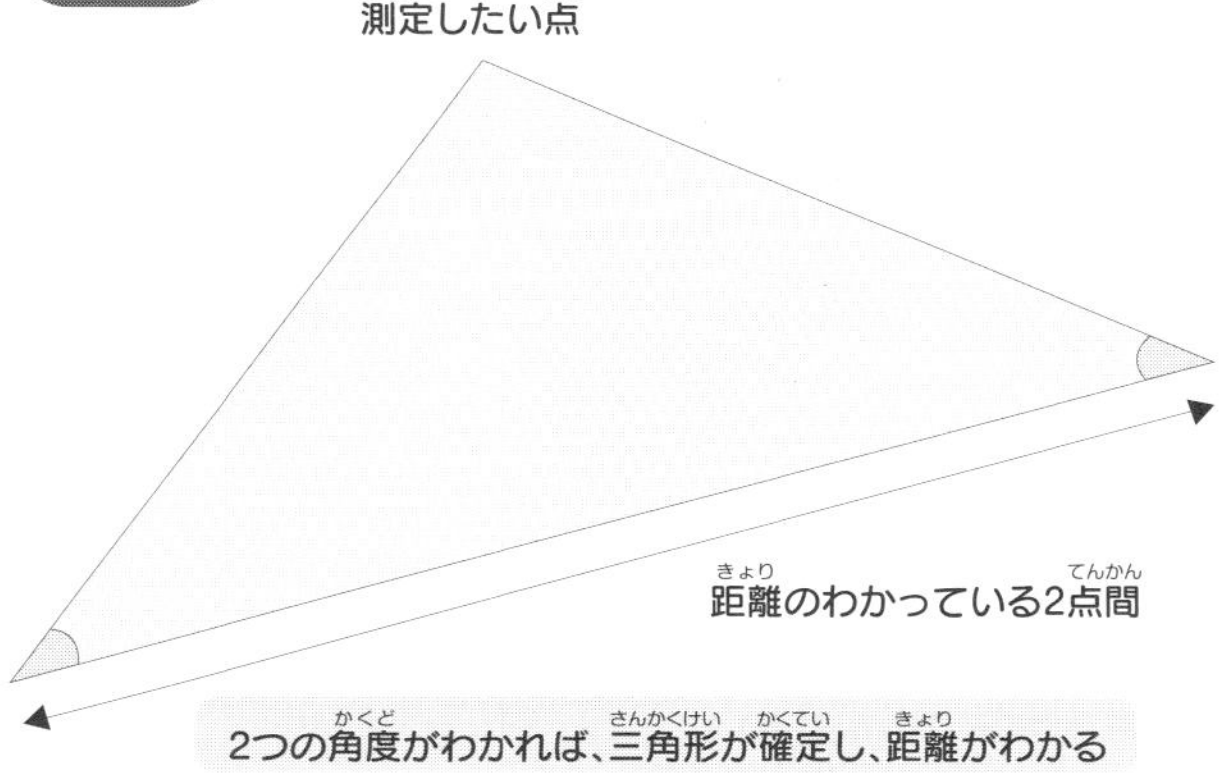

2つの角度《かくど》がわかれば、三角形《さんかくけい》が確定《かくてい》し、距離《きょり》がわかる

図《ず》2

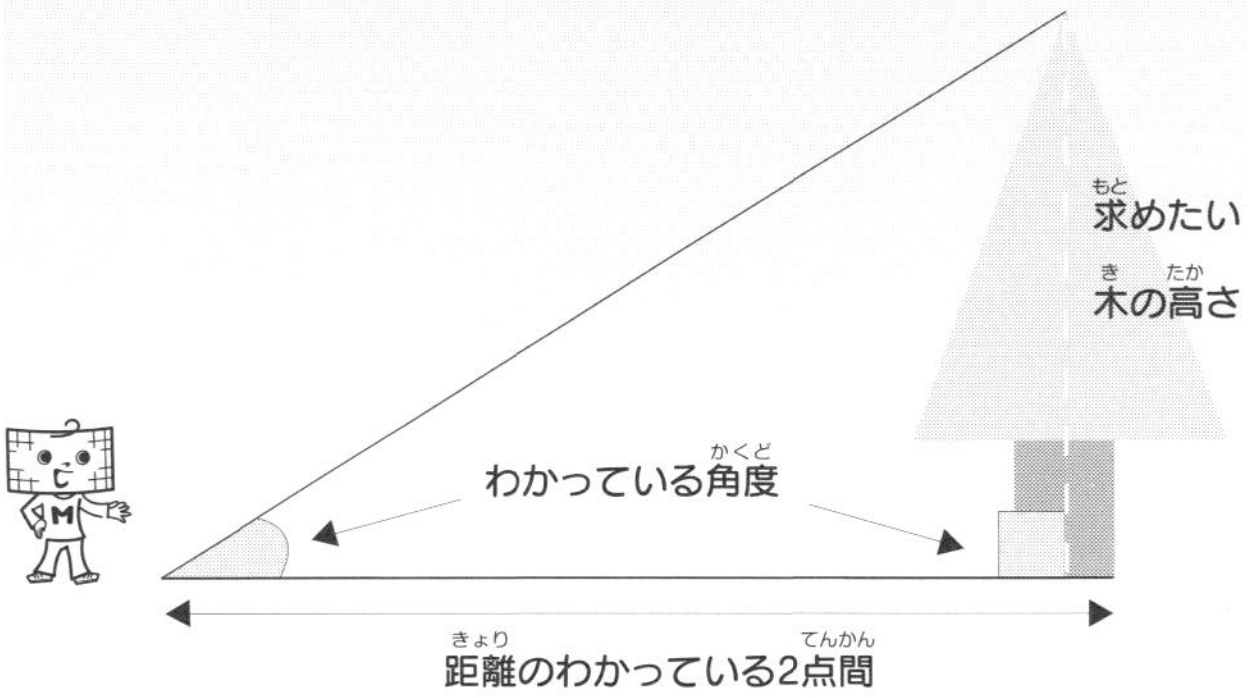

もうひとつ勉強《べんきょう》しよう！

日本地図《にほんちず》を作《つく》った人《ひと》・伊能忠敬《いのうただたか》⑥

三角測量《さんかくそくりょう》の技術《ぎじゅつ》で日本《にほん》をはかった

北海道《ほっかいどう》、東北《とうほく》の測量《そくりょう》をはじめ、忠敬《ただたか》は日本全国《にほんぜんこく》を17年《ねん》もかけて回《まわ》ることになります。緯度《いど》1度《ど》は28里《り》7町《ちょう》12間《かん》（110・749㎞）と天体《てんたい》と実測《じっそく》で割《わ》り出《だ》した数字《すうじ》です。これはオランダの本《ほん》に記述《きじゅつ》されていた数字《すうじ》とほぼ一緒《いっしょ》でした。忠敬《ただたか》は、こうして実測《じっそく》をくり返《かえ》し、日本地図《にほんちず》を作《つく》り上《あ》げたのです。それは精密《せいみつ》なもので、絵地図《えちず》から大《おお》きく地図《ちず》の世界《せかい》をかえたのです。

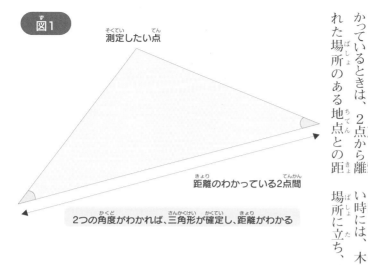

なるほどコラム 昔《むかし》の人《ひと》の考《かんが》えた地球《ちきゅう》

アメリカ大陸《たいりく》を発見《はっけん》したコロンブスは、スペイン王国《おうこく》からたくさんの財産《ざいさん》をもらいました。出航前《しゅっこうまえ》には、着《つ》いたインドの十分《じゅうぶん》の一《いち》はコロンブスのものにするとの約束《やくそく》だったのです。西《にし》に向《む》かうとインドに着《つ》く、今考《いまかんが》えるとまちがいなのですが、当時《とうじ》のヨーロッパはまだ西《にし》に行《い》くと何《なに》があるかは知《し》らなかったのです。

では、昔《むかし》の人《ひと》たちは地球《ちきゅう》をどのようなものと考《かんが》えていたのでしょうか？

4つの絵《え》を見《み》てください。

なんとも不思議《ふしぎ》な地球《ちきゅう》を考《かんが》えていたのですね。同《おな》じなのは、世界《せかい》は平《たい》らなものと思《おも》っていたことです。その果《は》ては海《うみ》か高《たか》い山《やま》なのです。やはり、海《うみ》や山《やま》が続《つづ》くと、それを越《こ》えることができないと思《おも》ったのでしょうね。

シュメール人《じん》の考《かんが》えた世界《せかい》

紀元前《きげんぜん》3000年《ねん》のころのメソポタミア文明《ぶんめい》を作《つく》ったシュメール人《じん》の世界《せかい》は、海《うみ》に浮《う》かぶ半円《はんえん》のものと考《かんが》えたようです

カルデア人《じん》の考《かんが》えた世界《せかい》

紀元前《きげんぜん》300年《ねん》ころ、新《しん》バビロニア王国《おうこく》を作《つく》ったカルデア人《じん》たちは、大《おお》きな山《やま》が太陽《たいよう》や星《ほし》を支《ささ》えていると考《かんが》えました

古代《こだい》のインド人《じん》

地球《ちきゅう》は大《おお》きなゾウの上《うえ》にあり、そのゾウは大《おお》きなカメの上《うえ》で、そのカメはヘビに乗《の》っていると考《かんが》えていました

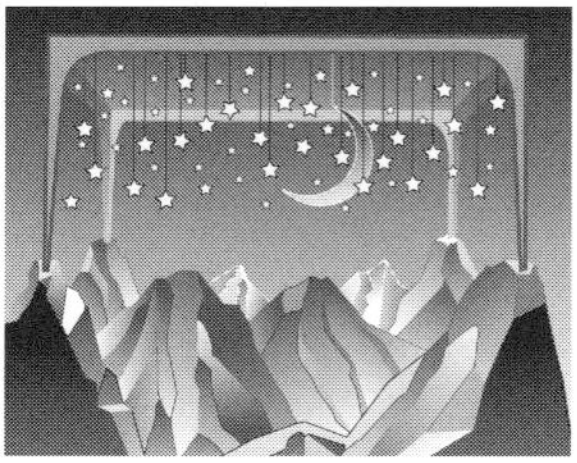

古代《こだい》エジプト人《じん》

高《たか》い山《やま》が空《そら》を支《ささ》えて星《ほし》はそれにぶら下《さ》がっているものと考《かんが》えたのです

1 2 3 4 **5** 6 7

地《ち》図《ず》の歴史《れきし》

人《ひと》はなぜ地図《ちず》を作《つく》ったのか？

人々《ひとびと》は、なぜ地図《ちず》を作《つく》ったのか ギリシャ神話《しんわ》アトラス

なぜ、地図帳《ちずちょう》はアトラスと呼《よ》ばれるの? 天《てん》と地《ち》を分《わ》ける力持《ちからも》ちの神《かみ》アトラス

地図帳《ちずちょう》のことを「ATLAS」といいます。それは、ギリシャ神話《しんわ》の「アトラス」からとられたものであるといわれています。

1585年《ねん》、オランダの学者《がくしゃ》・メルカトルはコンパスではかるだけで目的地《もくてきち》につける世界地図《せかいちず》がのった地図帳《ちずちょう》を作《つく》りはじめました。その表紙《ひょうし》にギリシャ神話《しんわ》のアトラスを描《か》き、ATLASとしたのです。

それ以来《いらい》、地図帳《ちずちょう》はアトラスと呼《よ》ばれているのです。

アトラスと名前《なまえ》をつけたメルカトル

ゲラルドゥス・メルカトル(1512〜1594年《ねん》)

メルカトルはフランドル(今《いま》のベルギー)に生《う》まれ、ルーヴェン大学《だいがく》で地理学《ちりがく》などを学《まな》び、地球儀《ちきゅうぎ》や地図《ちず》を作《つく》った。1569年《ねん》にメルカトル図法《ずほう》と呼《よ》ばれる「正角円筒図法《せいかくえんとうずほう》」を考案《こうあん》。この図法《ずほう》によって132cm×198cmの大型《おおがた》の世界地図《せかいちず》を作製《さくせい》した。

地図《ちず》の歴史《れきし》

はじめに地図《ちず》をだれがいつ描《か》いたかはわかっていません。紀元前《きげんぜん》2500年《ねん》ごろのバビロニア人《じん》のものと思《おも》われる地図《ちず》を描《か》いた土器《どき》が発見《はっけん》されていたり、北極圏《ほっきょくけん》ではイヌイットたちが流木《りゅうぼく》を使《つか》って地図《ちず》を作《つく》っていたり、太平洋《たいへいよう》の南《みなみ》の島国《しまぐに》では貝《かい》や木《き》の枝《えだ》を使《つか》った地図《ちず》が発見《はっけん》されています。

言葉《ことば》がまだなくても、絵《え》や模様《もよう》で地図《ちず》を作《つく》っていたことは想像《そうぞう》がつきます。食《た》べ物《もの》、水《みず》がある場所《ばしょ》を仲間《なかま》に知《し》らせるためにも地図《ちず》は早《はや》くから使《つか》われていたと考《かんが》えられています。

ギリシャ神話《しんわ》のアトラス

オリンポスの神々《かみがみ》との戦《たたか》いに負《ま》け、ゼウスから罰《ばつ》を受《う》けてしまう神《かみ》のひとりがアトラスです。その罰《ばつ》は、世界《せかい》の西《にし》の果《は》てで背中《せなか》に天空《てんくう》を、肩《かた》にこれを支《ささ》える柱《はしら》を背負《せお》うというものでした。

大《おお》きな天球《てんきゅう》を背負《せお》うアトラスは、いつも見《み》ている地上《ちじょう》の地理《ちり》にくわしくなり、道《みち》案内《あんない》をしたと書《か》かれています。それが、地図《ちず》＝案内《あんない》＝アトラスとなった理由《りゆう》のひとつです。

力持《ちからも》ちの神様《かみさま》、アトラス

アトラスは大《おお》きな球《たま》を頭《あたま》の上《うえ》に持《も》っている神様《かみさま》です。ゼウスに逆《さか》らい、地球《ちきゅう》の中心《ちゅうしん》で天《てん》と地《ち》がつながらないように天《てん》を持《も》ち上《あ》げる仕事《しごと》をさせられました。地上《ちじょう》のいろいろなところを見《み》ていたので、どこに行《い》けば何《なに》があるのかをよく知《し》っていました。メルトカルは、この神話《しんわ》から、道案内《みちあんない》の地図《ちず》を「ATLAS《アトラス》」と名付《なづ》けました。

もうひとつ勉強《べんきょう》しよう!

神学《しんがく》から科学《かがく》に ①

宗教《しゅうきょう》が生活《せいかつ》に密着《みっちゃく》して国《くに》の政治《せいじ》も支配《しはい》するようになると、神《かみ》の言葉《ことば》が社会《しゃかい》で大《おお》きな影響《えいきょう》を持《も》つようになります。キリスト教《きょう》が栄《さか》えたローマは長《なが》い間《あいだ》、キリスト教《きょう》が政治《せいじ》の中心《ちゅうしん》にありました（ローマがキリスト教《きょう》を認《みと》めたのは、4世紀《せいき》からです）。それまでは、多神教《たしんきょう》（神様《かみさま》がたくさんいる考《かんが》え方《かた》）で、それぞれの地《ち》にいろいろな神様《かみさま》がいました。

多神教《たしんきょう》のローマ人《じん》たちは、キリストを信《しん》じる人《ひと》たちを受《う》け入《い》れました。ただし、キリスト教《きょう》の信者《しんじゃ》たちに重《おも》い税金《ぜいきん》をかけたりしていました。

地図《ちず》の天才《てんさい》「プトレマイオス」世界地図《せかいちず》の基本《きほん》を作《つく》ったプトレマイオス

世界初《せかいはつ》の経緯線《けいいせん》を使《つか》った地図《ちず》

プトレマイオスは、ギリシャで語《かた》り継《つ》がれてきた天文学《てんもんがく》を「アルマゲスト」という本《ほん》にまとめた古代《こだい》ローマの学者《がくしゃ》です。それまでバラバラだったものをひとつにまとめたことは彼《かれ》の大《おお》きな功績《こうせき》となりました。

また、プトレマイオスは著《ちょ》書《しょ》「地理学《ちりがく》（ゲオグラフィア）」に世界《せかい》ではじめて経緯線《けいいせん》を用《もち》いた地図《ちず》をおさめました。実際《じっさい》には天文観測《てんもんかんそく》などのデータが正確《せいかく》ではなく、現在《げんざい》から見《み》れば誤《あやま》っている部分《ぶぶん》も多《おお》いものでした。ですから、当時《とうじ》は高《たか》い評価《ひょうか》を得《え》ることができず、歴史《れきし》の闇《やみ》に埋《う》もれてしまいました。しかし、ルネッサンス期《き》に再評価《さいひょうか》され、一躍脚《いちやくきゃっ》光《こう》を浴《あ》びるようになりました。1000年後《ねんご》の大航海《だいこうかい》時代《じだい》にはプトレマイオスの世《せ》界地図《かいちず》の権威《けんい》は絶大《ぜつだい》なものだったといわれています。

クラウディオス・プトレマイオス（英語読《えいごよ》みではトレミー）。数学《すうがく》、天文学《てんもんがく》、占星学《せんせいがく》、音楽学《おんがくがく》、光学《こうがく》、地理学《ちりがく》、地図製作学《ちずせいさくがく》など幅広《はばひろ》い分野《ぶんや》で業績《ぎょうせき》を残《のこ》した古代《こだい》ローマの学者《がくしゃ》。

聖書《せいしょ》から作《つく》られたTO《ティーオー》図《ず》

聖書《せいしょ》には地図《ちず》は描《か》かれていませんが、方位《ほうい》や位置関係《いちかんけい》のことはたくさん出《で》てきます。リンゴを食《た》べたアダムとイブの話《はなし》は有名《ゆうめい》ですね。二人《ふたり》が住《す》んでいた楽園《らくえん》「エデンの園《その》」は東方《とうほう》にあるのです。

聖書《せいしょ》の世界《せかい》の中心《ちゅうしん》はエルサレムですから、エルサレムから見《み》て東方《とうほう》ということになります。聖書《せいしょ》の世界《せかい》から作《つく》られた地図《ちず》があります。アルファベットの「T」と「O」を組《く》み合《あ》わせたような形《かたち》から「TO《ティーオー》図《ず》」とよばれました。

プトレマイオスの世界地図《せかいちず》

この世界地図《せかいちず》は、実際《じっさい》にはかつて作《つく》ったものではないため、場所《ばしょ》が大《おお》きくずれています。

西《にし》はカナリア諸島《しょとう》から東《ひがし》は中国《ちゅうごく》の西安《せいあん》まで、北《きた》はスカンジナビアから南《みなみ》はナイルの源流《げんりゅう》まで、ほぼ全地球《ぜんちきゅう》の4分《ぶん》の1を描《えが》いていました。

経度《けいど》はカナリア諸島《しょとう》を0度《ど》にして、西安付近《せいあんふきん》が180度《ど》です（実際《じっさい》は130度《ど》ほどです）。

緯度《いど》、経度《けいど》が使《つか》われた最初《さいしょ》の地図《ちず》です

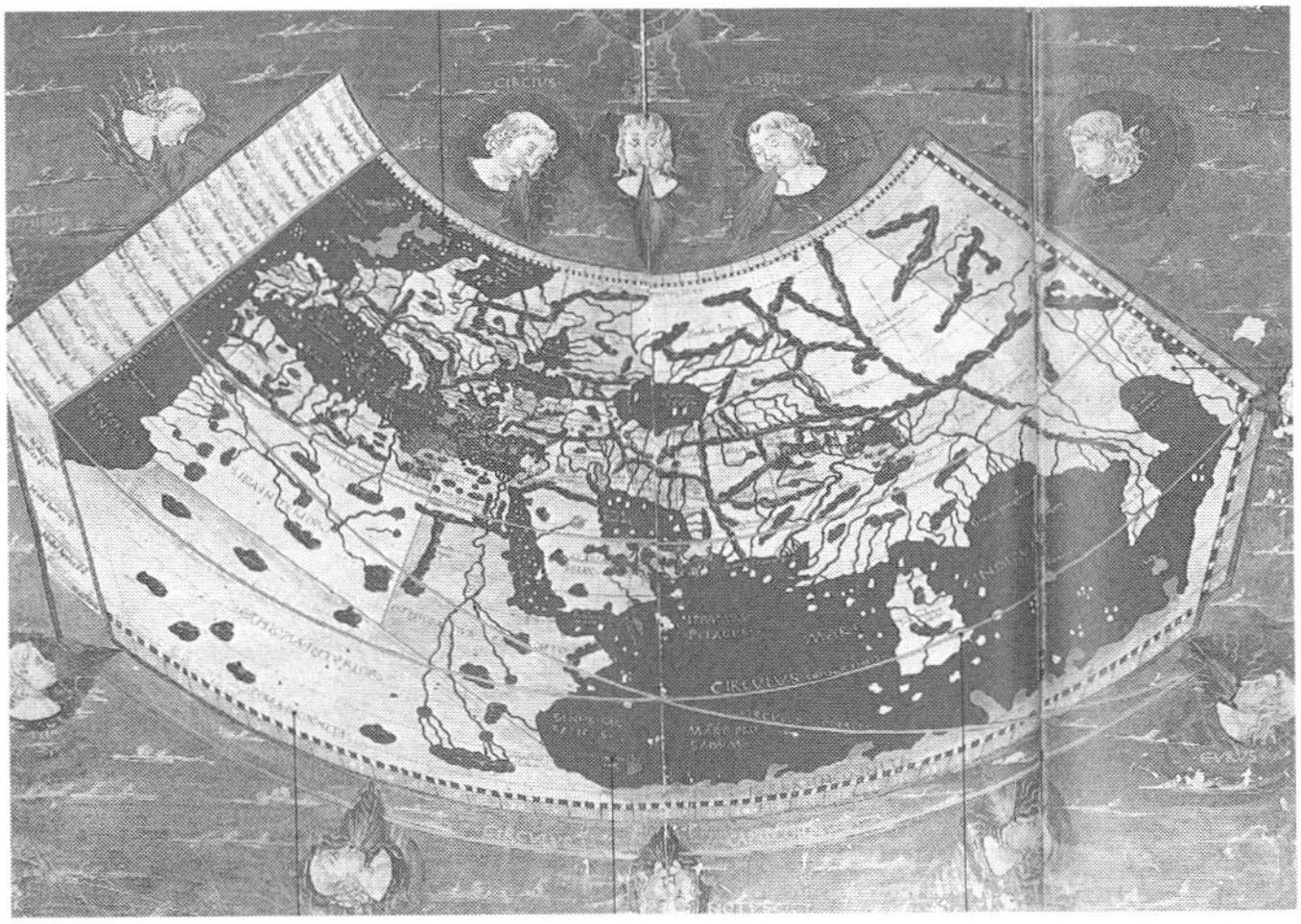

地図《ちず》は、紙《かみ》などに平面《へいめん》に描《か》くこと、そして方位《ほうい》、位置《いち》、距離《きょり》を正《ただ》しく描《か》くことが基本《きほん》です。プトレマイオスの地図《ちず》は、投影《とうえい》する方法《ほうほう》、緯度《いど》、経度《けいど》の考《かんが》え方、座標《ざひょう》での位置《いち》と今《いま》の地図《ちず》の基本《きほん》を使《つか》った地図《ちず》なのです。

もうひとつ勉強《べんきょう》しよう！

神学《しんがく》から科学《かがく》に ②

キリスト教《きょう》の三位一体説《さんみいったいせつ》

アタナシオス派《は》の「三位一《さんみいっ》体説《たいせつ》」でキリスト教《きょう》はローマの中心的《ちゅうしんてき》な宗教《しゅうきょう》となります。父《ちち》と子《こ》そして聖霊《せいれい》が同質《どうしつ》であるという考《かんが》え方《かた》です。父《ちち》は世界《せかい》を創造《そうぞう》して統治《とうち》する、子《こ》は人間《にんげん》を救《すく》う役割《やくわり》、聖霊《せいれい》は人間《にんげん》の導《みちび》きです。キリスト教《きょう》は西《にし》ヨーロッパで広《ひろ》がっていきます。

その後《ご》、キリスト教《きょう》の教《おし》えである聖書《せいしょ》が生活《せいかつ》の中《なか》で大《おお》きな役割《やくわり》を持《も》ち、教会《きょうかい》が作《つく》られ、キリスト教《きょう》を広《ひろ》めるために西《にし》に東《ひがし》に人々《ひとびと》は移動《いどう》を開始《かいし》するのです。

冒険《ぼうけん》地図《ちず》の歴史《れきし》1

海《うみ》を渡《わた》ってアフリカに向《む》かう ポルトガルの航海王《こうかいおう》エンリケ

アフリカの南端《なんたん》は渡《わた》れる

イベリア半島《はんとう》をイスラムから取《と》り戻《もど》したスペインとポルトガルは、15世紀後半《せいきこうはん》からアフリカ大陸《たいりく》に進出《しんしゅつ》します。

ポルトガルのエンリケ王子《おうじ》は、海《うみ》からの進出《しんしゅつ》を考《かんが》えました。

エンリケ王子《おうじ》

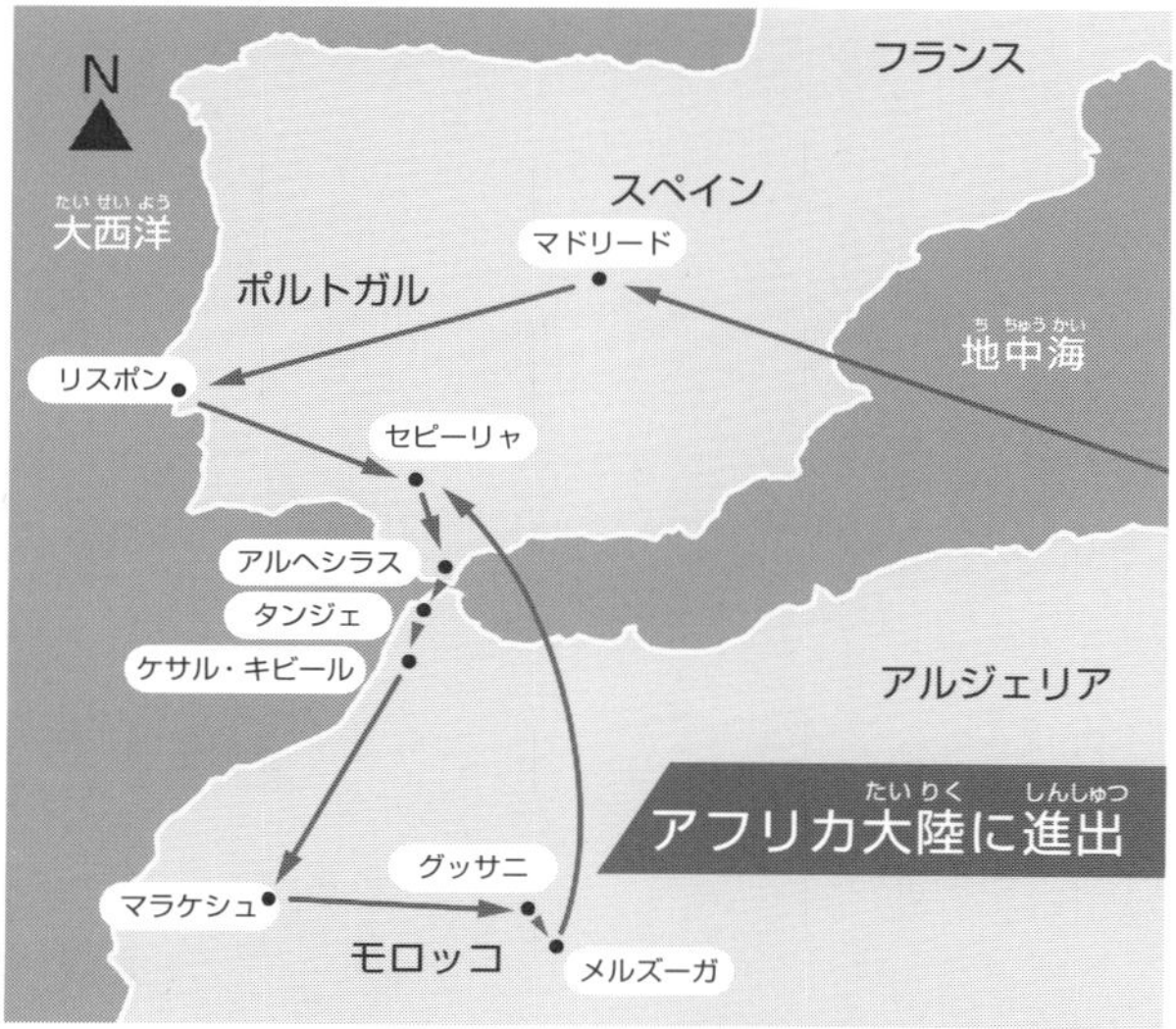

エンリケ王子《おうじ》はにぎわう地中海《ちちゅうかい》ではなく、大西洋《たいせいよう》から南《みなみ》へ向《む》かう海《うみ》の道《みち》を選《えら》びました。当時《とうじ》のプトレマイオスの世界地図《せかいちず》は、アフリカは南半球《みなみはんきゅう》でアジアと陸続《りくつづ》きであると描《か》いていましたが、アラブ人《じん》の間《あいだ》では、アフリカの南《みなみ》の端《はし》は船《ふね》で通《とお》ることができるといわれていたのです。

コンパスを使《つか》った航海術《こうかいじゅつ》

大航海時代《だいこうかいじだい》はおよそ2世紀《せいき》続《つづ》きます。地中海《ちちゅうかい》のようなせまい海《うみ》での航海技術《こうかいぎじゅつ》はありましたが、大西洋《たいせいよう》を渡《わた》る技術《ぎじゅつ》はまだありませんでした。

造船《ぞうせん》の技術《ぎじゅつ》だけではなく、ポルトガルにもどってくる航海《こうかい》はコンパスで行《おこな》われ、知《し》らない大陸《たいりく》を海《うみ》から見《み》ながらの測量《そくりょう》も行《おこな》われました。

宗教《しゅうきょう》が政治《せいじ》、生活《せいかつ》の中心《ちゅうしん》にあった時代《じだい》から、海《うみ》を越《こ》えることで科学《かがく》が少《すこ》しずつ積《つ》み上《あ》げられてきたのです。

アフリカの海岸《かいがん》で島《しま》を発見《はっけん》

『地《ち》の果《は》ての海《うみ》は煮《に》えたぎっている』

エンリケ王子《おうじ》の時代《じだい》には、そんなことが信《しん》じられていたのです。

「地《ち》の果《は》ての海《うみ》」、それはカナリア諸島《しょとう》から約《やく》２００km先《さき》のボハドル岬《みさき》です。

まだ航海《こうかい》の技術《ぎじゅつ》が発達《はったつ》していない時代《じだい》は、船乗《ふなの》りたちは迷信《めいしん》を深《ふか》く信《しん》じていました。地《ち》の果《は》てを越《こ》えることをいやがっていたのです。エンリケ王子《おうじ》の命令《めいれい》を受《う》けたポルトガル人《じん》たちは、その地《ち》の果《は》ての海《うみ》を越《こ》え、マデイラ諸島《しょとう》、アゾレス諸島《しょとう》を発見《はっけん》、最南端《さいなんたん》、喜望峰《きぼうほう》に到着《とうちゃく》するのです。

海岸線《かいがんせん》が正確《せいかく》に描《えが》かれた地図《ちず》ができたのは、航海《こうかい》が陸《りく》の見《み》えるところを進《すす》んでいたからです。

アフリカの地図《ちず》
（G. and I. Blaeuによる1648年《ねん》の地図《ちず》）

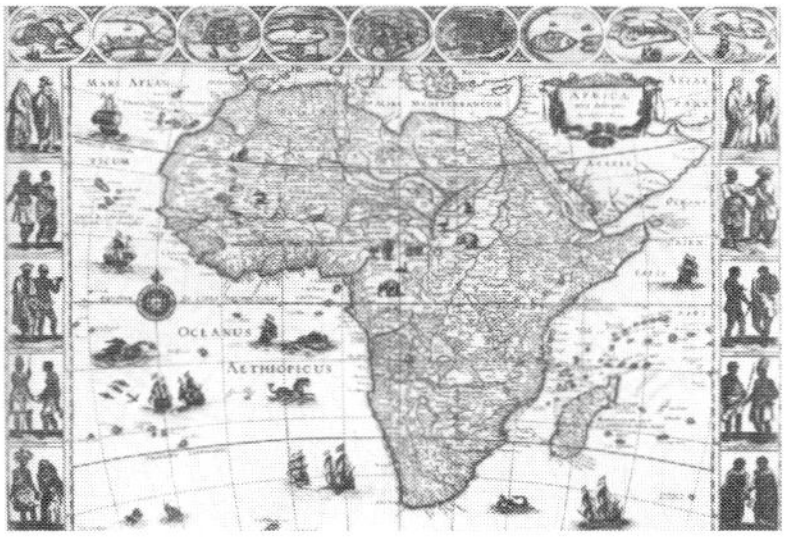

ポルトガル人《じん》のヴァスコ・ダ・ガマがインド洋航路《ようこうろ》を発見《はっけん》した150年後《ねんご》に作《つく》られたものです。海岸線《かいがんせん》は正確《せいかく》ですが、内陸部《ないりくぶ》の特《とく》に河川《かせん》の流路《りゅうろ》に関《かん》する地図《ちず》の情報《じょうほう》がほとんどないことがわかります。ナイル川《がわ》が南部《なんぶ》アフリカまで流《なが》れていたり、ニジェール川《がわ》の流路《りゅうろ》はまったくちがいます。

インドには新《あたら》しい富《とみ》がある

なぜ、エンリケ王子《おうじ》はアフリカを越《こ》えてインドに向《む》かったのでしょうか。インドはヨーロッパから陸続《りくつづ》きでアフリカの東《ひがし》にあることはわかっていました。でも、そこへはローマの支配下《しはいか》にあった海《うみ》を通《とお》ることでしか行《い》けないと考《かんが》えられていたからです。できたばかりのスペイン、ポルトガルは、大西洋《たいせいよう》を南《みなみ》に向《む》かいアフリカ大陸《たいりく》を回《まわ》る航路《こうろ》でインドに向《む》かったのです。十字《じゅうじ》軍《ぐん》が持《も》ち帰《かえ》ったコショウがあるインドは新《あたら》しい富《とみ》のあるところだったのです。そのため、どうしても行《い》きたい国《くに》だったのです。

もうひとつ勉強《べんきょう》しよう！

神学《しんがく》から科学《かがく》に ③

アリスタルコスの地動説《ちどうせつ》

紀元前《きげんぜん》３００年《ねん》ころ、ギリシャ人《じん》のアリスタルコスは、月《つき》と太陽《たいよう》と地球《ちきゅう》を三角形《さんかくけい》で結《むす》び、太陽《たいよう》の大《おお》きさをはかりました。太陽《たいよう》は地球《ちきゅう》の6倍《ばい》、重《おも》さは200倍《ばい》、そんな大《おお》きなものが地球《ちきゅう》を1周《しゅう》しているとは考《かんが》えにくい、だから地球《ちきゅう》が太陽《たいよう》の周《まわ》りを回《まわ》っていると考《かんが》えました。

しかし、アリストテレスなど多《おお》くの学者《がくしゃ》は地球《ちきゅう》を中心《ちゅうしん》に天《てん》体《たい》は回《まわ》っていると考《かんが》えていたのです。２世紀《せいき》になり、天文《てんもん》学者《がくしゃ》プトレマイオスも天動説《てんどうせつ》を支持《しじ》し、教会《きょうかい》もその意見《いけん》に賛《さん》成《せい》しました。

冒険地図《ぼうけんちず》の歴史《れきし》2

コロンブスの大陸発見《たいりくはっけん》

「西《にし》に向《む》かうとインドに着《つ》く」とスペイン王妃《おうひ》にいった男《おとこ》

1492年《ねん》、コロンブスはアメリカ大陸《たいりく》を発見《はっけん》しました。このことでコロンブスの航海《こうかい》を応援《おうえん》したスペインは大《おお》きな富《とみ》を得《え》ました。

クリストファー・コロンブス。1451年《ねん》にイタリア・ジェノバで生《う》まれた船乗《ふなの》りですが、くわしい生《お》い立《た》ちはあまりわかっていません。

エンリケ王子《おうじ》の航海《こうかい》を知《し》ったコロンブスは、大西洋《たいせいよう》を西《にし》に行《い》くことでインドに着《つ》くことを計画《けいかく》してポルトガルに応《おう》援《えん》をお願《ねが》いします。

しかし、ポルトガルは東回《ひがしまわ》りの航海《こうかい》を行《おこな》うために、コロンブスの計画《けいかく》を断《ことわ》ります。

コロンブスの西回《にしまわ》りの航海《こうかい》を応援《おうえん》したのは、隣《となり》の国《くに》スペインのイザベラ女王《じょおう》でした。

コロンブスの西回《にしまわ》りの計画《けいかく》は、天文学者《てんもんがくしゃ》トスカネリの「地球球体説《ちきゅうきゅうたいせつ》」から生《う》まれたものです。

クリストファー・コロンブス

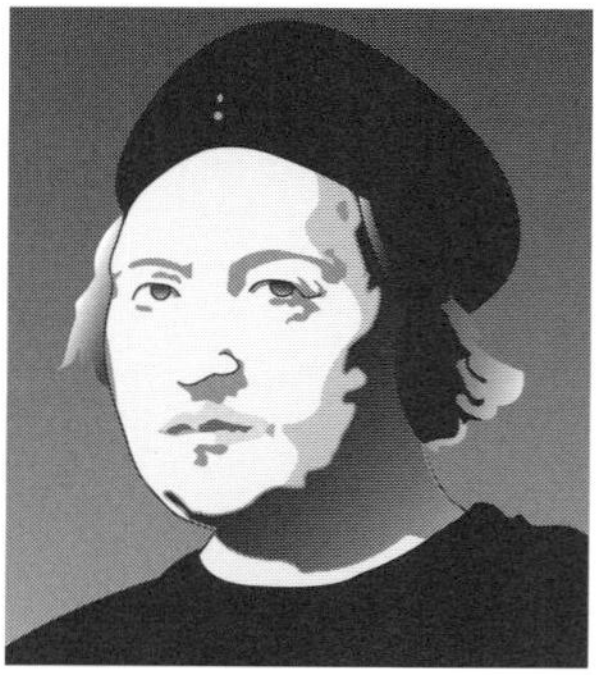

コロンブスはサン・サルバドル島《とう》に着《つ》き、そこをジパングの近《ちか》くに位置《いち》するインドの一部《いちぶ》と確認《かくにん》し、島《しま》に住《す》む先住民《せんじゅうみん》であるタイノ族《ぞく》をインディオ（英語《えいご》でインディアン）とよびました。しかし、実際《じっさい》にはインドから15,000㎞も離《はな》れた地点《ちてん》にいたのです。

地図《ちず》のはてな？

どんどん小《ちい》さくなる地球《ちきゅう》

紀元前《きげんぜん》2世紀《せいき》に星《ほし》を使《つか》ってはかった地球全体《ちきゅうぜんたい》の距離《きょり》は3万《まん》2千《せん》㎞でした。その後《ご》、1万《まん》4千《せん》㎞になり、長《なが》い間世界地《あいだせかいち》図《ず》として使《つか》われていたプトレマイオスは1万《まん》1千《せん》㎞くらいと予想《よそう》していました。

なぜか、地球《ちきゅう》の大《おお》きさがどんどん小《ちい》さくなるのです。それは、エルサレムとローマの距離《きょり》から地球《ちきゅう》をはかったから間違《まちが》えたのです。地球《ちきゅう》の大《おお》きさはほぼ4万《まん》㎞です。つまり、星《ほし》を使《つか》った観測《かんそく》が地上《ちじょう》をはかったものより正《ただ》しかったというわけです。

ずっとインドだと思《おも》っていたコロンブス

コロンブスは、ポルトガルのエンリケ王子《おうじ》に仕《つか》える提督《ていとく》の娘《むすめ》と結婚《けっこん》します。提督《ていとく》が残《のこ》した当時《とうじ》のポルトガルの航海《こうかい》資料《しりょう》からコロンブスは、大西洋《たいせいよう》を西《にし》に向《む》かう計画《けいかく》を作《つく》ったといわれています。

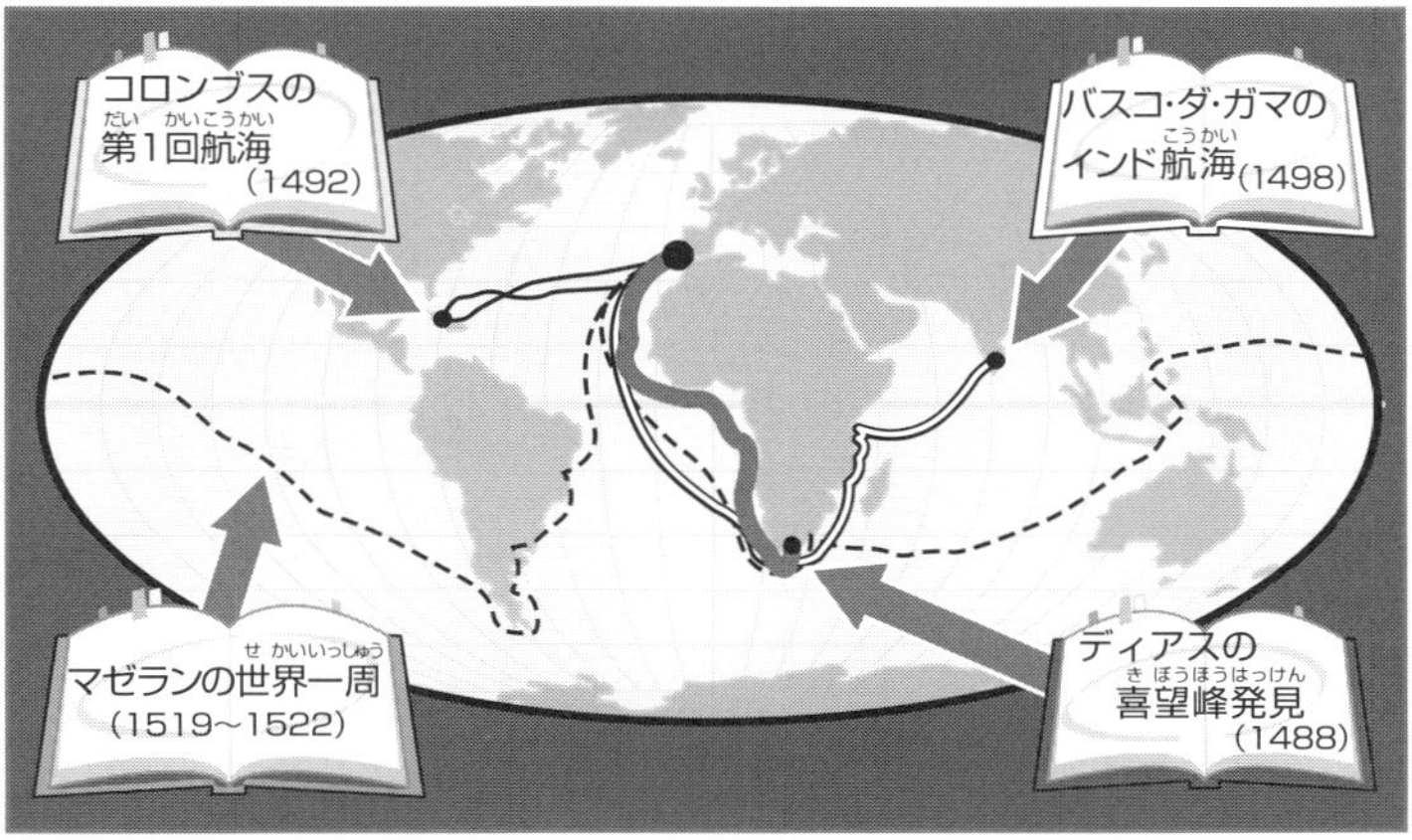

当時《とうじ》多《おお》く使《つか》われていた世界《せかい》地図《ちず》は、プトレマイオスの地図《ちず》でした。それにポルトガルの航海《こうかい》で少《すこ》しずつ付《つ》け加《くわ》えられている程度《ていど》のものでした。コロンブスの西行《にしゆ》きは大冒険《だいぼうけん》のひとつだったのかもしれません。

コロンブスの航海《こうかい》で使《つか》われた地図《ちず》は正《ただ》しいものではありませんでした。経緯度《けいいど》をはかることもむずかしく、星《ほし》や太陽《たいよう》を見《み》て、西《にし》へ西《にし》へと向《む》かったのではないかといわれています。

なぜ、コロンブスはインドと思《おも》ってしまったのでしょうか。それは、ヨーロッパの人《ひと》たちにはアメリカ大陸《たいりく》があることがわからなかったからです。

コロンブスは、着《つ》いた大陸《たいりく》からインドへの道《みち》を探《さが》しますが、4回《かい》の航海《こうかい》でも見《み》つけることができませんでした。それは、インドから太平洋《たいへいよう》をはさんだ遠《とお》い島《しま》だったからなのです。

もうひとつ勉強《べんきょう》しよう!

神学《しんがく》から科学《かがく》に④

プトレマイオスの天動説《てんどうせつ》

プトレマイオスの天動説《てんどうせつ》では、惑星《わくせい》は単《たん》に決《き》まった軌道《きどう》上《じょう》を回《まわ》るのではなく、軌道上《きどうじょう》に中心《ちゅうしん》がある小《ちい》さな円軌道《えんきどう》（周転円《しゅうてんえん》）の上《うえ》を1年《ねん》の周期《しゅうき》で回《まわ》ると考《かんが》えました。さらに、周転円《しゅうてんえん》を重《かさ》ねたりして、天動《てんどう》説《せつ》を作《つく》りました。

このプトレマイオスの説《せつ》がしばらく支持《しじ》されます。ちがうということは教会《きょうかい》の批判《ひはん》となるからです。

冒険地図《ぼうけんちず》の歴史《れきし》3 大航海時代《だいこうかいじだい》の四大発見《よんだいはっけん》と大西洋《たいせいよう》の分割《ぶんかつ》

大航海時代《だいこうかいじだい》の四大発見《よんだいはっけん》とは

1488年《ねん》 ディアスの喜望峰《きぼうほう》の発見《はっけん》（アフリカ大陸《たいりく》南端《なんたん》）

1492年《ねん》 コロンブスのアメリカ大陸発見《たいりくはっけん》

1498年《ねん》 バスコ・ダ・ガマのインド航路《こうろ》の発見《はっけん》

1519年《ねん》 マゼランの世界《せかい》一周航路《いっしゅうこうろ》の4つです。

ポルトガル、スペインの航海《こうかい》は、インドからの香料《こうりょう》が目的《もくてき》でしたが、アメリカ大陸《たいりく》の発見《はっけん》でもうひとつ大《おお》きな目的《もくてき》ができました。それは、領土《りょうど》を広《ひろ》げることです。

ポルトガルとスペインは、香料《こうりょう》と新大陸《しんたいりく》のふたつの富《とみ》を得《え》たことで、大西洋《たいせいよう》を2つに分《わ》け、ポルトガルは、アフリカ大陸《たいりく》からアジアに向《む》かい、スペインは西《にし》に向《む》けて新大陸《しんたいりく》の権利《けんり》を得《え》るとしたのです。

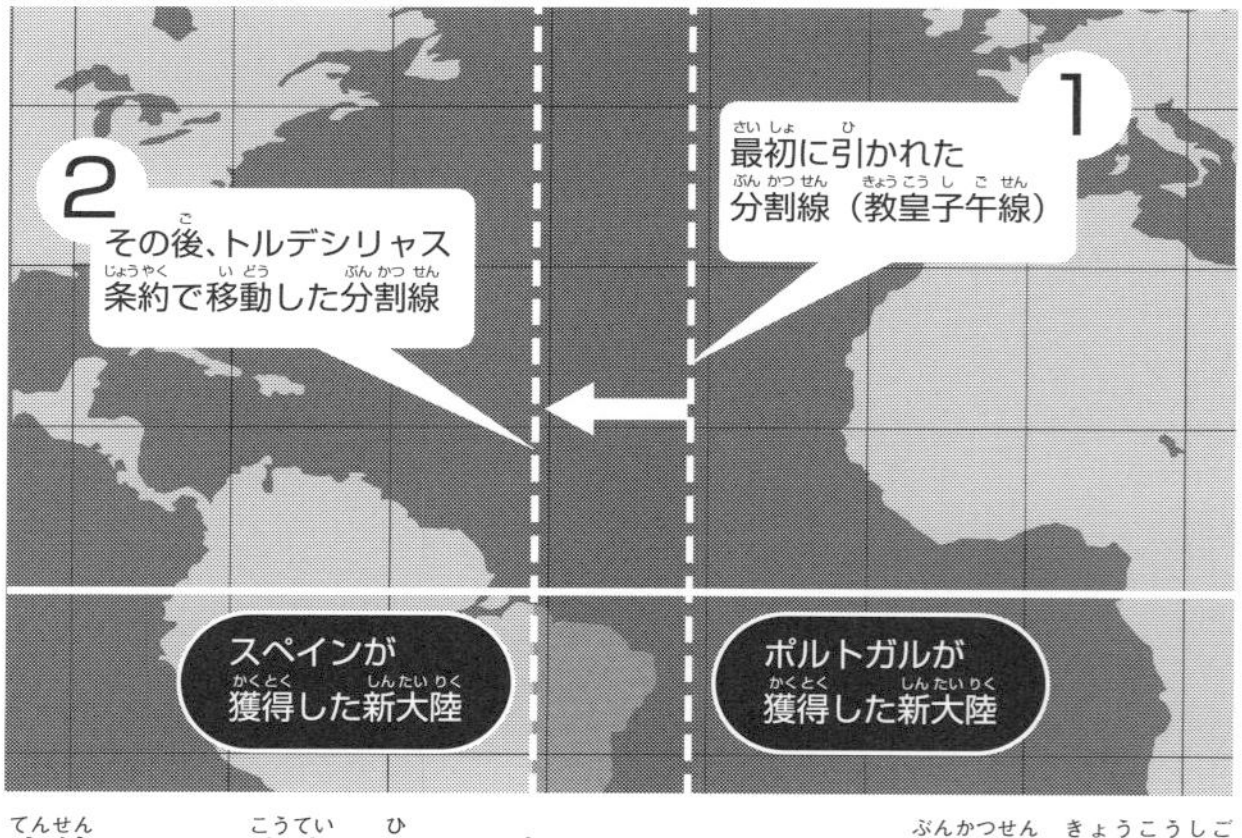

点線《てんせん》はローマ皇帝《こうてい》が引《ひ》いたポルトガルとスペインの分割線《ぶんかつせん》（教皇子午線《きょうこうしごせん》）。その後《ご》、さらに西《にし》に1500km移動《いどう》したトルデシリャス条約《じょうやく》を結《むす》ぶ。

地《ち》図《ず》のはてな?

大航海時代《だいこうかいじだい》の地図《ちず》

ポルトガル、スペインが大西洋《たいせいよう》を越《こ》えて西《にし》へ東《ひがし》へと向《む》かうことで世界地図《せかいちず》が大《おお》きく変《か》わります。

1502年《ねん》、イタリアのカンティノ図《ず》はポルトガルのインド進出《しんしゅつ》を示《しめ》す地図《ちず》です。インドが三角形《さんかっけい》の半島《はんとう》となり、セイロン島《とう》がほぼ正《ただ》しく描《か》かれています。

1509年《ねん》の地図《ちず》は北《きた》アメリカがなく、南《みなみ》アメリカに広大《こうだい》な大陸《たいりく》「サンタ・クルスの土地《とち》」が出現《しゅつげん》。アフリカがかなり正確《せいかく》でジパングもあります。

太平洋《たいへいよう》の大《おお》きさを間違《まちが》えたマゼランの悲劇《ひげき》

15世紀《せいき》にポルトガルで生《う》まれたフェルディナンド・マゼランは、艦隊《かんたい》の生活《せいかつ》で航海術《こうかいじゅつ》をおぼえます。

ポルトガル生《う》まれですが、西《にし》に向《む》かう航海《こうかい》なのでスペインの応援《おうえん》をもらい1519年《ねん》に5隻《せき》の艦隊《かんたい》で大西洋《たいせいよう》を南下《なんか》する航海《こうかい》に出《で》ます。

南《みなみ》アメリカを越《こ》えたと思《おも》ったマゼランたちの船《ふね》は陸地《りくち》の大河《たいが》を何日《なんにち》ものぼっていたのです。このことで冬《ふゆ》を越《こ》さなければならなくなります。ようやく太平洋《たいへいよう》にでたマゼランたちは、その海《うみ》にマール・パシフィコ（平和《へいわ》の海《うみ》）と名前《なまえ》をつけ、スペインに向《む》かって進《すす》みました。

でも、太平洋《たいへいよう》の大《おお》きさをだれも知《し》りませんでした。何日《なんにち》も続《つづ》く太平洋《たいへいよう》の航海《こうかい》、部下《ぶか》が反乱《はんらん》して2隻《せき》がスペインに帰《かえ》ってしまいます。その1隻《せき》は、食料《しょくりょう》を積《つ》んだ船《ふね》でした。

太平洋《たいへいよう》を進《すす》むマゼランたちは、今《いま》のグアム島《とう》、フィリピン諸島《しょとう》を回《まわ》りインド洋《よう》に抜《ぬ》け、大西洋《たいせいよう》に出《で》てスペインに戻《もど》ってきます。

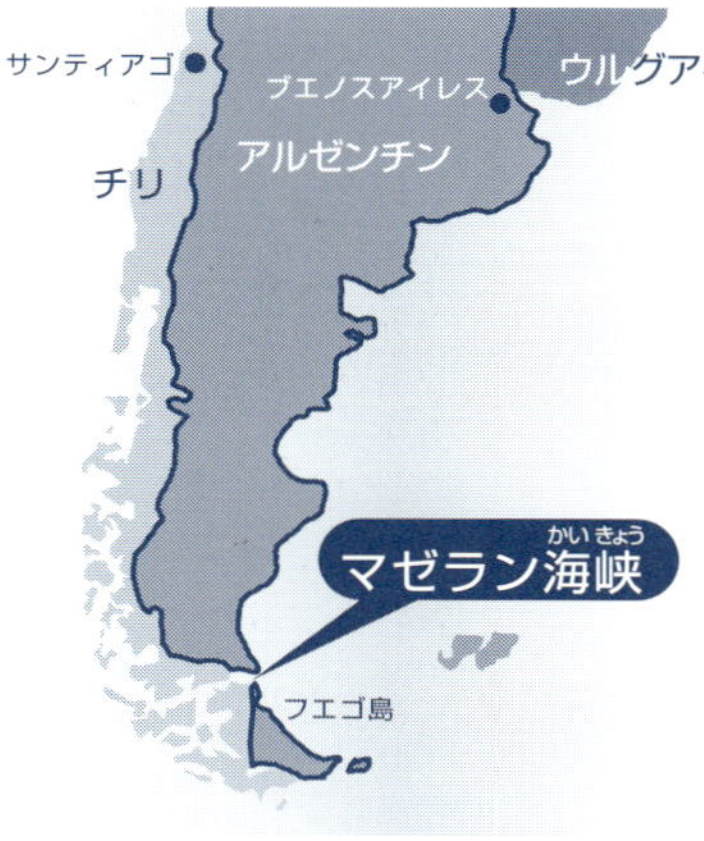

アルゼンチンの東側《ひがしがわ》の海峡《かいきょう》は「マゼラン海峡《かいきょう》」と名前《なまえ》がつけられています。

フェルディナンド・マゼラン

世界一周《せかいいっしゅう》の航《こう》海《かい》に成功《せいこう》しますが、フィリピンのセブ島《とう》での住民《じゅうみん》との戦《たたか》いで命《いのち》を落《お》とします。のこった船員《せんいん》たちがスペインに戻《もど》ってきたのは航海《こうかい》にでてから3年後《ねんご》でした。航海日誌《こうかいにっし》の日付《ひづけ》が一日《いちにち》ちがうことで、地球《ちきゅう》が丸《まる》いことがわかりました。

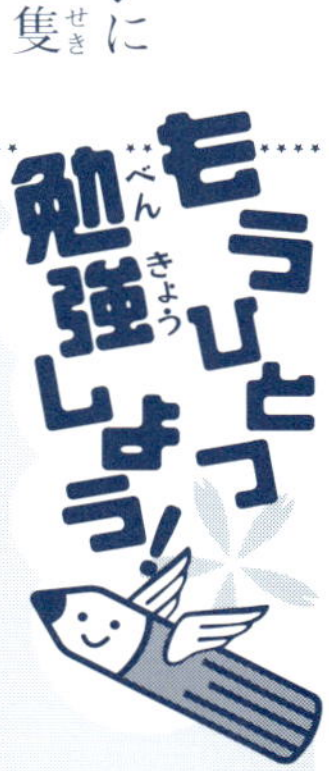

神学《しんがく》から科学《かがく》に ⑤

ローマの道《みち》

ローマ帝国《ていこく》は紀元前《きげんぜん》2世紀《せいき》になるとヨーロッパのほぼ全域《ぜんいき》と北《きた》アフリカの地中海沿岸《ちちゅうかいえんがん》から西《にし》アジアにまでいたる広大《こうだい》な領土《りょうど》を支配《しはい》するようになりました。そのため、この広《ひろ》い領土《りょうど》の地図《ちず》を作《つく》りました。道路《どうろ》を中心《ちゅうしん》に描《か》かれた、今《いま》の道路地《どうろち》図《ず》のようなもので、イラストなども加《くわ》えられていました。縮尺《しゅくしゃく》や投影《とうえい》などの方法《ほうほう》は使《つか》われていませんが、ローマにつながる道《みち》を描《か》きしるしたものでした。「ポイティンガー図《ず》」と呼《よ》ばれています。

冒険《ぼうけん》地図《ちず》の歴史《れきし》4
まぼろしの南《みなみ》の大陸《たいりく》を求《もと》めたイギリス人《じん》

キャプテン・クックの太平洋《たいへいよう》探検《たんけん》

スペイン、ポルトガルが活躍《かつやく》した大航海時代《だいこうかいじだい》もやがて、オランダそしてイギリスが参加《さんか》するようになります。

太平洋《たいへいよう》という大《おお》きな海《うみ》を知《し》った人《ひと》たちは、その海《うみ》を目指《めざ》します。

南半球《みなみはんきゅう》には、大《おお》きな陸地《りくち》があると昔《むかし》からいわれていました。それがなければ陸地《りくち》のバランスがとれないと考《かんが》えられていたからです。

クック船長《せんちょう》

ジェームス・クック。1723年《ねん》イギリスの農家《のうか》の子《こ》どもとして生《う》まれました。しかし、クックは海《うみ》にあこがれ、石《せき》炭船《たんせん》の航海士《こうかいし》として修業《しゅぎょう》した後《のち》、海軍《かいぐん》に入隊《にゅうたい》。独学《どくがく》で数学《すうがく》、天文学《てんもんがく》、航海術《こうかいじゅつ》を学《まな》び、士官《しかん》に昇進《しょうしん》しました。イギリス王立協会《おうりつきょうかい》が金《きん》星《せい》が太陽《たいよう》を横切《よこぎ》ることを観測《かんそく》するために、クック船《せん》長《ちょう》に太平洋《たいへいよう》の島《しま》に行《い》くことを命令《めいれい》します。それが3回《かい》の太平洋探索《たいへいようたんさく》のはじまりでした。

地図《ちず》のはてな?

クック船長《せんちょう》がはかった太平洋《たいへいよう》

3回《かい》の航海《こうかい》で南極《なんきょく》の近《ちか》くからアラスカ・ベーリング海《かい》まで行《い》ったクック船長《せんちょう》は、ニュージーランド、オーストラリア、南太平洋《みなみたいへいよう》の島々《しまじま》の海岸線《かいがんせん》をはかりました。それは、昔《むかし》からいわれていた南《みなみ》に大《おお》きな大陸《たいりく》がなければ陸地《りくち》のバランスがあわないという言《い》い伝《つた》えに、南《みなみ》には大《おお》きな大陸《たいりく》がなかったことを明《あき》らかにしたものでした。

やがて、イギリスは太平洋《たいへいよう》側《がわ》の大陸《たいりく》に進《すす》み、植民地化《しょくみんちか》がはじまりました。

3回《かい》の太平洋《たいへいよう》の旅《たび》

タヒチ、ニュージーランド、オーストラリアの旅《たび》がクック船長《せんちょう》の1回目《かいめ》の太平洋《たいへいよう》の航海《こうかい》となります。目的《もくてき》は、金星《きんせい》が太陽《たいよう》を横切《よこぎ》るという天文観測《てんもんかんそく》でした。

船《ふね》の名前《なまえ》は「エンデバー」。旅客船《りょかくせん》を改造《かいぞう》したものです。クック船長《せんちょう》は90人《にん》あまりの船員《せんいん》と長《なが》い航海《こうかい》にでます。1768年《ねん》のことでした。

オーストラリアには、クック船長《せんちょう》たちが上陸《じょうりく》する150年《ねん》ほど前《まえ》にオランダ人《じん》がすでに到達《とうたつ》しています。このオーストラリアの旅《たび》は、イギリスの領土拡大《りょうどかくだい》の計画《けいかく》が隠《かく》されていたのです。

2回目《かいめ》は、南極《なんきょく》の近《ちか》くまで、3回目《かいめ》はハワイに、クック船長《せんちょう》は到達《とうたつ》することができました。

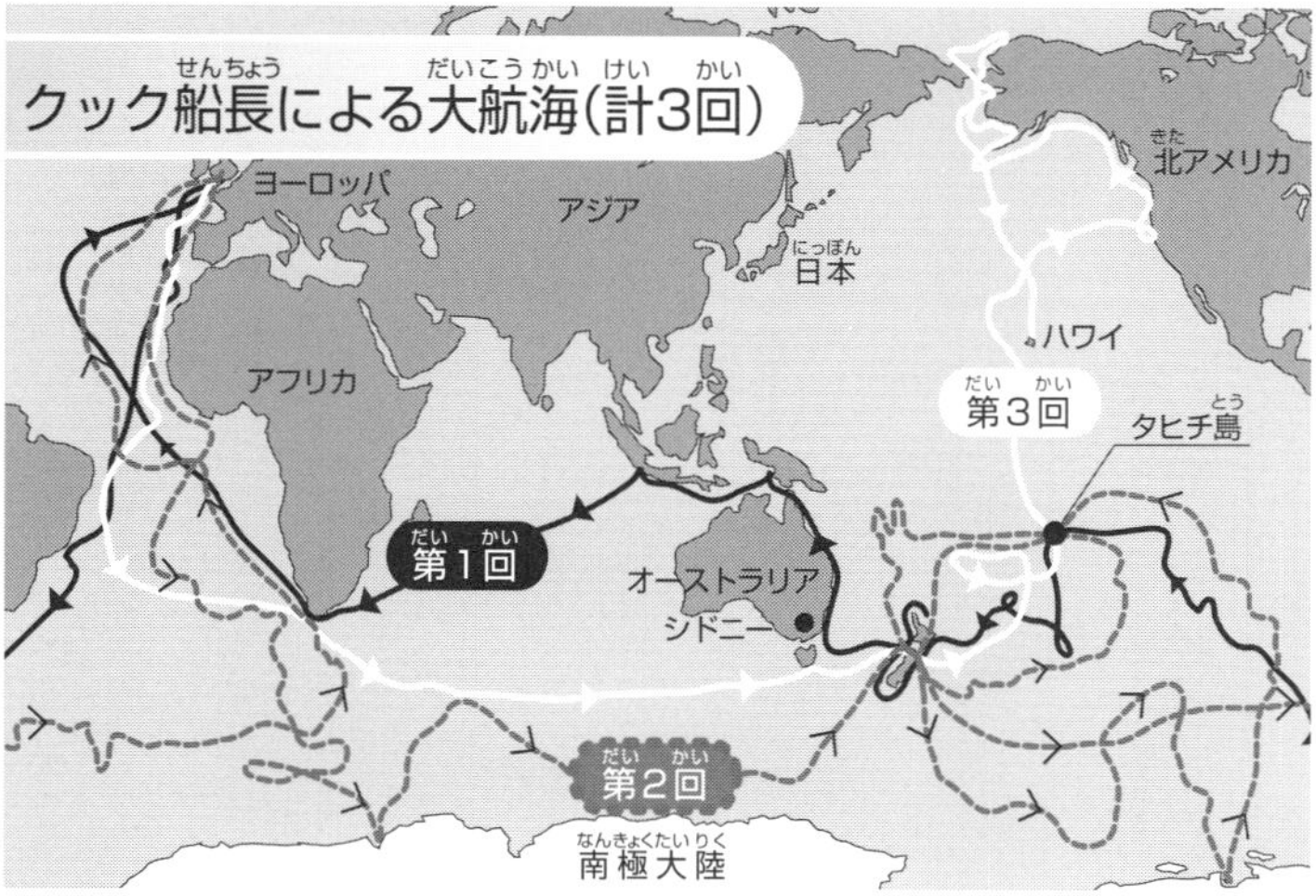

クック船長《せんちょう》は3回《かい》の航海《こうかい》でタヒチ、ニュージーランド、オーストラリアそしてハワイに上陸《じょうりく》しました。また、ベーリング海近《かいちか》くまで船《ふね》を進《すす》め、氷《こおり》がなければ北極《ほっきょく》に向《む》かおうとしていたのです。

もうひとつ勉強《べんきょう》しよう!

神学《しんがく》から科学《かがく》に ⑥

コペルニクスの地動説《ちどうせつ》

ルネッサンス時代《じだい》になると、学問《がくもん》、文化《ぶんか》などについて新《あたら》しい動《うご》きがではじめました。ポーランド人《じん》のコペルニクスは1543年《ねん》「天球《てんきゅう》の回転《かいてん》について」という本《ほん》を出版《しゅっぱん》します。その本《ほん》でプトレマイオスの天動説《てんどうせつ》が間違《まちが》いであると書《か》きました。

しかし、教会《きょうかい》から追《お》われることをおそれて、自身《じしん》の地動説《ちどうせつ》の発表《はっぴょう》は死《し》の直前《ちょくぜん》にされました。プトレマイオスの考《かんが》え方《かた》では宇《う》宙《ちゅう》は説明《せつめい》できないとして、名前《なまえ》を伏《ふ》せたまま書《か》いたものが本《ほん》になったのです。

日本《にほん》の地図《ちず》1

ジパングと呼《よ》ばれた日本《にほん》

黄金《おうごん》の国《くに》・ジパング

マルコ・ポーロは「東方《とうほう》見聞録《けんぶんろく》」ではじめてジパングという国《くに》があることを紹介《しょうかい》しました。

『ジパングは、カタイ（中国《ちゅうごく》大陸《たいりく》）の東《ひがし》の海上《かいじょう》1500マイルに浮《う》かぶ独立《どくりつ》した島国《しまぐに》である。莫大《ばくだい》な金《きん》を産出《さんしゅつ》し、宮殿《きゅうでん》は黄金《おうごん》でできているなど、財宝《ざいほう》にあふれている。人々《ひとびと》は偶像崇拝者《ぐうぞうすうはいしゃ》で外見《がいけん》がよく、礼儀正《れいぎただ》しいが、人肉《じんにく》を食《た》べる習慣《しゅうかん》がある』

「東方見聞録《とうほうけんぶんろく》」はマルコ・ポーロが1271年《ねん》から1295年《ねん》ころまで中央《ちゅうおう》アジア・中国《ちゅうごく》を旅行《りょこう》して、そこで見《み》たり聞《き》いたりしたことを1冊《さつ》にまとめたものです。

マルコ・ポーロから聞《き》いたことが伝《つた》えられ、写本《しゃほん》となりました。しかし、内容《ないよう》がおどろくことばかりなので、とても信《しん》じられるものではありませんでした。

マルコ・ポーロ

イタリア・ヴェネティアの商人《しょうにん》でアジアを旅行《りょこう》したことを語《かた》ったマルコ・ポーロ。

一番《いちばん》の東端《とうたん》だから極東《きょくとう》

極東《きょくとう》

ヨーロッパ・アフリカ大陸《たいりく》を中心《ちゅうしん》に書《か》いた地図《ちず》で一番《いちばん》の東《ひがし》がジパングなのです。

日本《にほん》でよく見《み》る地図《ちず》は、太平洋《たいへいよう》を中心《ちゅうしん》に書《か》いた地図《ちず》が多《おお》いので「日本《にほん》が東端《とうたん》?」と思《おも》う人《ひと》が多《おお》いかもしれません。

日本《にほん》は「日《ひ》の昇《のぼ》る国《くに》」、一番《いちばん》早《はや》く太陽《たいよう》と出合《であ》う国《くに》という意《い》味《み》もあり、〝ライジング・サン〟と呼《よ》ばれるのですから、やはり東端《とうたん》なんでしょうね。

ヨーロッパの地図《ちず》に載《の》ったジパング

黄金《おうごん》の国《くに》ジパングは、ヨーロッパからはとても遠《とお》い国《くに》でした。マルコ・ポーロが伝《つた》え聞《き》いたジパングは平安時代末期《へいあんじだいまっき》の平安京《へいあんきょう》に次《つ》ぐ日本第二《にほんだいに》の都《と》市《し》として栄《さか》えた奥州平泉《おうしゅうひらいずみ》の中尊寺金色《ちゅうそんじこんじき》堂《どう》がモデルだといわれています。

日本《にほん》はヨーロッパからすると「想像《そうぞう》の国《くに》」のひとつでした。しかし、キリスト教《きょう》を広《ひろ》げる宣教師《せんきょうし》たちがやってきてから、日本《にほん》が正《ただ》しくヨーロッパに紹介《しょうかい》されるようになります。

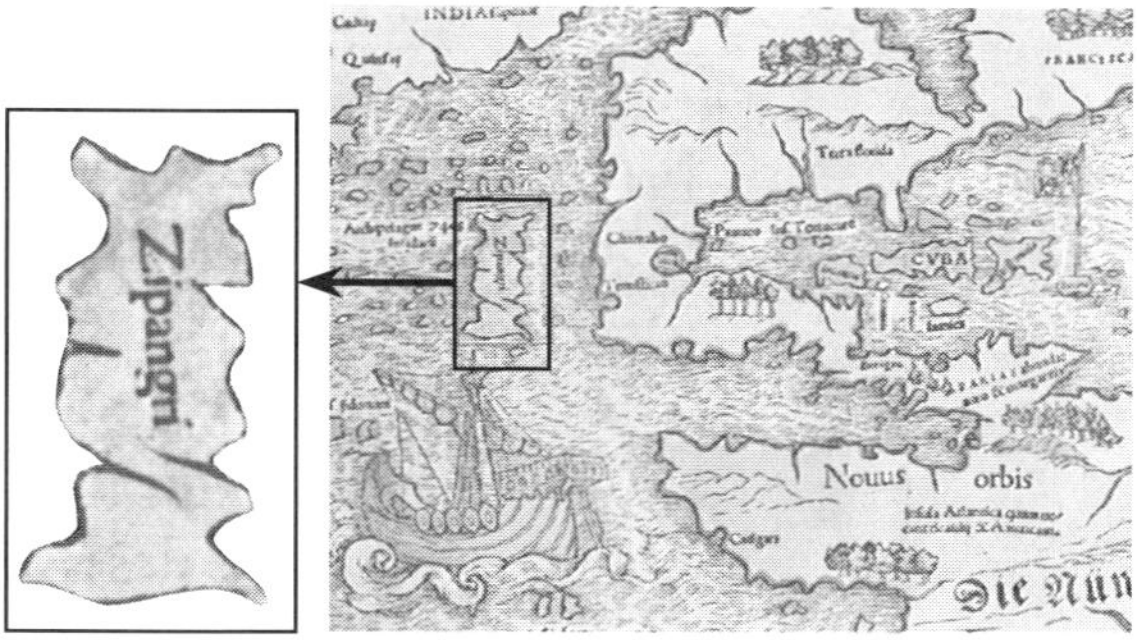

ミュンスターの地図《ちず》（1540年《ねん》）。アメリカ大陸《たいりく》の発見《はっけん》から50年後《ねんご》に描《か》かれた地図《ちず》に「Zipangri」の文字《もじ》があります。

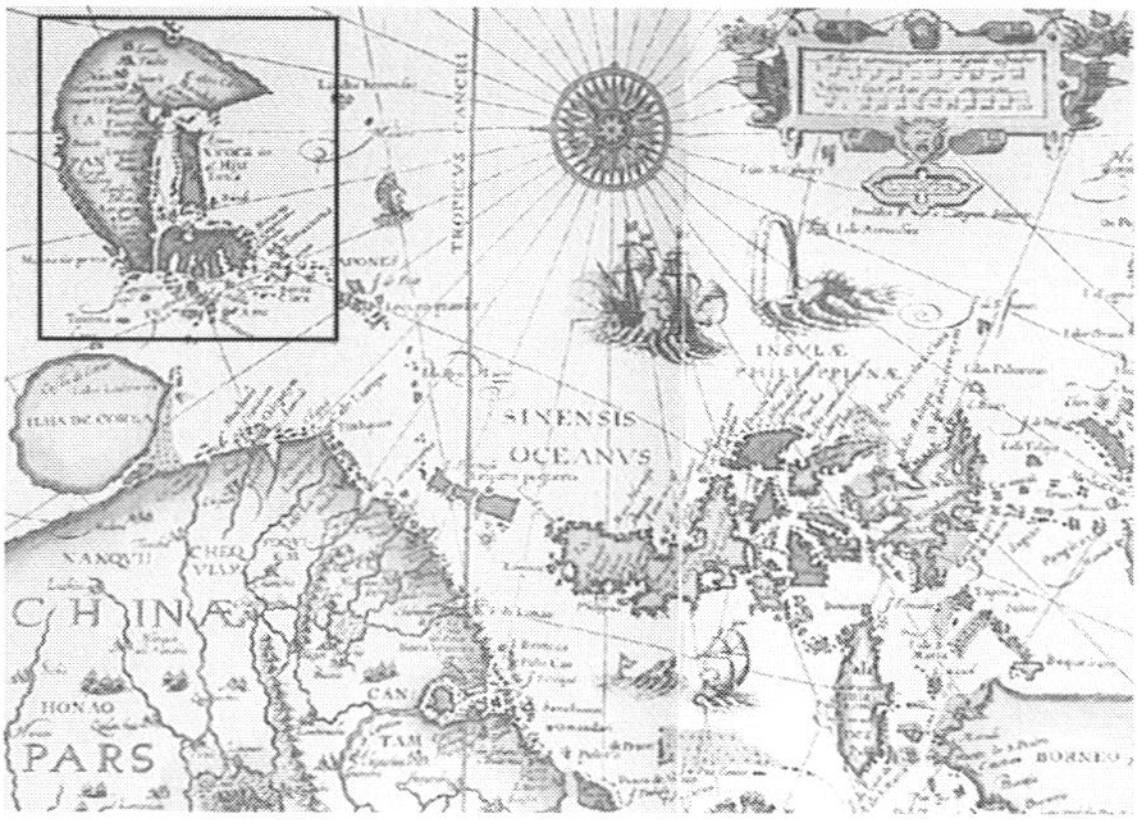

リンスホーテンの地図《ちず》。囲《かこ》み内《ない》が日本《にほん》。

東《ひがし》の端《はし》ジパング

ヨーロッパから中国《ちゅうごく》は東《ひがし》にあることはわかっていました。中国《ちゅうごく》から来《き》た人《ひと》たちは「まだ東《ひがし》に黄金《おうごん》の国《くに》がある」とジパングのことを伝《つた》えたのです。ジパングと呼《よ》ばれた日本《にほん》は近《ちか》くの中国《ちゅうごく》や朝鮮半島《ちょうせんはんとう》から仏教《ぶっきょう》が伝《つた》わった歴史《れきし》があります。中国《ちゅうごく》から、やがてヨーロッパに伝《つた》わったと考《かんが》えられています。

もうひとつ勉強《べんきょう》しよう！

神学《しんがく》から科学《かがく》に ⑦

ケプラーの地動説《ちどうせつ》

それまでの天文学《てんもんがく》は、惑星《わくせい》は中心《ちゅうしん》の星《ほし》の周囲《しゅうい》を完全《かんぜん》な円《えん》軌道《きどう》で運行《うんこう》すると考《かんが》えられていました。それに対《たい》し、ケプラーは惑星《わくせい》の運動《うんどう》を歪《ゆが》んだ円《えん》、もしくはだ円《えん》であるとしました。惑星《わくせい》の軌道《きどう》をだ円《えん》と仮定《かてい》すると説明《せつめい》できるという「ケプラーの法則《ほうそく》」を発表《はっぴょう》しました。

日本《にほん》の地図《ちず》2
日本《にほん》の地図《ちず》の歴史《れきし》は大化《たいか》の改新《かいしん》から?

残《のこ》っていない地図《ちず》

日本《にほん》の地図《ちず》の歴史《れきし》は、645年《ねん》の大化《たいか》の改新《かいしん》がはじまりです。646年《ねん》に政治《せいじ》の方針《ほうしん》を示《しめ》した「改新《かいしん》の詔《みことのり》」の中《なか》で各地《かくち》の地図《ちず》を朝廷《ちょうてい》に提出《ていしゅつ》することが書《か》かれています。

その後《ご》、何度《なんど》か地図《ちず》を作《つく》ることが行《おこな》われていますがほとんど残《のこ》っていません。つまり、古《ふる》い地図《ちず》は捨《す》てられていたのです。

現在《げんざい》は、奈良《なら》の僧侶《そうりょ》だった行基《ぎょうき》が書《か》いた地図《ちず》「行基図《ぎょうきず》」が残《のこ》っています。

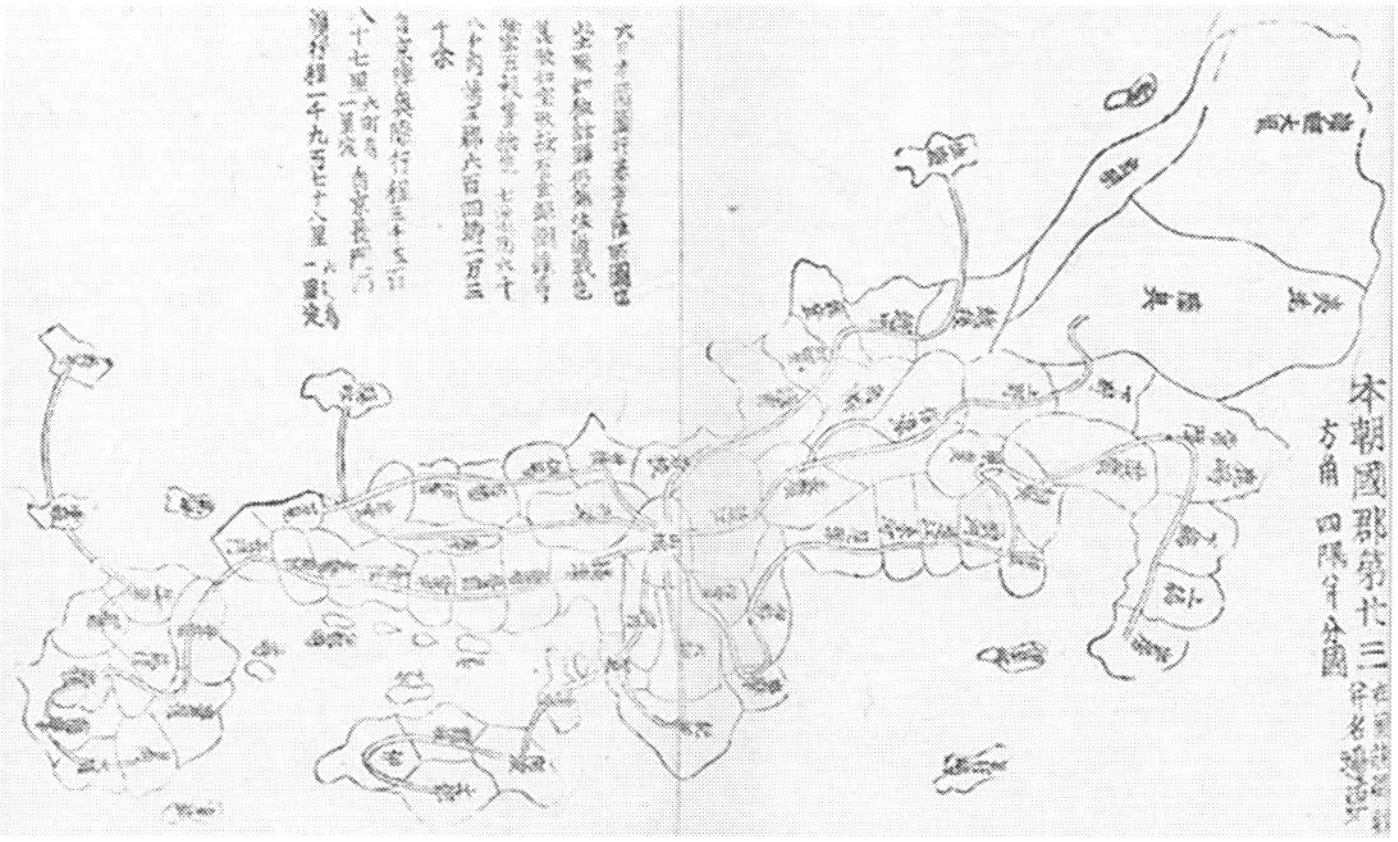

14世紀初頭《せいきしょとう》に成立《せいりつ》した百科全書《ひゃっかぜんしょ》に収録《しゅうろく》される「行基図《ぎょうきず》」。街道《かいどう》を引《ひ》き、丸《まる》い領地《りょうち》をつなげる図法《ずほう》で描《か》かれています

地図《ちず》のはてな?

江戸時代《えどじだい》にはじまった日本図《にほんず》

日本地図《にほんちず》を作《つく》る仕事《しごと》は徳川家《とくがわけ》によって何度《なんど》か行《おこな》われています。藩《はん》、大名《だいみょう》が地域《ちいき》を統治《とうち》して、その大名《だいみょう》を幕府《ばくふ》が統治《とうち》するのが江戸時代《えどじだい》でしたので、藩《はん》の様子《ようす》は絵地図《えちず》として作《つく》られ、村《むら》を最小《さいしょう》とする日本図《にほんず》を幕府《ばくふ》が作《つく》りました。資料《しりょう》では、この日本図《にほんず》をつくることは4回行《かいおこな》われたとあります。

ポルトガル人《じん》たちから地図《ちず》を学《まな》ぶ

16世紀《せいき》になり、ポルトガル人《じん》が日本《にほん》にやってきます。

方位線《ほういせん》を八方《はっぽう》にした内陸《ないりく》の様子《ようす》ではなく海岸線《かいがんせん》を強《きょう》調《ちょう》した表現形式《ひょうげんけいしき》の図《ず》を「ポルトラノ（方位線海図《ほういせんかいず》）」といいます。江戸時代《えどじだい》の日本《にほん》では、特《とく》にこの図法《ずほう》の地図《ちず》を「加留多《かるた》」と呼《よ》んでいました。この地図《ちず》は日本《にほん》の朱印船《しゅいんせん》も使《つか》っていたものですが、鎖国《さこく》政策《せいさく》で日本国外《にほんこくがい》に持《も》ち出《だ》すことが禁止《きんし》されていました。

浮世絵《うきよえ》で描《か》かれた東海道図《とうかいどうず》 日本橋《にほんばし》から京都三条大橋《きょうとさんじょうおおはし》まで

歌川広重《うたがわひろしげ》が書《か》いた「東海道五十三次《とうかいどうごじゅうさんつぎ》」は、ある意味《いみ》で日本《にほん》の地図《ちず》を描《か》いたものです。広重《ひろしげ》は、江戸《えど》の日本橋《にほんばし》から京都《きょうと》の三条大橋《さんじょうおおはし》までの宿場《しゅくば》のようすを55枚《まい》の浮世絵《うきよえ》で描《か》きました。広重《ひろしげ》の作品《さくひん》のうち、もっともよく知《し》られたものであり、またもっともよく売《う》れた浮世絵木版画《うきよえもくはんが》です。

もうひとつ勉強《べんきょう》しよう！

神学《しんがく》から科学《かがく》に ⑧

それでも地球《ちきゅう》は動《うご》いている 1

手《て》を離《はな》した石《いし》は真下《ました》に落《お》ちる。地球《ちきゅう》が動《うご》いているなら、真《ま》下《した》に落《お》ちるはずがない。これが地動説《ちどうせつ》が信《しん》じられないひとつの意見《いけん》でした。ガリレオ・ガリレイは、動《うご》く船《ふね》の上《うえ》で石《いし》を落《お》としました。動《うご》いている船《ふね》でも石《いし》は真下《ました》に落《お》ちるのです。

望遠鏡《ぼうえんきょう》で天体《てんたい》を観測《かんそく》して、太陽《たいよう》の黒点《こくてん》、木星《もくせい》の衛星《えいせい》（ガリレオ衛星《えいせい》）、金星《きんせい》が満《み》ち欠《か》けすることも発見《はっけん》しました。そして、地球《ちきゅう》は太陽《たいよう》を回《まわ》るひとつの星《ほし》であることを発表《はっぴょう》します。このことでローマの教会《きょうかい》との争《あらそ》いがはじまります。

伊能忠敬《いのうただたか》の地図《ちず》
4000kmを歩《ある》いてはじめて日本《にほん》をはかった男《おとこ》

世界《せかい》が認《みと》めた伊能忠敬《いのうただたか》の地図《ちず》

日本《にほん》の地図《ちず》の歴史《れきし》でもっとも有名《ゆうめい》なのは「大日本沿海《だいにほんえんかい》輿地全図《よちぜんず》」を作成《さくせい》した伊能《いのう》忠敬《ただたか》です。現在《げんざい》の千葉県《ちばけん》に生《う》まれた忠敬《ただたか》は、伊能家《いのうけ》に養子《ようし》として入《はい》ります。

忠敬《ただたか》は伊能家《いのうけ》で家業《かぎょう》を手伝《てつだ》いながら、商人《しょうにん》としての才能《さいのう》を開花《かいか》させていきます。

伊能忠敬《いのうただたか》

算術《さんじゅつ》（算数《さんすう》）に優《すぐ》れた才能《さいのう》があり、米問《こめどん》屋《や》、酒蔵《さかぐら》としての商売《しょうばい》に成功《せいこう》もします。

忠敬《ただたか》が地図《ちず》を作《つく》りはじめたのは、50歳《さい》を過《す》ぎてからのことです。仕事《しごと》を子《こ》どもたちにまかせて、幕府《ばくふ》の天文方《てんもんがた》（天体《てんたい》を観測《かんそく》する仕《し》事《ごと》）に仕《つか》えます。暦《こよみ》をつくる仕事《しごと》を覚《おぼ》え、幼《おさな》いころに興味《きょうみ》をもっていた測量《そくりょう》をはじめます。

はじめての測量《そくりょう》は蝦夷地《えぞち》でした。幕府《ばくふ》からの応援《おうえん》はわずかで、ほとんどは忠敬《ただたか》が自分《じぶん》の財産《ざいさん》で行《おこな》われました。

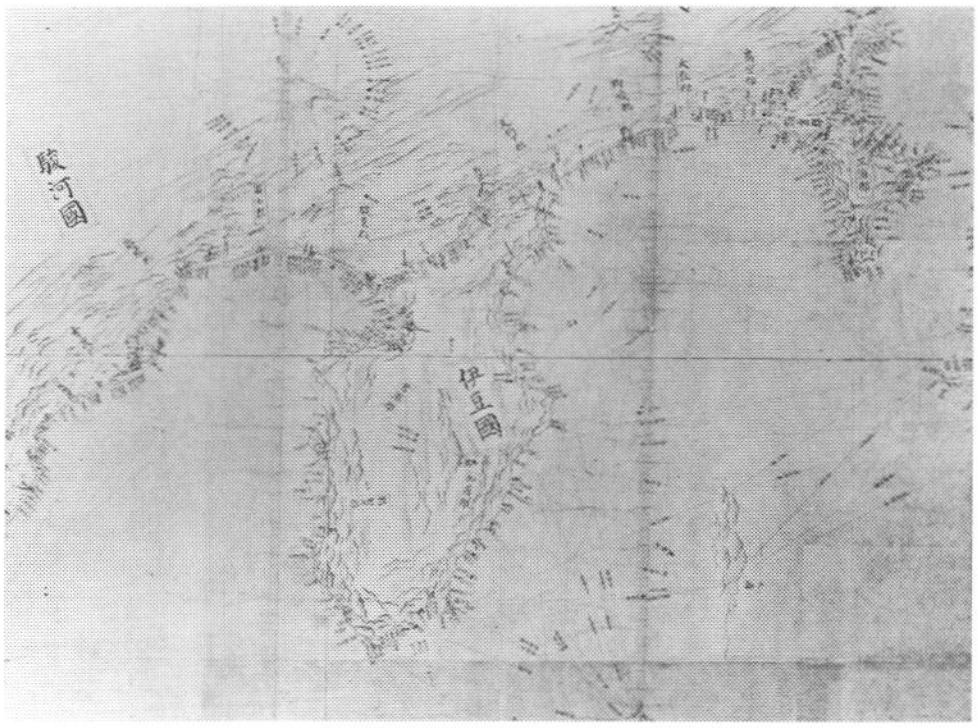

「大日本沿海輿地全図《だいにほんえんかいよちぜんず》」のうち駿河《するが》・伊豆《いず》・相模《さがみ》

伊能忠敬《いのうただたか》がはかった地図《ちず》

伊能忠敬《いのうただたか》は作家《さっか》・井上《いのうえ》ひさしが書《か》いた小説《しょうせつ》「四千万歩《よんせんまんぽ》の男《おとこ》」でふたたび注目《ちゅうもく》を集《あつ》めた人《ひと》です。2001年《ねん》7月《がつ》、アメリカ議会《ぎかい》図書館《としょかん》で伊能大図《いのうだいず》207枚《まい》が見《み》つかり、2002年《ねん》には東京国立《とうきょうこくりつ》博物館《はくぶつかん》で伊能《いのう》の原図《げんず》が見《み》つかるなど、日本《にほん》の地図《ちず》の歴史《れきし》が明《あき》らかになっています。忠敬《ただたか》は大図《だいず》、中図《ちゅうず》、小図《しょうず》の3つを作《つく》り、その正確《せいかく》さが今《いま》、見直《みなお》されています。

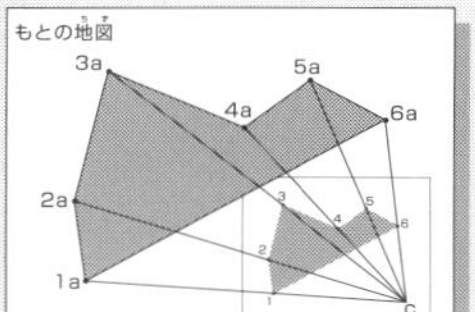

地図《ちず》の基本《きほん》は「歩測《ほそく》」による測量《そくりょう》

1800年《ねん》、忠敬《ただたか》55歳《さい》の時《とき》に蝦夷地《えぞち》の測量《そくりょう》を行《おこな》います。

それから1816年《ねん》までの足《あし》かけ17年《ねん》で10回《かい》の測量《そくりょう》の旅《たび》を行《おこな》います。10回目《かいめ》の測量《そくりょう》の時《とき》忠敬《ただたか》は71歳《さい》でした。

忠敬《ただたか》の仕事《しごと》の「大日本沿海輿地全図《だいにほんえんかいよちぜんず》」が完成《かんせい》したのは1821年《ねん》でした。忠敬《ただたか》がなくなって3年後《ねんご》のことです。

伊能忠敬《いのうただたか》の書《か》いた地図《ちず》は日本《にほん》ではじめての測量《そくりょう》した全国地図《ぜんこくちず》でした。

杖先方位盤《つえさきほういばん》

量程車《りょうていしゃ》

伊能忠敬《いのうただたか》が使《つか》った測量機器《そくりょうきき》

測量《そくりょう》は、目印《めじるし》の旗《はた》を立《た》てて、2カ所《しょ》からその旗《はた》の角度《かくど》をはかり、それを紙《かみ》の上にちぢめて書《か》き込《こ》み、その距離《きょり》を計算《けいさん》するという測量《そくりょう》でした

1828年《ねん》のシーボルト事件《じけん》

伊能忠敬《いのうただたか》の先生《せんせい》は高橋至時《たかはしよしとき》という人《ひと》です。そして、その長男《ちょうなん》である景保《かげやす》のもとでも忠敬《ただたか》は地図《ちず》の測量《そくりょう》を行《おこな》っています。鎖国《さこく》をしていた江戸幕府《えどばくふ》も長崎《ながさき》の出島《でじま》などで外国人《がいこくじん》を受《う》け入《い》れていました。オランダの医師《いし》シーボルトもその一人《ひとり》です。シーボルトは、景保《かげやす》にクルーゼンシュテルンの「世界周航記《せかいしゅうこうき》」を贈《おく》り、景保《かげやす》は忠敬《ただたか》の描《か》いた「大日本沿海輿地全図《だいにほんえんかいよちぜんず》」の縮図《しゅくず》をわたしたのです。これがシーボルト事件《じけん》です。地図《ちず》は国家機密《こっかきみつ》だったのです。

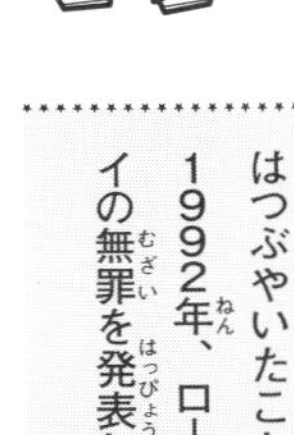

もうひとつ勉強《べんきょう》しよう!

神学《しんがく》から科学《かがく》に ⑨

それでも地球《ちきゅう》は動《うご》いている 2

1616年《ねん》に地球《ちきゅう》は動《うご》いているという説《せつ》を唱《とな》えたガリレイは宗教裁判《きょうさいばん》にかけられます。もう、人前《ひとまえ》で地球《ちきゅう》が動《うご》いているということはいわないよう注意《ちゅうい》を受《う》けたのです。しかし、1632年《ねん》にガリレオは「天文対話《てんもんたいわ》」という本《ほん》を書《か》きます。天動説《てんどうせつ》と地動説《ちどうせつ》を対話《たいわ》の形《かたち》で書《か》いたものです。そして再《ふたた》び宗教裁判《しゅうきょうさいばん》に呼《よ》び出《だ》され、有罪《ゆうざい》の判決《はんけつ》を受《う》けてしまいます。「それでも地球《ちきゅう》は動《うご》いている」と裁判中《さいばんちゅう》ガリレイはつぶやいたことは有名《ゆうめい》です。1992年《ねん》、ローマ法王《ほうおう》はガリレイの無罪《むざい》を発表《はっぴょう》しました。

なるほどコラム

南極大陸《なんきょくたいりく》

南極《なんきょく》はどこの国《くに》の土地《とち》？

マゼランやクック船長《せんちょう》たちは太平洋《たいへいよう》の島々《しまじま》で、南《みなみ》の氷《こおり》の島《しま》があることは聞《き》いたことでしょう。でも、彼《かれ》らは南極《なんきょく》大陸《たいりく》に上陸《じょうりく》することはありませんでした。

南極点《なんきょくてん》にはじめて到達《とうたつ》したのは、1911年《ねん》のノルウェーのアムンセンです。では、南《なん》極大陸《きょくたいりく》にはじめて上陸《じょうりく》したのはだれでしょうか？　南《みなみ》の島《しま》に住《す》む人《ひと》たちが最初《さいしょ》なのでしょうが、記録《きろく》のひとつには、1821年《ねん》にアメリカのジョン・デイビスという人《ひと》が南極大陸《なんきょくたいりく》にボートで上陸《じょうりく》したとあります。

ヨーロッパやアメリカから冒険者《ぼうけんしゃ》たちが南《みなみ》の大陸《たいりく》を目指《めざ》したのは19世紀《せいき》からのことでした。

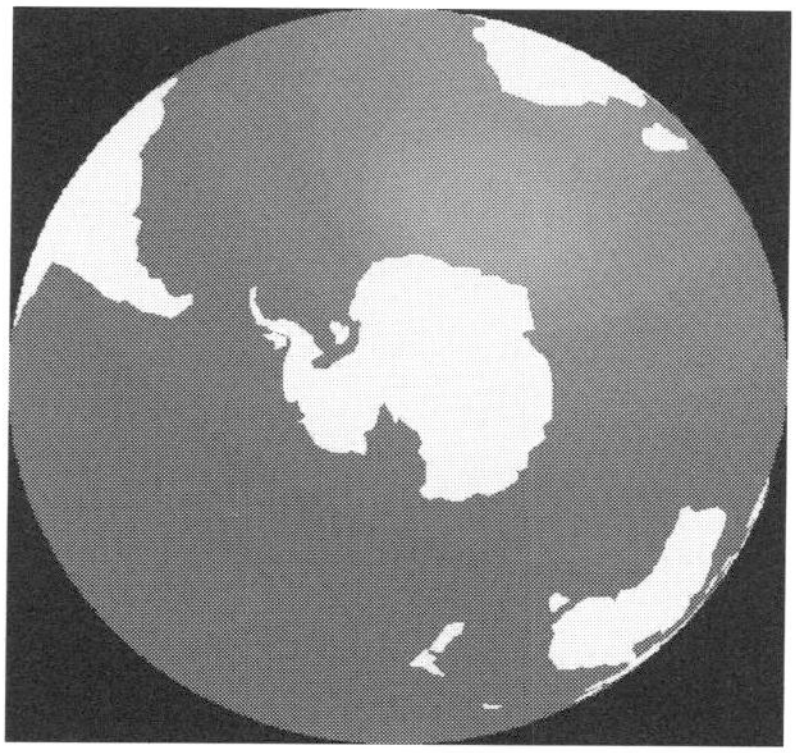

1911年南極点《ねんなんきょくてん》にアムンセンがはじめて到達《とうたつ》しました。

日本人《にほんじん》では、白《しら》瀬《せ》矗《のぶ》が南極大陸《なんきょくたいりく》冒険《ぼうけん》の旅《たび》に出《で》たのが1910年《ねん》のことでした。1911年《ねん》にニュージーランドのウェリントン港《こう》に入港《にゅうこう》し、物資《ぶっし》を積《つ》みこんで南極《なんきょく》を目指《めざ》しましたが、夏《なつ》が終《お》わろうとしていたため、氷《こおり》によって船《ふね》が動《うご》けない危険《きけん》があり、シドニーに滞在《たいざい》。その年《とし》の11月《がつ》に再出発《さいしゅっぱつ》して、1912年《ねん》に南極大陸《なんきょくたいりく》に日本人初《にほんじんはつ》の上《じょう》陸《りく》に成功《せいこう》しました。

1938年《ねん》、フランスが南《なん》極《きょく》の一部《いちぶ》を領土《りょうど》とするといいだします。そして次々《つぎつぎ》と南極《なんきょく》を自分《じぶん》たちの領土《りょうど》だと主張《しゅちょう》する国《くに》があらわれます。1959年《ねん》、南極《なんきょく》を領土《りょうど》とすることをやめ「共同《きょうどう》で南極《なんきょく》の研究《けんきゅう》をしよう」と南《なん》極条約《きょくじょうやく》を結《むす》びます。この条《じょう》約《やく》で、ひとつの国《くに》が南極《なんきょく》を領《りょう》土《ど》とするということはなくなりました。

最近《さいきん》の地図《ちず》と地図《ちず》を使《つか》った遊《あそ》び

TARGET LOCK ON

00'00"18

1 2 3 4 5 **6** 7

カーナビゲーション 進行方向《しんこうほうこう》が画面《がめん》に映《うつ》る

道路地図《どうろちず》を変《か》えたカーナビ

カーナビゲーション、ふだんは「カーナビ」と呼《よ》んでいるものです。ドライブするときに必要《ひつよう》だった道路地図《どうろちず》が画面《がめん》に映《うつ》る機械《きかい》です。

地図《ちず》の基本《きほん》で勉強《べんきょう》したように、地図《ちず》は北《きた》が上《うえ》になるように作《つく》られています。道路地図《どうろちず》も上《うえ》は北《きた》です。そして、2ページで目的地《もくてきち》まで着《つ》くことはほとんどありませんから、途中《とちゅう》で道路地図《どうろちず》をめくらなければなりません。

カーナビは、それを変《か》えてしまいました。カーナビに情《じょう》報《ほう》データを入《い》れ、あとは、現《げん》在地《ざいち》を衛星《えいせい》から受《う》けるという仕組《しく》みをしています。

カーナビは、3つのシステムから必要《ひつよう》なドライブ情報《じょうほう》をもらっています。VICS（車《しゃ》両情報通信《りょうじょうほうつうしん》システム）からは渋滞《じゅうたい》や工事中《こうじちゅう》など「道路《どうろ》の状況《じょうきょう》」、GIS（地理情報《ちりじょうほう》システム）では行《い》き先《さき》までの道《みち》を探《さが》す情報《じょうほう》、GPS（全《ぜん》地球測位《ちきゅうそくい》システム）から現在《げんざい》地《ち》がわかります。

GPS《ジーピーエス》による位置計測《いちけいそく》

2万《まん》キロ上空《じょうくう》で地球《ちきゅう》を周回《しゅうかい》する24個《こ》の人工衛星《じんこうえいせい》

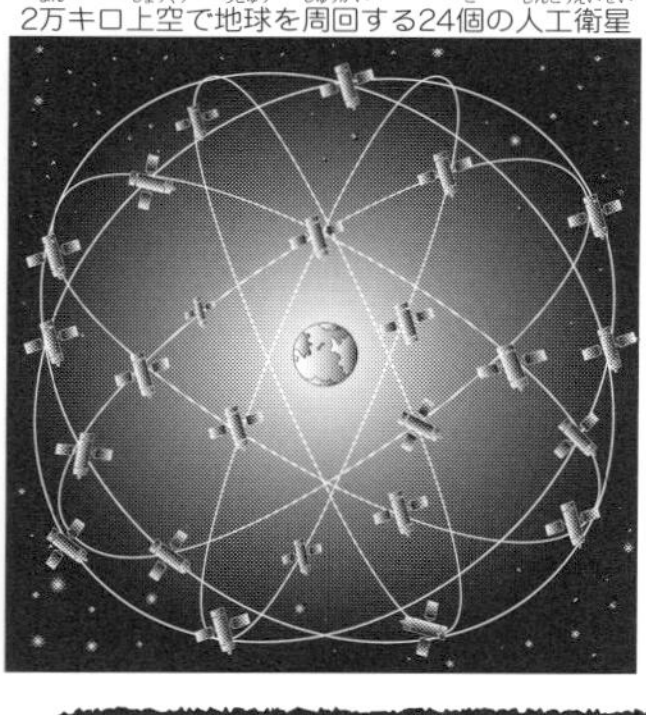

・任意《にんい》の場所《ばしょ》で同時《どうじ》に４つの衛星《えいせい》を受信《じゅしん》

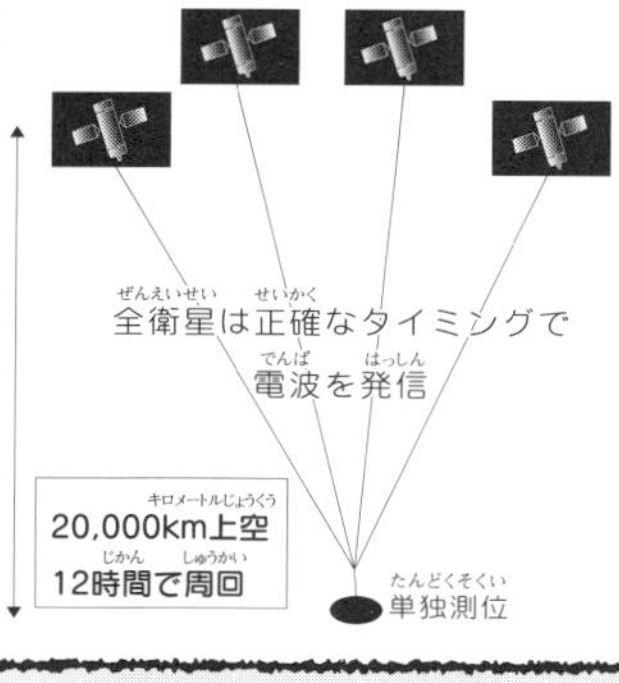

地図《ちず》のはてな？

衛星《えいせい》を使《つか》った地図《ちず》を作《つく》る

GPSはカーナビだけに利用《りよう》されているわけではありません。地図《ちず》の世界《せかい》に大《おお》きな変化《へんか》を起《お》こしています。

これまでは、三角測量《さんかくそくりょう》をすることで地域《ちいき》をひとつずつ積《つ》み上《あ》げて地図《ちず》を作《つく》っていたのですが、地球《ちきゅう》を楕円形《だえんけい》の球体《きゅうたい》としていたものの、多少《たしょう》のちがいがあることが人工衛星《じんこうえいせい》を使《つか》った測量《そくりょう》でわかりました。

賞味期限《しょうみきげん》のあるカーナビ

テレビがデジタルにかわるようにカーナビもデジタルに対応《たいおう》する機種《きしゅ》に変更《へんこう》されなければなりません。

カーナビについている情報《じょうほう》ディスクは、周辺《しゅうへん》の情報《じょうほう》が入《はい》ったものです。衛星《えいせい》から現在地《げんざいち》がわかり、その周辺《しゅうへん》の情報《じょうほう》（ガソリンスタンドやコンビニ、ホテルなど）がディスクの情報《じょうほう》から映《うつ》し出《だ》される仕組《しく》みです。

ディスクの情報《じょうほう》が古《ふる》いとそのままカーナビに映《うつ》りますので、実際《じっさい》とちがうということがおきるのです。

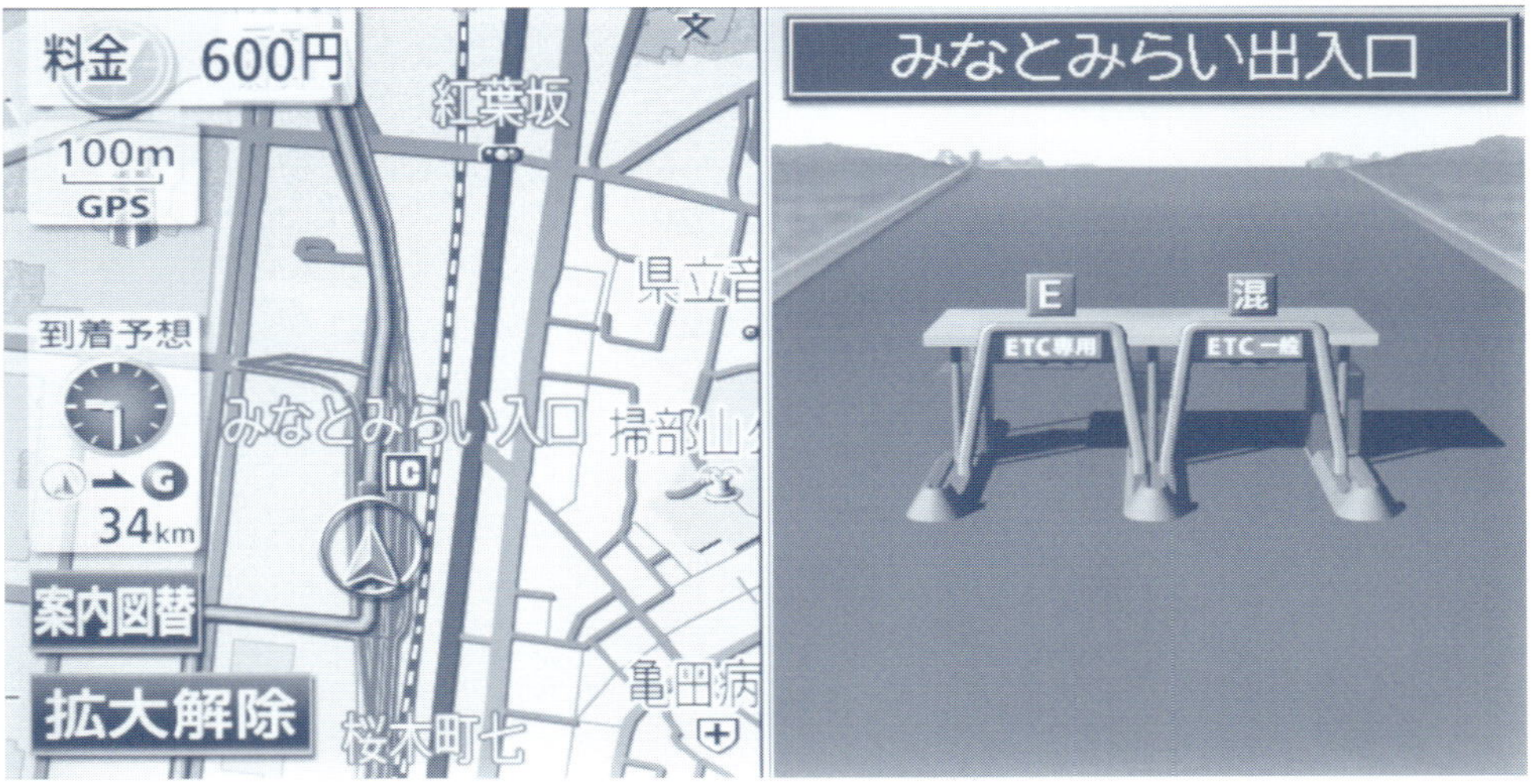

4つの衛星《えいせい》からの電波《でんぱ》で移動《いどう》の距離《きょり》と方向《ほうこう》がわかり、道路地図《どうろちず》を動《うご》かすことでカーナビの地図《ちず》ができます。別《べつ》のところからでている渋滞《じゅうたい》や工事中《こうじちゅう》の情報《じょうほう》も受信《じゅしん》し、1台《だい》で様々《さまざま》な情報《じょうほう》を受《う》けられるのがカーナビの利点《りてん》です。

もうひとつ勉強《べんきょう》しよう！

地図《ちず》でこの国《くに》や町《まち》をさがそう ①

3年《ねん》に1度《ど》の猫祭《ねこまつ》り

ベルギー　イーペル

ベルギーにある繊維《せんい》の町《まち》イーペル。人口《じんこう》が4万人《まんにん》のまちでは、3年《ねん》に1度《ど》開催《かいさい》する「猫祭《ねこまつ》り」が人気《にんき》です。まつりのはじまりはペストの流行《りゅうこう》はネコが運《はこ》んでくるものと思《おも》い、高《たか》い塔《とう》からネコを投《な》げ捨《す》てたことのようです。暗《くら》い歴史《れきし》はありますが、現在《げんざい》はネコ好《ず》きが集《あつ》まる楽《たの》しい祭《まつ》りに生《う》まれ変《か》わりました。

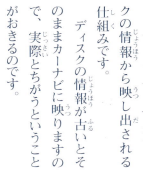

ハザードマップ

危険《きけん》をさける地図《ちず》ハザードマップ

地方自治体《ちほうじちたい》が作《つく》るハザードマップ

ハザードとは「危険《きけん》」や「災害《さいがい》」を意味《いみ》する言葉《ことば》です。ハザードマップとは、危《き》険《けん》な場所《ばしょ》を書《か》き込《こ》んだものではなく、危険《きけん》をさけるためのものです。

日本《にほん》は地震《じしん》、台風《たいふう》、水害《すいがい》などで多《おお》くの犠牲《ぎせい》を払《はら》ってきたわけですが、あらかじめ避難場所《ひなんばしょ》を知《し》っているとその被害《ひがい》が少《すく》なくなると作《つく》られたのがハザードマップです。

住《す》んでいる市町村《しちょうそん》、区《く》などが作《つく》ったものが主《おも》ですが、首都圏《しゅとけん》での震災《しんさい》に対《たい》しての「支援《しえん》マップ」も売《う》られています。これもひとつのハザードマップです。

鳥取市《とっとりし》が作《つく》った「総合防災《そうごうぼうさい》マップ」。避難《ひなん》の心得《こころえ》から予測《よそく》できる洪水《こうずい》の地域《ちいき》、情報伝達《じょうほうでんたつ》の仕組《しく》み、避難所《ひなんじょ》の住所《じゅうしょ》、連絡先《れんらくさき》などが細《こま》かく書《か》かれています。

ひろがる地図《ちず》を利用《りよう》する方法《ほうほう》

ハザードマップは、地図《ちず》を利《り》用《よう》して「災害《さいがい》」、「避難《ひなん》」ということをわかりやすく表《あらわ》すものです。

今《いま》は、市町村《しちょうそん》、区《く》のホームページの利用《りよう》が多《おお》くなっていますが、これをおぼえるのは大変《たいへん》なことです。

近《ちか》くの公園《こうえん》、学校《がっこう》などは避《ひ》難所《なんじょ》になっていますので、調《しら》べておくことが大切《たいせつ》なことです。

ハザードマップには、災害時《さいがいじ》の避難経路《ひなんけいろ》や避難場所《ひなんばしょ》などいろいろな情報《じょうほう》が書《か》かれています。地図《ちず》の新《あたら》しい利用方法《りようほうほう》のひとつです。

水害《すいがい》、地震《じしん》、火山《かざん》…。増《ふ》えるハザードマップ

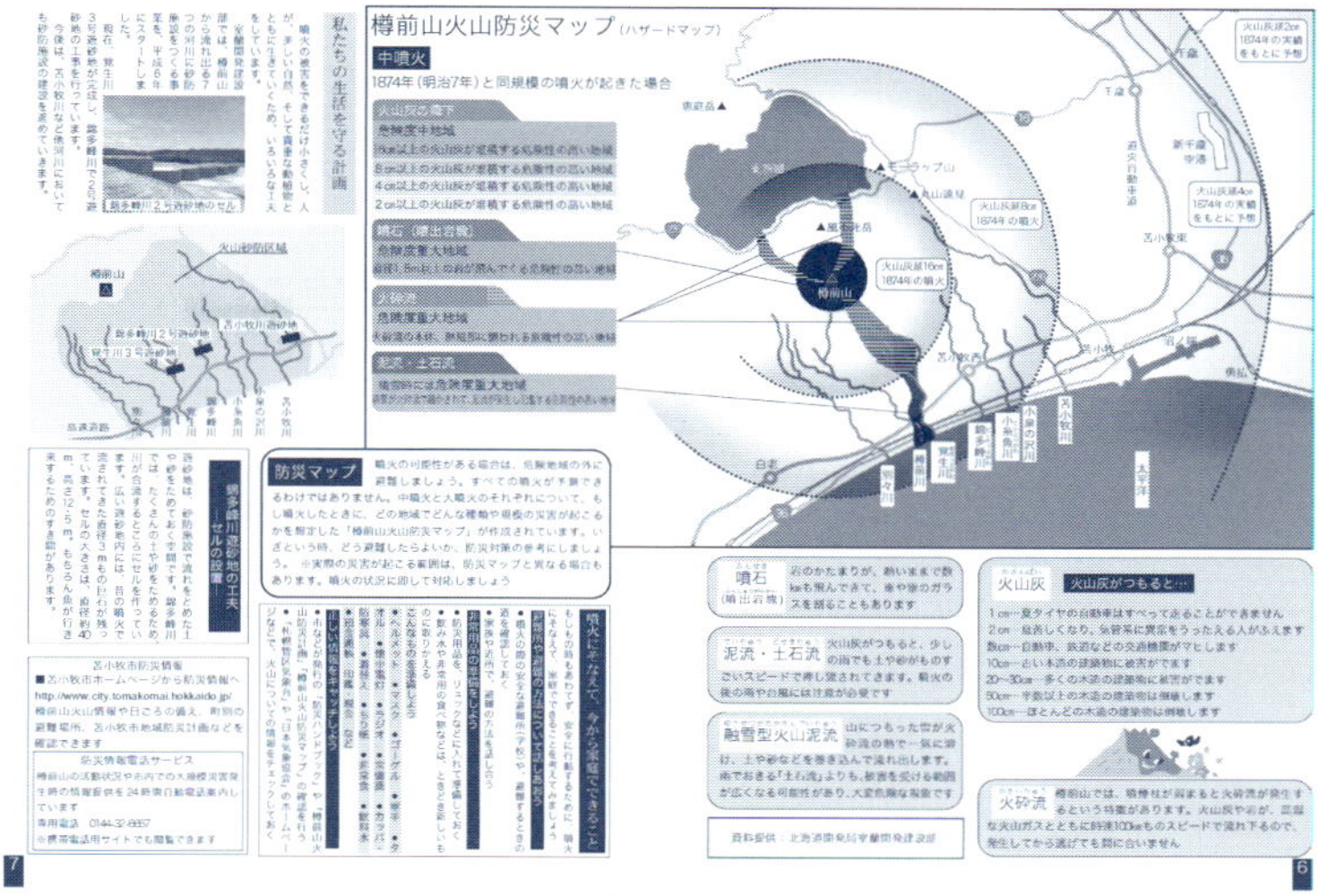

ハザードマップは、地形《ちけい》や地質《ちしつ》、これまでの災害《さいがい》の歴《れき》史《し》などを組《く》み合《あ》わせて、災《さい》害《がい》の予測《よそく》を地図《ちず》であらわします。ハザードマップはほとんど自治体《じちたい》のホームページで公開《こうかい》されています。また、窓口《まどぐち》でもらえるところもあります。国《くに》の機関《きかん》でもホームページなどを使《つか》ってたくさんの情報《じょうほう》を公開《こうかい》しています。

水害《すいがい》だけではなく、地震《じしん》、火山《かざん》など災害《さいがい》はたくさんあります。

それぞれのマップを作《つく》り、新《あたら》しくすることもたいへんなことです。そして、住《す》んでいる人《ひと》たちがそのハザードマップを理解《りかい》することも必要《ひつよう》なのです。

火山防災協議会《かざんぼうさいきょうぎかい》や地方自治体《ちほうじちたい》が作《つく》った「樽前山《たるまえさん》火山防災《かざんぼうさい》マップ」。ほかにも北海道《ほっかいどう》駒ヶ岳《こまがたけ》、十勝岳《とかちだけ》、有珠山《うすざん》、雌阿寒岳《めあかんだけ》、恵山《えさん》、アトサヌプリの火山《かざん》ハザードマップが作成《さくせい》されています

もうひとつ勉強《べんきょう》しよう！

地図《ちず》でこの国《くに》や町《まち》をさがそう ②

町中《まちじゅう》がトマトであふれるトマト祭《まつ》り

スペイン　ブニョール

スペイン地中海沿岸《ちちゅうかいえんがん》の都市《とし》バレンシアから約《やく》50km西《にし》に入《はい》った小《ちい》さな町《まち》のブニョールで、毎年《まいとし》8月後半《がつこうはん》に「トマティーナ」と呼《よ》ばれるトマトをぶつけ合《あ》う収穫祭《しゅうかくさい》が行《おこな》われます。人口《じんこう》1万人《まんにん》弱《じゃく》のこの町《まち》が、祭《まつ》りの時期《じき》は観光客《かんこうきゃく》が訪《おとず》れることで約《やく》3倍《ばい》にもなりにぎわいます。

オリエンテーリング

地図《ちず》1枚《まい》とコンパスを使《つか》った19世紀《せいき》ごろの北欧発祥《ほくおうはっしょう》のスポーツ

オリエンテーリングは、渡《わた》された1枚《まい》の地図《ちず》を持《も》ち、コンパスで方角《ほうがく》を確認《かくにん》しながら、時間《じかん》や得点《とくてん》で競《きそ》う野外《やがい》スポーツです。19世紀《せいき》ごろにスウェーデン軍《ぐん》の軍事訓練《ぐんじくんれん》からスポーツになったもので、北欧《ほくおう》の国々《くにぐに》では盛《さか》んに行《おこな》われています。

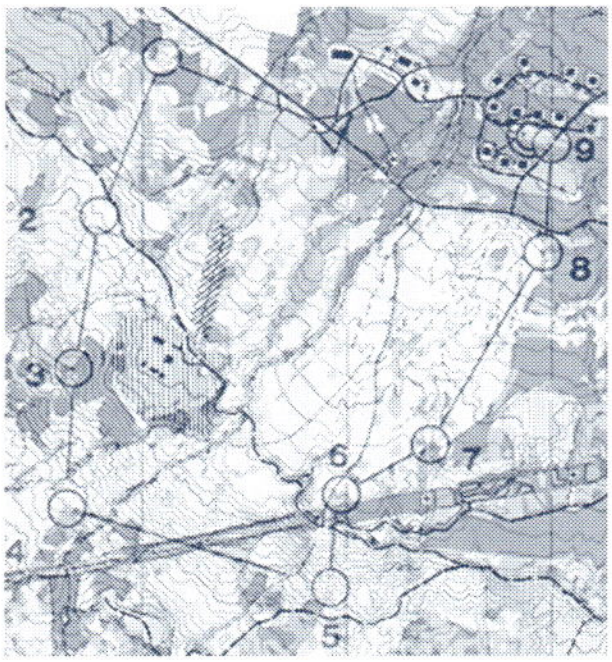

オリエンテーリング競技《きょうぎ》のマップ（例《れい》）

1〜9までのポイントを通《とお》る案内地図《あんないちず》です。山《やま》の中《なか》で行《おこな》う競技《きょうぎ》なので、通過《つうか》するポイントが直線《ちょくせん》で結《むす》ばれることはありません

電子《でんし》パンチ

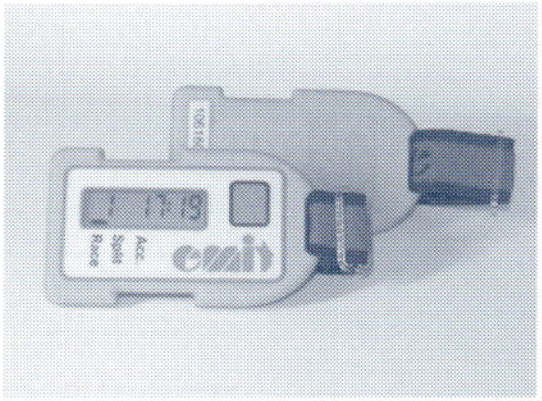

通過《つうか》するポストに差《さ》し込《こ》むと「通過《つうか》」を意味《いみ》するパンチが記録《きろく》されます。

電子《でんし》パンチが利用《りよう》されることで、オリエンテーリングがスピードアップされました。競技会《きょうぎかい》では1秒《びょう》を争《あらそ》うレースがくり広《ひろ》げられています。時間《じかん》の経過《けいか》も電子《でんし》パンチではっきりとわかるようになりました

オリエンテーリングの通過《つうか》ポイントにあるポスト。白《しろ》とオレンジ色《いろ》が世界共通《せかいきょうつう》の色《いろ》です

地図《ち》の《ず》はてな？

地図《ちず》の記号《きごう》

イギリスの作家《さっか》・スティーブンソンは「宝島《たからじま》」という冒険《ぼうけん》小説《しょうせつ》を書《か》きました。主人公《しゅじんこう》のホーキンズの母親《ははおや》が経営《けいえい》する宿屋《やど》《や》の客《きゃく》が死《し》んでしまいます。ホーキンズは、客《きゃく》の荷物《にもつ》から1枚《まい》の地図《ちず》を発見《はっけん》して、仲間《なかま》とその島《しま》に向《む》かうお話《はなし》です。

その地図《ちず》にも暗号《あんごう》のような記号《きごう》がたくさんあります。昔《むかし》から、地図《ちず》に暗号《あんごう》があると、なにかワクワクするようです。

地図《ちず》を見《み》ながら謎《なぞ》をといて進《すす》む。オリエンテーリングは、そんな冒険《ぼうけん》する気持《きも》ちをスポーツにしたものです。

オリエンテーリングの記号《きごう》

このスポーツをくわしく知《し》りたいときは、公益社団法人《こうえきしゃだんほうじん》「日本《にほん》オリエンテーリング協会《きょうかい》」のHPを参考《さんこう》にしてください。

http://www.orienteering.or.jp/

象形文字《しょうけいもじ》のようにしか見《み》えませんが…

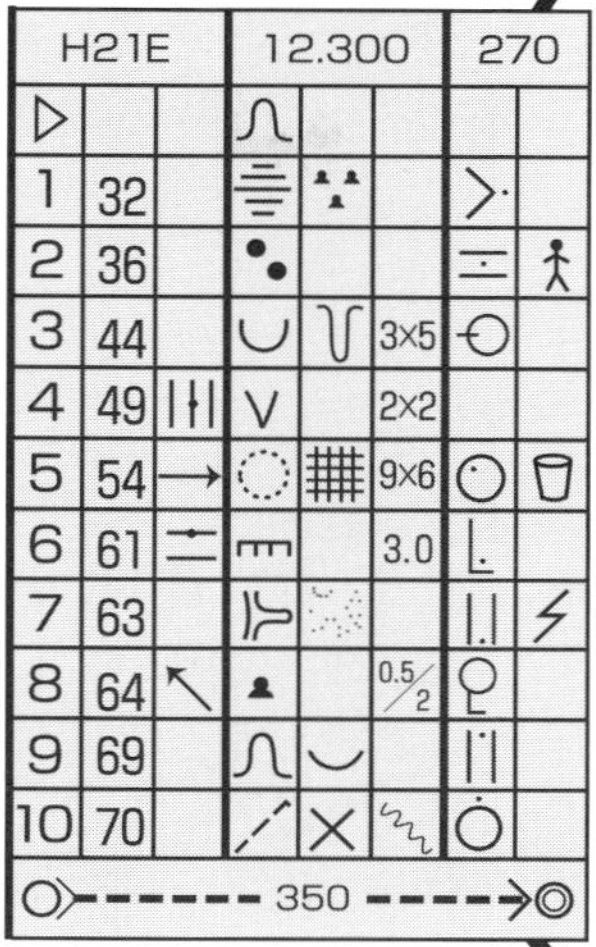

わかりやすく、記号《きごう》を文字《もじ》に直《なお》すと…

		H21E	12.300m	270m
		スタート	沢《さわ》	—
1	32	岩状《いわじょう》の湿地《しっち》	東《ひがし》の角《かど》	外側《そとがわ》
2	36	小《ち》さなこぶと小《ち》さなこぶの間《あいだ》		有人《ゆうじん》
3	44	深《ふか》い小凹地《しょうおうち》	3×5	西《にし》のふち
4	49	まん中《なか》の穴《あな》	2×2	—
5	54	東《ひがし》の草《くさ》に覆《おお》われたクリアリング	9×6	北西《ほくせい》の部分《ぶぶん》 給水《きゅうすい》
6	61	上《うえ》の岩《いわ》がけ	3m	根元《ねもと》
7	63	砂地状《すなじじょう》の尾根《おね》の下《した》の部分《ぶぶん》		無線《むせん》
8	64	北西《ほくせい》の岩《いわ》	0.5/2	西《にし》の根元《ねもと》
9	69	浅《あさ》い沢《さわ》の上《うえ》の部分《ぶぶん》		—
10	70	小道《こみち》と川《かわ》の交点《こうてん》		北側《きたがわ》
		最終《さいしゅう》コントロールからゴールへ	漏斗状《ろうとじょう》テープ誘導《ゆうどう》350m	

記号《きごう》の意味《いみ》

A コントロール番号《ばんごう》(ポイントを探《さが》す順番《じゅんばん》)

B コントロールコード(ポイントの識別記号《しきべつきごう》)

C 類似《るいじ》の特徴物間《とくちょうぶつかん》の位置《いち》　D 特徴物《とくちょうぶつ》

E 特徴物《とくちょうぶつ》の形状《けいじょう》・形態《けいたい》　F 大《おお》きさ・高《たか》さ

G 位置《いち》　H その他《た》の情報《じょうほう》

地図《ちず》を読《よ》み、記号《きごう》を理解《りかい》して進《すす》む競技《きょうぎ》です。

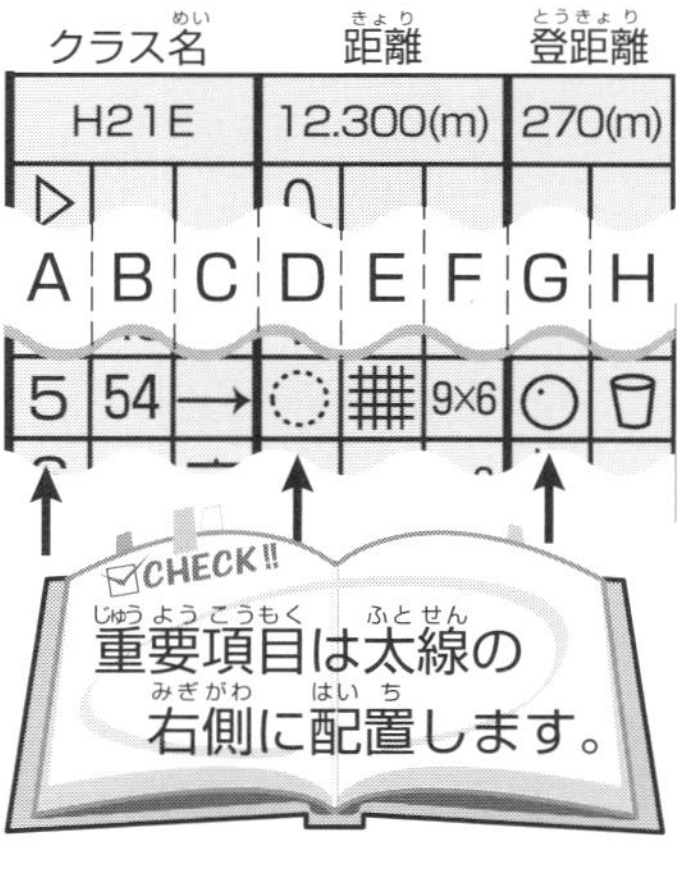

もうひとつ勉強《べんきょう》しよう!

地図《ちず》でこの国《くに》や町《まち》をさがそう ③

ミネラルウォーターのふるさと

フランス　エビアン

フランスのエビアン市《し》。ミネラル・ウォーター「エビアン」の産地《さんち》です。エビアンは町《まち》の名《な》前《まえ》です。アルプスのモンブランの雪《ゆき》どけ水《みず》がエビアンの原水《げんすい》。この町《まち》では原水《げんすい》は自由《じゆう》に飲《の》めるのです。エビアンを買《か》うなら、エビアンに行《い》くほうが…高《たか》いですね。

世界史《せかいし》を地図《ちず》でみる 秦《しん》の始皇帝《しこうてい》が統一《とういつ》した中国《ちゅうごく》はどのくらいの広《ひろ》さ？

秦《しん》の始皇帝《しこうてい》の統一《とういつ》マップ

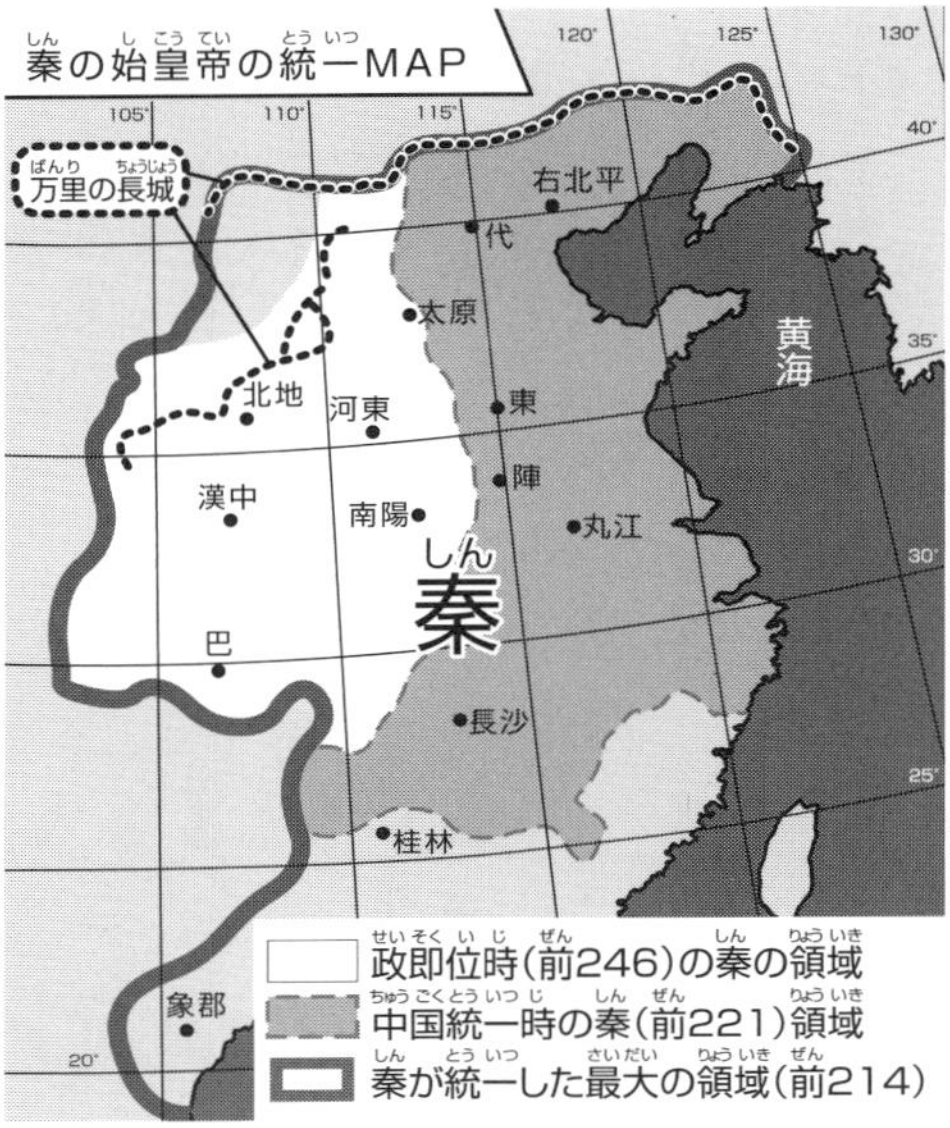

秦《しん》の始皇帝《しこうてい》（政《せい》）は、紀《き》元前《げんぜん》221年《ねん》に中国《ちゅうごく》を統一《とういつ》して中国《ちゅうごく》ではじめての皇帝《こうてい》になりました。

世界最大《せかいさいだい》の万里《ばんり》の長城《ちょうじょう》をつくったのも秦《しん》の始皇帝《しこうてい》で、世界遺産《せかいいさん》にも指定《してい》されている兵馬俑坑《へいばようこう》も始皇帝《しこうてい》が命《めい》じ

地図《ちず》のはてな？

アフリカの地図《ちず》

アフリカの地図《ちず》を作《つく》る場合《ばあい》、まずナイル川《がわ》・ニジェール川《がわ》・コンゴ川《がわ》などの大河《たいが》の水源《すいげん》と流《なが》れを正《ただ》しくつかむ必要《ひつよう》がありました。

プトレマイオスがいったナイル川《がわ》の水源《すいげん》「月《つき》の山脈《さんみゃく》」は、長《なが》い間《あいだ》、関心《かんしん》を集《あつ》めた謎《なぞ》だったのです。17世紀《せいき》になってようやく、ニジェール川《がわ》やガンビア川《がわ》をのぼる探検隊《たんけんたい》があらわれますが、地図《ちず》を作《つく》るまでには至《いた》りませんでした。

そして、ニジェール川《がわ》がベニン湾《わん》にそそぐことが最終的《さいしゅうてき》に確認《かくにん》されたのは1830年《ねん》のことでした。

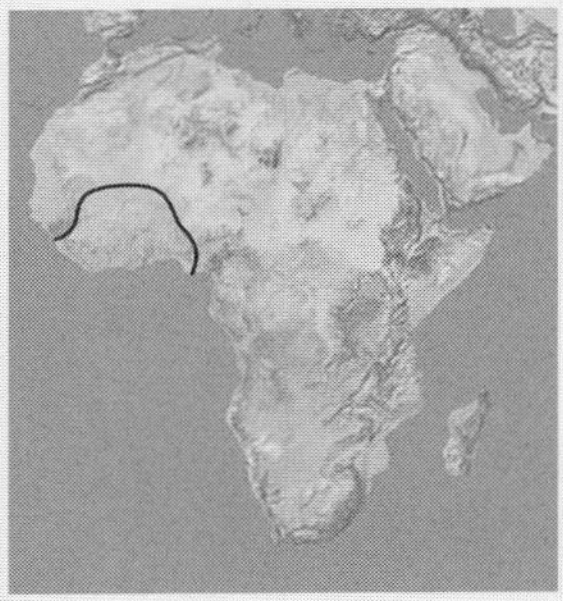

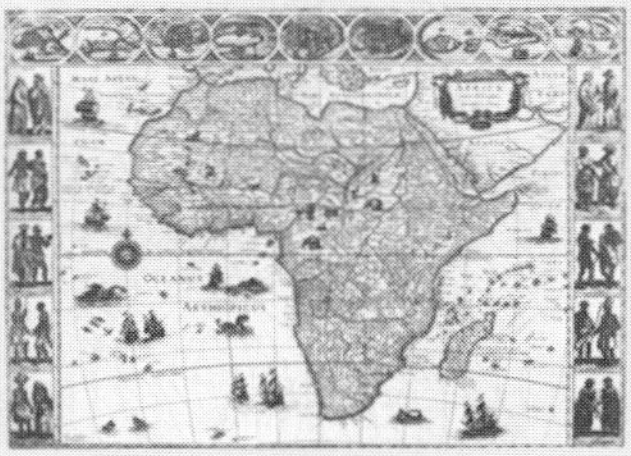

ニジェール川《がわ》で区分《くわ》けしてヨーロッパのアフリカ植民地化《しょくみんちか》が決《き》められました

てつくりあげたものです。中国《ちゅうごく》の歴史《れきし》の時間《じかん》に必《かなら》ず登場《とうじょう》するのが秦《しん》の始皇帝《しこうてい》です。始皇帝《しこうてい》が統一《とういつ》した中国《ちゅうごく》を今《いま》の中国《ちゅうごく》の地図《ちず》に重《かさ》ねてみると、とてもわかりやすくなります。

歴史《れきし》を地図《ちず》で表《あらわ》すとわかること

これから、ヨーロッパの歴史《れきし》や日本《にほん》の歴史《れきし》を勉強《べんきょう》することがありますが、今《いま》の地図《ちず》と当時《とうじ》のできごとを重《かさ》ねることで、歴史《れきし》を身近《みぢか》に感《かん》じるようになります。

現在《げんざい》の中国全土《ちゅうごくぜんど》よりかなり小《ちい》さな領域《りょういき》だったことが、地図《ちず》を重《かさ》ねることでよりわかるようになります

もうひとつ勉強《べんきょう》しよう！

地図《ちず》でこの国《くに》や町《まち》をさがそう ④

赤道直下《せきどうちょっか》なのに万年雪《まんねんゆき》におおわれる山《やま》

タンザニア　キリマンジャロ

タンザニア北東部《ほくとうぶ》、ケニアとの国境付近《こっきょうふきん》にそびえるアフリカ大陸最高峰《たいりくさいこうほう》のキリマンジャロは、標高《ひょうこう》5895mの山脈《さんみゃく》に属《ぞく》さない独立峰《どくりつほう》では世界《せかい》でもっとも高《たか》い山《やま》です。赤道直下《せきどうちょっか》なのに山頂《さんちょう》部《ぶ》は万年雪《まんねんゆき》におおわれています。火山《かざん》および周辺《しゅうへん》は国立《こくりつ》公園《こうえん》に指定《してい》され、世界遺産《せかいいさん》にも登録《とうろく》されています。

最近《さいきん》の地図《ちず》と地図《ちず》を使《つか》った遊《あそ》び

テレビゲームのマップ
RPGは19世紀《せいき》の小説《しょうせつ》「指輪物語《ゆびわものがたり》」をヒントに作《つく》られたものが多《おお》い

テーブルトークRPG

「指輪物語《ゆびわものがたり》」は、イギリスの小説家《しょうせつか》・トールキンが1954年《ねん》から1955年《ねん》にかけて出版《しゅっぱん》した三部作《さんぶさく》の小説《しょうせつ》です。「旅《たび》の仲間《なかま》」、「二《ふた》つの塔《とう》」、「王《おう》の帰還《きかん》」の全三巻六部《ぜんさんかんろくぶ》の長《なが》いお話《はなし》です。

この原作《げんさく》は、2001年《ねん》から「ロード・オブ・ザ・リング」の三部作《さんぶさく》として映画《えいが》にもなりました。冥王《めいおう》サウロンが探《さが》し求《もと》める一《ひと》つの指輪《ゆびわ》を、小人《こびと》のホビットやドワーフ、魔法使《まほうつか》い、エルフ、人間《にんげん》が協力《きょうりょく》し、危険《きけん》や困難《こんなん》に立《た》ち向《む》かいながら、この世《よ》から完全《かんぜん》に消失《しょうしつ》させようと努力《どりょく》し、冒険《ぼうけん》する物語《ものがたり》です。

写真《しゃしん》は「ロード・オブ・ザ・リング」のテーブルトークRPG

日本《にほん》では、テーブルトークRPGと呼《よ》ばれるテーブルゲームです。プレイヤーがキャラクターになり、架空世界《かくうせかい》の中《なか》でいろいろなルールで楽《たの》しむものです。ゲームマスターを除《のぞ》くプレイヤーは、さまざまな種族《しゅぞく》、人格《じんかく》、性質《せいしつ》、能力《のうりょく》、技術《ぎじゅつ》をもったキャラクターを演《えん》じることで遊《あそ》ぶゲームです。

地図《ちず》の国際規格《こくさいきかく》

まだ陸地《りくち》でも海《うみ》でも測量《そくりょう》が終《お》わっていないところは空白《くうはく》のまま地図《ちず》は作《つく》られました。

そんな地図《ちず》の空白《くうはく》はいやだと測量《そくりょう》で一生《いっしょう》を過《す》ごした測量士《そくりょうし》も少《すく》なくありません。

空白《くうはく》のない地図《ちず》ができあがったあとは、世界《せかい》の人《ひと》たちが使《つか》える地図《ちず》が必要《ひつよう》となりました。

1891年《ねん》スイス・ベルンでの第《だい》5回国際地理学会議《かいこくさいちりがくかいぎ》でペンク博士《はかせ》は、統一《とういつ》された国際地図《こくさいちず》の作成《さくせい》を提案《ていあん》しました。その後《ご》、1913年《ねん》のパリ国際地理《こくさいちり》学会議《がくかいぎ》で国際規格《こくさいきかく》が決《き》められました。

地図《ちず》が決《き》め手《て》のテレビゲーム

RPGゲームには、さまざまなストーリー設定《せってい》がありますが、主人公《しゅじんこう》が冒険《ぼうけん》をしながら、最終面《さいしゅうめん》のボスを倒《たお》し、最後《さいご》のアイテムを手《て》に入《い》れるというのが大《おお》きな醍醐味《だいごみ》のひとつです。

RPGでは、マップとストーリーが大切《たいせつ》になります。ゲームクリエイターの人《ひと》たちは、いかに魅力的《みりょくてき》なマップを作《つく》るか日々《ひび》頭《あたま》を悩《なや》ませています。また、ゲーム機《き》もどんどん進《しん》化《か》し、画面《がめん》もとてもきれいになりました。

もうひとつ勉強《べんきょう》しよう！

地図《ちず》でこの国《くに》や町《まち》をさがそう ⑤

豊作《ほうさく》を祝《いわ》うゲラゲッツァ祭《まつ》り
メキシコ オアハカ

ゲラゲッツァとは、オアハカの先住民《せんじゅうみん》の言葉《ことば》で「わかちあい」というような意味《いみ》を持《も》ちます。毎年《まいとし》7月末《がつまつ》にオアハカ州《しゅう》で行《おこな》われます。昔《むかし》は、トウモロコシの神様《かみさま》に豊作《ほうさく》を祈《いの》って、神殿《しんでん》の前《まえ》で音楽《おんがく》と踊《おど》りを行《おこな》い、祭《まつ》り事《ごと》をしました。

植民地時《しょくみんちじ》代《だい》、カトリックの聖母《せいぼ》への祭《まつ》り事《ごと》に代《か》わりました。

スコットランドヤード 推理力《すいりりょく》が決《き》め手《て》のテーブルゲーム

逃《に》げる怪盗《かいとう》Mr.Xを捕《つか》まえるテーブルゲーム

「スコットランドヤード」は、ドイツのゲーム会社《がいしゃ》が作《つく》ったボードゲームです。ひとりが怪盗《かいとう》Mr.Xになり、ほかの人《ひと》はロンドンの刑事《けいじ》になります。24時間《じかん》（24ターン）で怪盗《かいとう》Mr.Xを捕《つか》まえれば刑事《けいじ》の勝《か》ち、逃《に》げ切《き》れば怪盗《かいとう》Mr.Xの勝《か》ちです。おもしろいのは、刑事《けいじ》はどこにいるかわかるのですが、怪盗《かいとう》Mr.Xは姿《すがた》が見《み》えないことです。タクシー、バス、地下鉄《ちかてつ》を使《つか》っての追《お》いかけっこゲームですが、怪盗《かいとう》Mr.Xには、行方《ゆくえ》をくらますブラックチケット、2回移動《かいいどう》するダブルムーブの秘密兵器《ひみつへいき》があります。怪盗《かいとう》Mr.Xは視線《しせん》をたどられないようにキャップで顔《かお》を隠《かく》してゲームをします。

霧《きり》の街《まち》・ロンドンに現《あらわ》れた怪盗《かいとう》Mr.X。神出鬼没《しんしゅつきぼつ》の怪盗《かいとう》Mr.Xをスコットランドヤードの刑事《けいじ》たちが後《あと》を追《お》い、200のポイントにかくれる怪盗《かいとう》Mr.Xを追《お》い詰《つ》める。

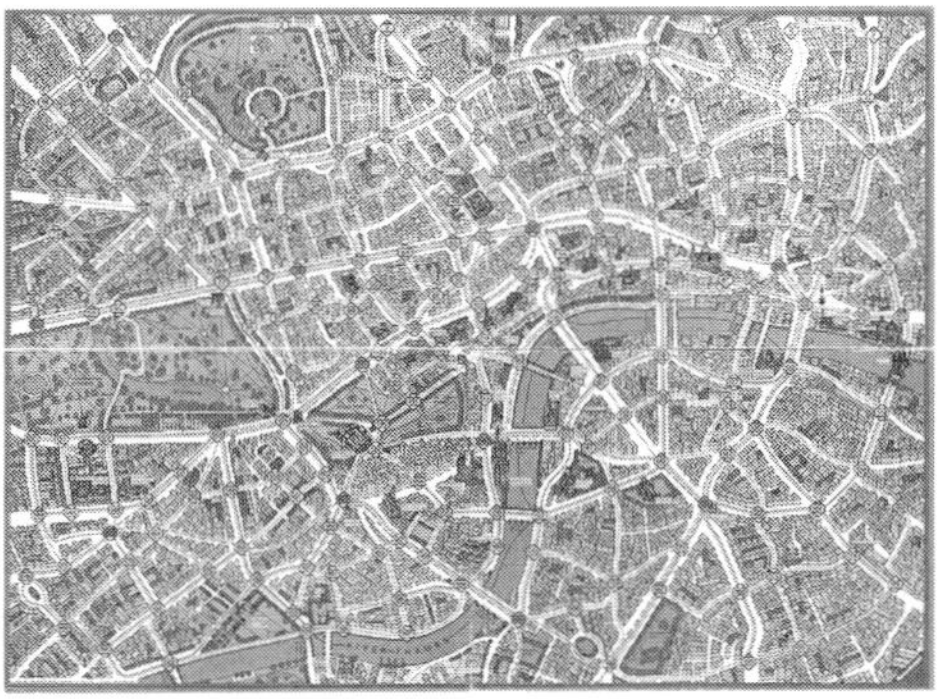

地図《ちず》とゲーム

テレビゲームになると、地図《ちず》とゲームはさらに深《ふか》い関係《かんけい》になります。日本全国《にほんぜんこく》をすごろくのように回《まわ》り、その土地《とち》のものを買《か》うゲームがあったり（これは地理《ちり》をおぼえるのでおすすめします）、住宅《じゅうたく》、会社《かいしゃ》、工場《こうじょう》を地図上《ちずじょう》に自由《じゆう》に配置《はいち》して人《じん》口《こう》を増《ふ》やすゲームがあったり、RPGのように地図《ちず》そのものがゲームのカギとなるものもあります。

怪盗《かいとう》Mr.Xのみ移動手段《いどうしゅだん》として船《ふね》が使《つか》えます。ただし、船《ふね》はブラックチケットを使《つか》った場《ば》合《あい》のみで、最大《さいだい》2回《かい》までしか利用《りよう》できません。また、ブラックチケットを使《つか》ったからといって必《かなら》ず船《ふね》で移動《いどう》したとは限《かぎ》りません。そこが怪盗《かいとう》Mr.Xの腕《うで》の見《み》せどころなのです

ゲームの説明《せつめい》

地図《ちず》はロンドン市内《しない》です。ゲームタイトルの「スコットランドヤード」とは、ロンドン警察《けいさつ》のことです。まずは、怪盗《かいとう》Mr.Xがボードに逃《に》げた場所《ばしょ》を書《か》き込《こ》みます。そしてその上《うえ》に、使《つか》ったカード（タクシー、バス、地下鉄《ちかてつ》の利用《りよう》カード）をはります。そこで刑事《けいじ》たちは、怪盗《かいとう》Mr.Xの居場所《いばしょ》を推理《すいり》するのです。バスカードならバス路線《ろせん》、地下鉄《ちかてつ》なら駅《えき》と推理《すいり》します。ターンをくり返《かえ》してゆくうちに怪盗《かいとう》Mr.Xの場所《ばしょ》がだんだんわかってくるゲームです。

ゲームの遊《あそ》び方《かた》

ひとりが怪盗《かいとう》Mr.Xになります。残《のこ》りは、怪盗《かいとう》Mr.Xを追《お》う刑事《けいじ》たちです。盤《ばん》には、ロンドンの街《まち》が描《か》かれ、1～199までの番号《ばんごう》があります。その地点《ちてん》をバス、地下鉄《ちかてつ》、タクシー（怪盗《かいとう》Mr.Xは船《ふね》もあります）を使《つか》って移動《いどう》します。24回《かい》のターンで怪盗《かいとう》Mr.Xを捕《つか》まえると刑事《けいじ》の勝《か》ち、逃《に》げ切《き》ると怪盗《かいとう》Mr.Xの勝《か》ちです。まずは怪盗《かいとう》Mr.Xが移《い》動《どう》します。怪盗《かいとう》Mr.Xは、ボードに地点《ちてん》の番号《ばんごう》を書《か》き、それを移動手《いどうしゅ》段《だん》の書《か》いたものでかくします。刑事《けいじ》たちは、場所《ばしょ》を予測《よそく》するのですが、3回目《かいめ》、8回目《かいめ》、13回目《かいめ》、18回目《かいめ》、24回目《かいめ》で姿《すがた》を現《あらわ》しますので、そこからが勝負《しょうぶ》です。怪盗《かいとう》Mr.Xのいる場《ば》所《しょ》に移動《いどう》したら逮捕《たいほ》です。また、刑事《けいじ》たちのチームワークで怪盗《かいとう》Mr.Xを移動《いどう》できなくした場合《ばあい》も刑事《けいじ》たちの勝《か》ちです。

地図《ちず》でこの国《くに》や町《まち》をさがそう ⑥

映画《えいが》の都《みやこ》
アメリカ ハリウッド

ロサンゼルスの地区《ちく》のひとつ。1911年《ねん》に16もの映画《えいが》スタジオがつくられ〝映画《えいが》の街《まち》〟になりました。ハリウッド映画《えいが》は映画産業《えいがさんぎょう》をリードし続《つづ》け、たくさんのヒット作品《さくひん》を生《う》みだしました。メジャーと呼《よ》ばれるパラマウント、ユニヴァーサル、20世《せい》紀《き》フォックス、ソニー、タイム・ワーナーもハリウッドにあります。

月《つき》の地図《ちず》

月《つき》の地形《ちけい》を描《か》いた地図《ちず》がある

正確《せいかく》な月《つき》の地図《ちず》ができたのは１９９４年《ねん》
今《いま》はインターネットでも月《つき》の地図《ちず》が検索《けんさく》できます

月《つき》は人類《じんるい》が行《い》ったことのあるただひとつの天体《てんたい》です。

月到着《つきとうちゃく》の歴史《れきし》は、１９５９年《ねん》の旧《きゅう》ソビエト連邦《れんぽう》の宇宙探《うちゅうたん》査機《さき》「ルナ２号《ごう》」からはじまります。アメリカの「アポロ計画《けいかく》」で人類《じんるい》が地球《ちきゅう》を飛《と》び出《だ》し、実際《じっさい》に月《つき》に行《い》きました。最初《さいしょ》の着陸《ちゃくりく》は「アポロ11号《ごう》」で、１９６９年《ねん》７月《がつ》20日《か》のことでした。また、「アポロ計画《けいかく》」における最《さい》後《ご》の月着陸《つきちゃくりく》は１９７２年《ねん》12月《がつ》の「アポロ17号《ごう》」です。

月《つき》の表面《ひょうめん》は、いん石《せき》がぶつかってできたたくさんのクレーターがあります。大《たい》気《き》のない月《つき》は、長《なが》い間《あいだ》、衝《しょう》突《とつ》の跡《あと》を残《のこ》しているのです。

１９９４年《ねん》の夏《なつ》、月《つき》の地《ち》図《ず》が小《ちい》さな宇宙探査機《うちゅうたんさき》「クレメンタイン」によって作《さく》成《せい》されました。

月《つき》の土地《とち》を売《う》る人《ひと》たち

月《つき》の土地《とち》を買《か》いませんか?

何《なに》かおかしな話《はなし》ですが、アメリカの会社《かいしゃ》が権利書付《けんりしょつ》きで月《つき》の土地《とち》を販売《はんばい》しています。

値段《ねだん》は1エーカー（1200坪《つぼ》）で2700円《えん》です。安《やす》いですが、実際《じっさい》に月《つき》にある自分《じぶん》の土地《とち》に行《い》くためには2700円《えん》ではたりません。

月《つき》はだれのものでもないことがわかり、自由《じゆう》に月《つき》の土地《とち》は販売《はんばい》できると会社《かいしゃ》をつくり、実際《じっさい》に販売《はんばい》をはじめました。購入者《こうにゅうしゃ》には土地《とち》の持《も》ち主《ぬし》であることを証明《しょうめい》する権利書《けんりしょ》、月《つき》の地図《ちず》などが送《おく》られてきます。

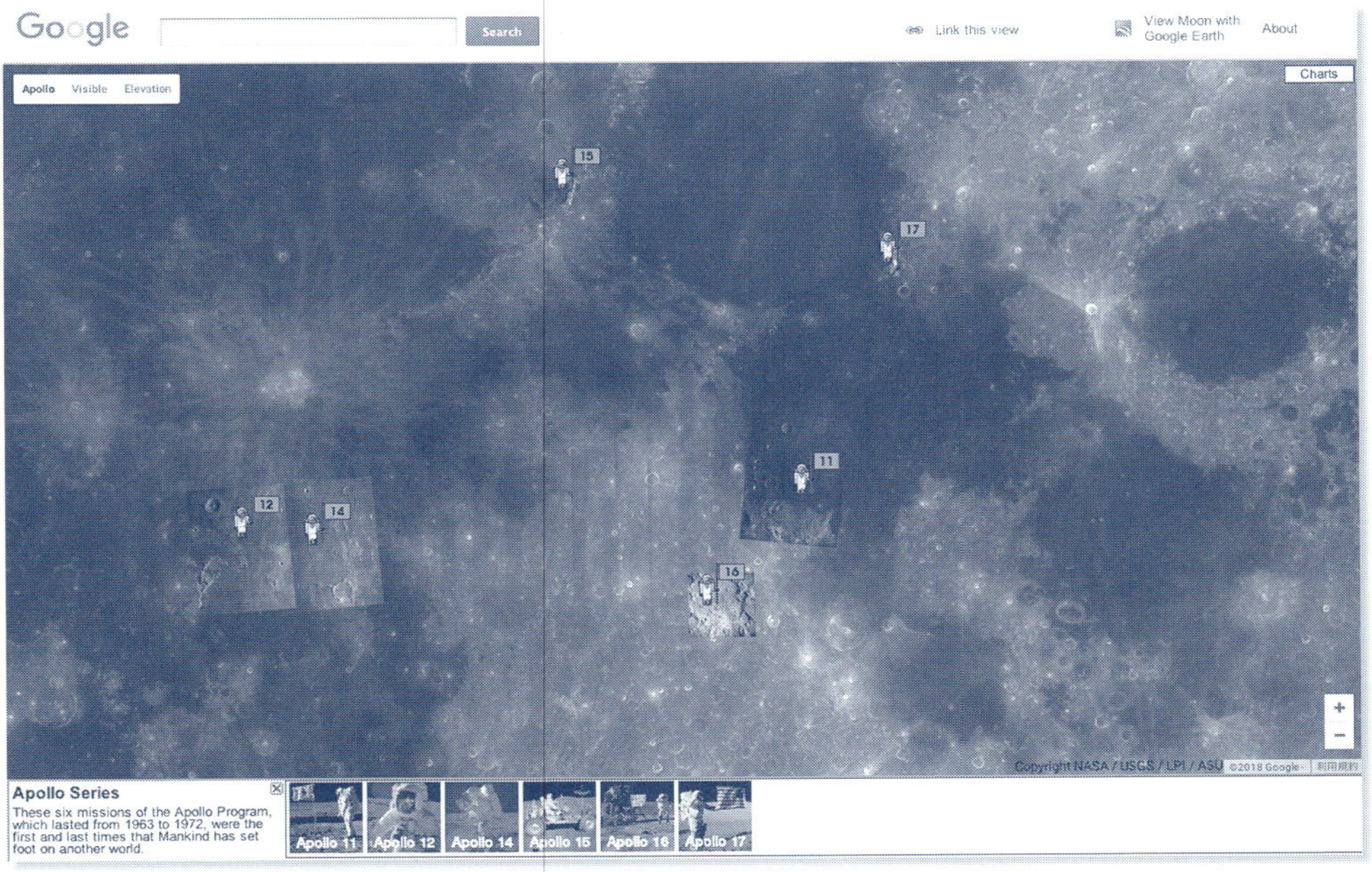

http://moon.google.com/

月《つき》のクレーターからわかること

月《つき》の大《おお》きさは地球《ちきゅう》の4分《ぶん》の1です。月《つき》には、衝突《しょうとつ》した跡《あと》「クレーター」がたくさん残《のこ》っています。そのことを調《しら》べることで、地球《ちきゅう》にいん石《せき》がいつ衝突《しょうとつ》したかが、ある程度《ていど》わかるといわれています。

地球《ちきゅう》には大気《たいき》があり、小《ちい》さないん石《せき》は途中《とちゅう》で燃《も》えつきてしまいますが、月《つき》に衝突《しょうとつ》したいん石《せき》とほぼ同《おな》じくらい衝《しょう》突《とつ》したのではないかといわれています。月《つき》にクレーターができた年代《ねんだい》がわかると、地《ち》球《きゅう》にもいん石《せき》が衝突《しょうとつ》したことになります。こういった理由《りゆう》から、月《つき》の石《いし》の研究《けんきゅう》が続《つづ》けられています。

もうひとつ勉強《べんきょう》しよう!

地図《ちず》でこの国《くに》や町《まち》をさがそう ⑦

ダーウィンの進化論《しんかろん》の島《しま》
ガラパゴス諸島《しょとう》

南米《なんべい》エクアドルの沖《おき》にある19の主《おも》な島《しま》と小《ちい》さな島《しま》や岩礁《がんしょう》をまとめてガラパゴス諸島《しょとう》といいます。フンボルト海流《かいりゅう》（ペルー海流《かいりゅう》）とクロムウェル海流《かいりゅう》の2つが流《なが》れこみ、ガラパゴスペンギンが生息《せいそく》する特異《とくい》な場所《ばしょ》です。ダーウィンの進化論《しんかろん》の元《もと》ともなった島々《しまじま》の動物《どうぶつ》たちや地形《ちけい》を見《み》るために、飛行場《ひこうじょう》のあるバルトラ島《とう》やサンタ・クルス島《とう》の町《まち》プエルト・アヨラを起《き》点《てん》にクルーズ船《せん》もあります。

コンピュータで地図《ちず》を作《つく》る1
地図《ちず》を作《つく》るソフトのホームページを探《さが》そう

地図《ちず》のホームページを探《さが》すには?

まずは、ポータルサイトから「地図《ちず》を作《つく》る」「地図製作《ちずせいさく》」で検索《けんさく》してソフトを探《さが》してみましょう。インターネットの検索《けんさく》サイト「Google」を利用《りよう》してみましょう。

http://google.co.jp/

キーワードに「地図《ちず》を作《つく》る」と入《い》れて検索《けんさく》すると地図《ちず》に関係《かんけい》するページがたくさん出《で》てきます。そこから、コンピュータで地図《ちず》を作《つく》るソフトを探《さが》します。

検索件数《けんさくけんすう》が多《おお》いのでソフトをカテゴリーごとに案内《あんない》してくれるポータルサイトを紹介《しょうかい》します
vector http://www.vector.co.jp/vpack/filearea/win/writing/map/
goo http://download.goo.ne.jp/software/category/win/writing/map/
窓の杜 http://www.forest.impress.co.jp/lib/home/mptrnspt/mapbuilder/index.html

この中《なか》から、いくつかクリックしてみましょう。

ソフトの簡単《かんたん》な内容《ないよう》とソフトをつくった人《ひと》(会社《かいしゃ》)のホームページでくわしくその内容《ないよう》がわかるようになっています。

ポータルサイトとは、インターネットの入口《いりぐち》のこと。たくさんあるホームページ、ブログからカテゴリーやキーワードで探《さが》しているホームページなどのアドレスを調《しら》べることのできるサイトです。ポータルサイトには、地図《ちず》をつくるソフトがたくさんあります。無料《むりょう》で使《つか》えるもの、有料《ゆうりょう》のもの、試《ため》しに使《つか》えるものなどが並《なら》んでいます。

デジタル化が進《すす》む地図《ちず》の世界《せかい》

今《いま》は、パソコンやスマートフォンで地図《ちず》を見《み》ることも多《おお》くなってきました。日本《にほん》の地図《ちず》を作《つく》る国土地理院《こくどちりいん》では、パソコンやスマートフォンなどコンピューター機器《きき》で利用《りよう》できる地域情報《ちいきじょうほう》を数値化《すうちか》した「数値地図《すうちちず》」を作《つく》っています。

数値地図《すうちちず》は大《おお》きく二《ふた》つにわけられます。一《ひと》つは「ラスターデータ」といって、地図《ちず》をそのまま画像《がぞう》にしたものです。写真《しゃしん》などと同《おな》じ画像《がぞう》データです。もう一《ひと》つの「ベクトルデータ」は線《せん》と点《てん》と面《めん》で構成《こうせい》されたデータです。「ラスターデータ」は背景画像《はいけいがぞう》として、ほかの情報《じょうほう》を上乗《うわの》せして表示《ひょうじ》する場合《ばあい》に使《つか》われます。「ベクトルデータ」は、正確《せいかく》な位置《いち》情報《じょうほう》を持《も》っていて、さらにデータに色々《いろいろ》な情報《じょうほう》を持《も》たせることができます。例《たと》えば道路《どうろ》の場合《ばあい》、国《こく》道《どう》や県道《けんどう》、市道《しどう》などの管理区分《かんりくぶん》や道幅《みちはば》などの情報《じょうほう》を持《も》たせ、パソコンで選択《せんたく》したデータだけを表示《ひょうじ》することができます。

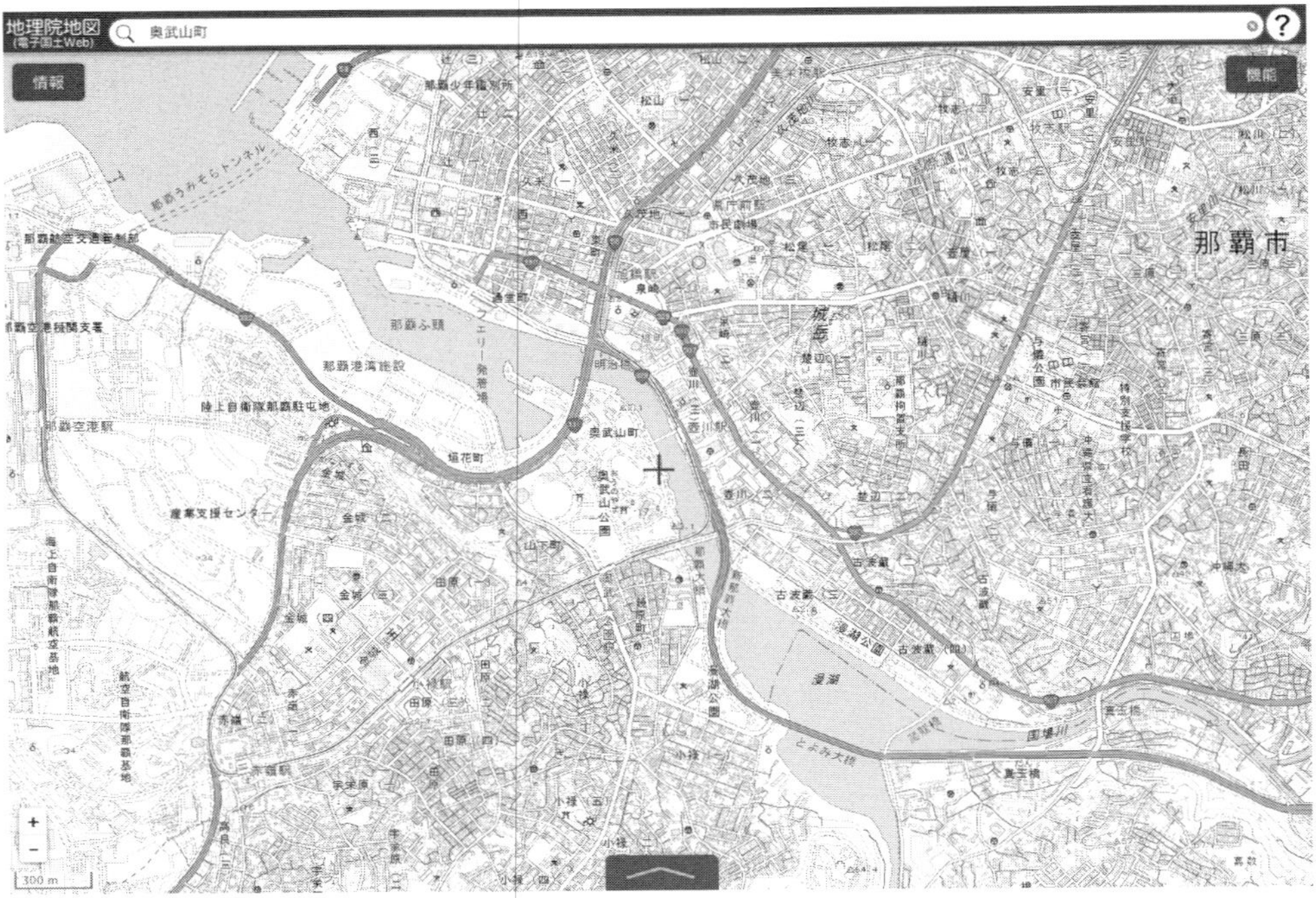

国土地理院《こくどちりいん》が制作《せいさく》する電子地図《でんしちず》データ。地理院地図《ちりいんちず》(電子国土《でんしこくど》Web)
国土交通省国土地理院《こくどこうつうしょうこくどちりいん》:http://www.gsi.go.jp/

コンピュータで地図《ちず》を作《つく》る2
3D地図《ちず》を作《つく》ってみよう

どんな地図《ちず》を作《つく》りたい？ コンピュータらしい3D地図《ちず》作《づく》りにチャレンジしましょう！

『カシミール3D』は、山岳展望《さんがくてんぼう》の解析《かいせき》、リアルな3D風景《ふうけい》、CGの作成《さくせい》、リアルタイムフライトシミュレーションなどができるコンピュータソフトです。ホームページではフリーの「カシミール3Dフリー基本《きほん》セット」を含《ふく》め3セットがあり、ほかにもスマートフォン専用《せんよう》アプリがあります。実業之《じつぎょうの》日本社《にほんしゃ》からはCD-ROMを収録《しゅうろく》した書籍《しょせき》も出版《しゅっぱん》されています。

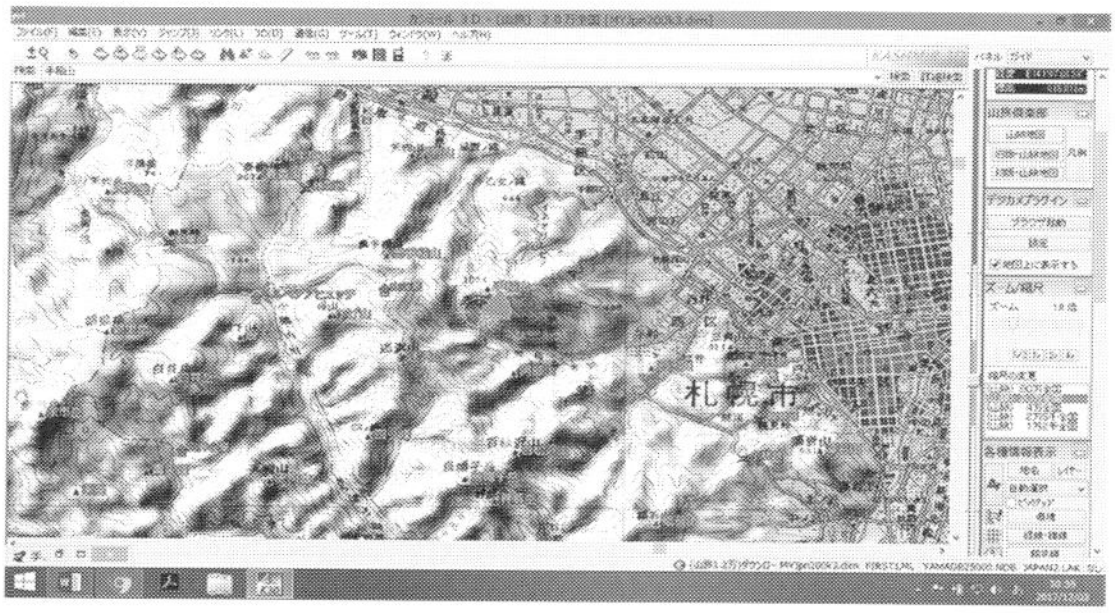

カシミール3D
http://www.kashmir3d.com/

カシミール3Dのカシバードの機能《きのう》

3D表示《ひょうじ》をするにはカシバードを起動《きどう》します。地図《ちず》上《じょう》で見《み》たい位置《いち》にマウスをあわせて、右《みぎ》クリックしてメニューから「カシバード位置《いち》」を選択《せんたく》します。カシバードが起動《きどう》して山《やま》のポリゴン表示《ひょうじ》が出《で》ます。これがカシミール3Dの一番《いちばん》おもしろい地図《ちず》の世界《せかい》です。

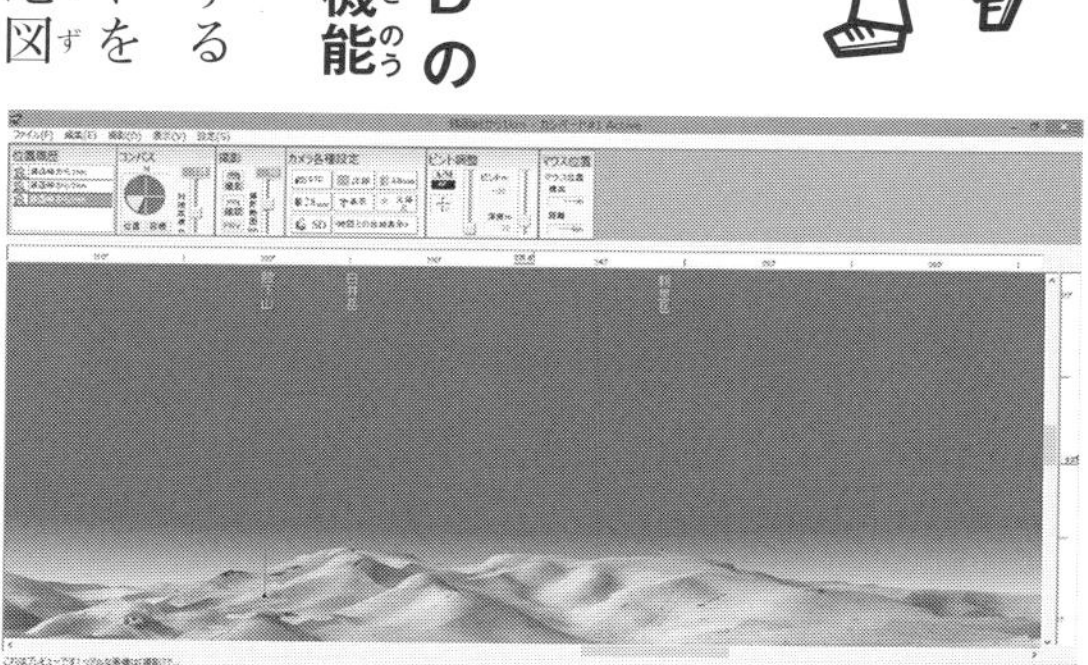

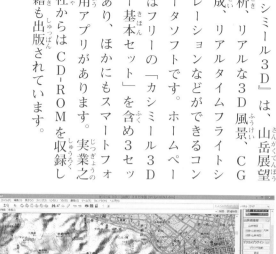

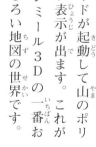

全国各地《ぜんこくかくち》をどこでも3Dで見《み》られる地図《ちず》

「国土地理院地図《こくどちりいんちず》」は、国《こく》土地理院《どちりいん》が整備《せいび》する地形図《ちけいず》、空中写真《くうちゅうしゃしん》、地形分類《ちけいぶんるい》、災害《さいがい》情報《じょうほう》など1800以上《いじょう》の情報《じょうほう》を無償《むしょう》で見《み》ることができるウェブ地図《ちず》です。「誰《だれ》でも・簡単《かんたん》に・日本全国《にほんぜんこく》どこでも」3次元《じげん》で見《み》られるのが特長《とくちょう》で、例《たと》えば地下《ちか》の断層《だんそう》モデルの形状《けいじょう》や大《おお》きさをわかりやすく表示《ひょうじ》することができます。また、3Dプリンタ用《よう》のデータをダウンロードすることもできます。

●地理院地図《ちりいんちず》
http://maps.gsi.go.jp/
●地理院地図《ちりいんちず》Globe
http://maps.gsi.go.jp/globe/index_globe.html

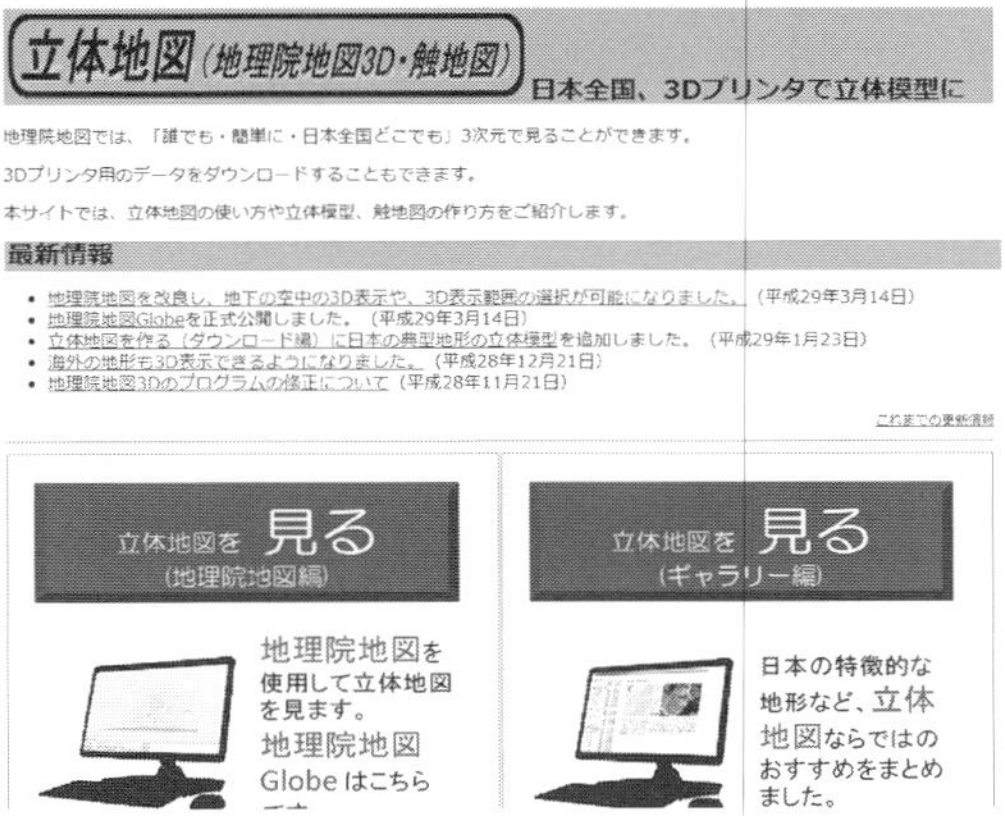

立体地図《りったいちず》や3Dプリンタ用《よう》のデータについての使用方法《しようほうほう》、ダウンロード先《さき》を紹介《しょうかい》するページ。 出展《しゅってん》:国土地理院《こくどちりいん》ウェブサイト
⇒地理院地図立体地図《ちりいんちずりったいちず》:https://maps.gsi.go.jp/3d/

案内地図《あんないちず》フリーソフト

12×10のマス目《め》にアイコンを置《お》いてつくる「案内地図《あんないちず》」は、インターネットで無料《むりょう》でダウンロードができるフリーソフトです。用意《ようい》されているアイコンは、道路《どうろ》や線路《せんろ》、建物《たてもの》などいろいろあり、自由《じゆう》に塗《ぬ》りつぶしもできるため、初心者《しょしんしゃ》でも簡単《かんたん》に案内地図《あんないちず》などを作製《さくせい》することができます。

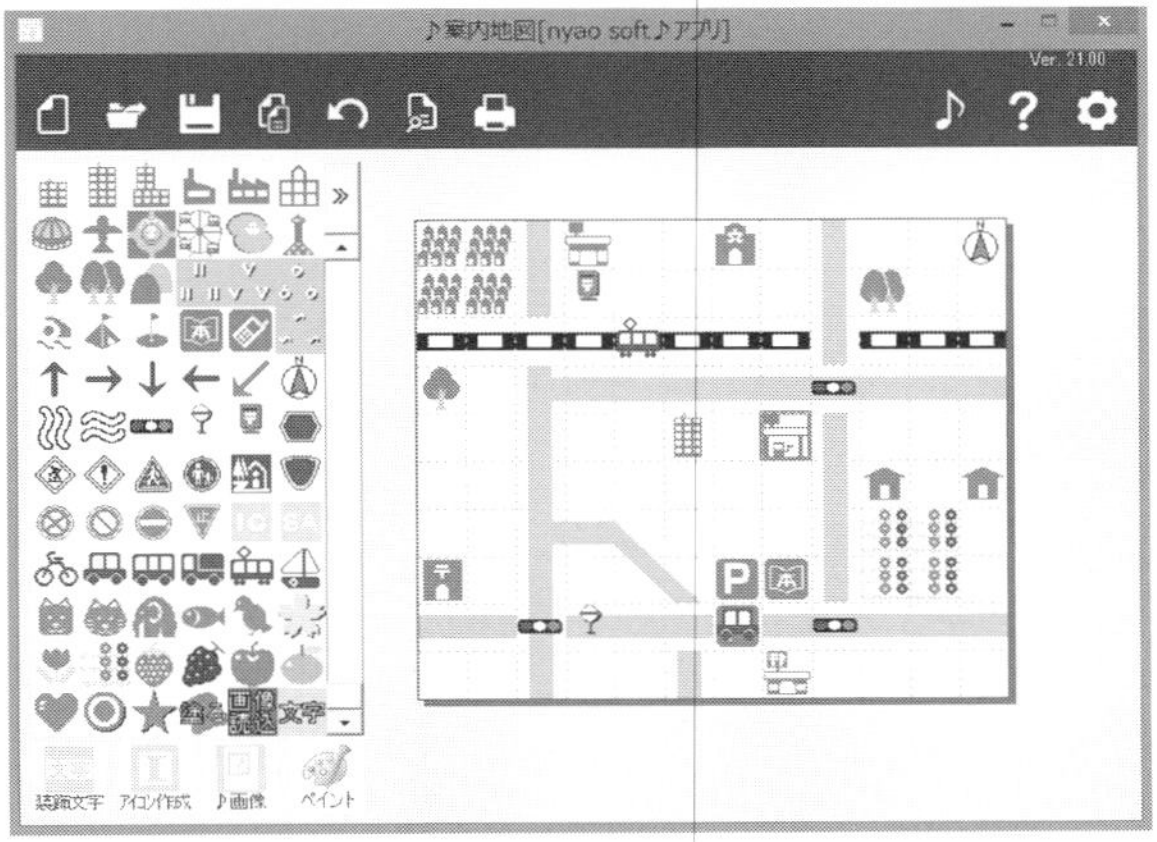

http://www.vector.co.jp/soft/win95/writing/se287663.html
制作者《せいさくしゃ》ホームページ/http://www.roy.hi-ho.ne.jp/nyao/

なるほどコラム 指輪物語《ゆびわものがたり》

三《み》つの指輪《ゆびわ》は、空《そら》のなるエルフの王《おう》に、
七《なな》つの指輪《ゆびわ》は、岩《いわ》の館《やかた》にドワーフの君《きみ》に、
九《ここの》つは、死《し》すべき運命《さだめ》の人《ひと》の子《こ》に、

「指輪物語《ゆびわものがたり》」は、イギリスの作家《さっか》、ジョン・ロナルド・ロウエル・トールキンが1954年《ねん》から1955年《ねん》にかけて出版《しゅっぱん》した小説《しょうせつ》です。全三巻《ぜんさんかん》で六部《ろくぶ》のお話《はなし》からできています。

トールキンは、この物語《ものがたり》を作《つく》るのに種族《しゅぞく》の歴史《れきし》や気候《きこう》、地形《ちけい》を作《つく》り上《あ》げ、冒険《ぼうけん》の旅《たび》をより魅力的《みりょくてき》な世界《せかい》を生《う》みだしました。中《なか》つ国《くに》を指輪《ゆびわ》の力《ちから》で支配《しはい》していたサウロンは1万年《まんねん》以上《いじょう》もその力《ちから》で暗黒《あんこく》の世界《せかい》を築《きず》いたとか、ひとりの勇者《ゆうしゃ》がサウロンの指《ゆび》を切《き》り取《と》ることで中《なか》つ国《くに》が平和《へいわ》になったとか、細《こま》かなことを積《つ》み重《かさ》ねてゆくのが「指輪物語《ゆびわものがたり》」の楽《たの》しさです。

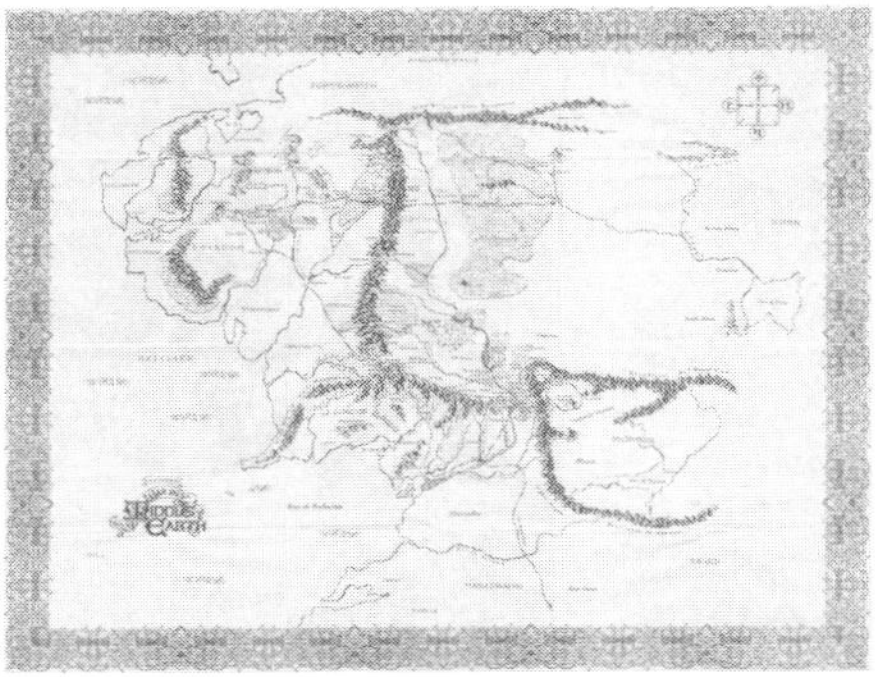

物語《ものがたり》のはじまる「中《なか》つ国《くに》」の地図《ちず》です。エリアドールに住《す》むホビットの少年《しょうねん》が指輪《ゆびわ》を手《て》にすることから物語《ものがたり》がはじまります。

冒険《ぼうけん》の旅《たび》には、地形《ちけい》がよくわかる地図《ちず》があると、物語《ものがたり》を読《よ》むときには大《おお》きな助《たす》けとなります。「指輪物語《ゆびわものがたり》」は、地図《ちず》をたくさん使《つか》い、冒険《ぼうけん》の地《ち》、新しい目的地《もくてきち》をわかりやすくしています。

地図《ちず》を読《よ》んでみよう 描《か》いてみよう

問題《もんだい》から地図《ちず》を描《か》いてみましょう1

問題《もんだい》1

①～⑥を参考《さんこう》に商店街《しょうてんがい》の地図《ちず》を描《か》きましょう。

①この商店街《しょうてんがい》は東西《とうざい》にお店《みせ》が並《なら》んでいます。

②北側《きたがわ》の商店街《しょうてんがい》は、西《にし》から「本屋《ほんや》」「花屋《はなや》」「レストラン」「薬屋《くすりや》」「コンビニエンスストア」が並《なら》んでいます。

③南側《みなみがわ》の商店街《しょうてんがい》は、本屋《ほんや》と花屋《はなや》の向《む》かいが「映画館《えいがかん》」です。その東《ひがし》となりに「洋服屋《ようふくや》」があり、東端《ひがしはし》が「パン屋《や》」で、その西《にし》となりが「文房具屋《ぶんぼうぐや》」です。

④「本屋《ほんや》」と「映画館《えいがかん》」は、中央通《ちゅうおうどお》りと呼《よ》ばれる広《ひろ》い道路《どうろ》が西側《にしがわ》にあります。

⑤中央通《ちゅうおうどお》りをはさんで「本屋《ほんや》」の向《む》かいは「パソコンショップ」、映画館《えいがかん》の向《む》かいは「CDショップ」です。

⑥この商店街《しょうてんがい》の北側《きたがわ》には、オフィスビルが並《なら》び、その前《まえ》の通《とお》りは路面電車《ろめんでんしゃ》が走《はし》っています。電車通《でんしゃどお》りの北側《きたがわ》もオフィスビルが並《なら》び、コンビニエンスストア側《がわ》の交差点《こうさてん》が電車《でんしゃ》の停留所《ていりゅうじょ》となる交差点《こうさてん》で路面電車《ろめんでんしゃ》は商店街《しょうてんがい》の方向《ほうこう》に曲《ま》がって進《すす》みます。

用意《ようい》するもの

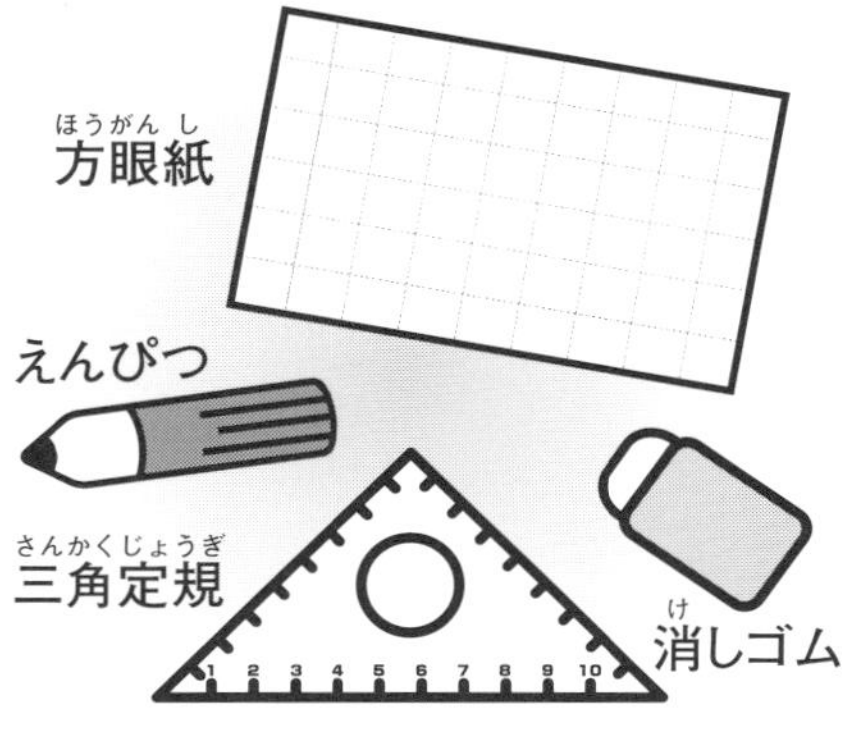

地図《ちず》を描《か》くときのポイント

1. 9軒《けん》の商店街《しょうてんがい》を地図《ちず》のほぼ中央《ちゅうおう》に描《か》きましょう。
2. 道路《どうろ》は最低《さいてい》3本《ぼん》だけあればOKですが地図《ちず》の端《はし》までのばしましょう。
3. アイコンがありますが、文字《もじ》だけでもOKです。
4. 地図《ちず》のあまったところに、好《す》きな建物《たてもの》や道路《どうろ》をたして、地図《ちず》をきれいに仕上《しあ》げましょう。

アイコン

ヒント1

まず、方位《ほうい》を決《き》めましょう。方眼紙《ほうがんし》のはしに方位記号《ほういきごう》を記入《きにゅう》します。これで、方眼紙《ほうがんし》での東西南北《とうざいなんぼく》が決《き》まりました。

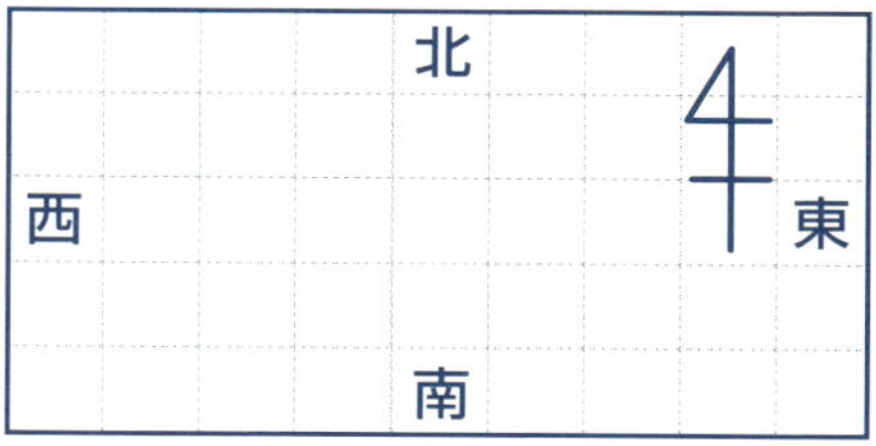

ヒント2

中心《ちゅうしん》になる商店街《しょうてんがい》を並《なら》べてみましょう。どの店《みせ》とどの店《みせ》が並《なら》ぶかをアイコンを地図《ちず》の上《うえ》に並《なら》べましょう。
本屋《ほんや》　花屋《はなや》　レストラン　薬屋《くすりや》　コンビニこの5軒《けん》が一列《いちれつ》に並《なら》びます。そして、映画館《えいがかん》
洋服屋《ようふくや》　パン屋《や》　文房具屋《ぶんぼうぐや》この4軒《けん》が並《なら》んでいます。あとは、北側《きたがわ》と南側《みなみがわ》がわかれば、中心《ちゅうしん》の商店街《しょうてんがい》ができますね。

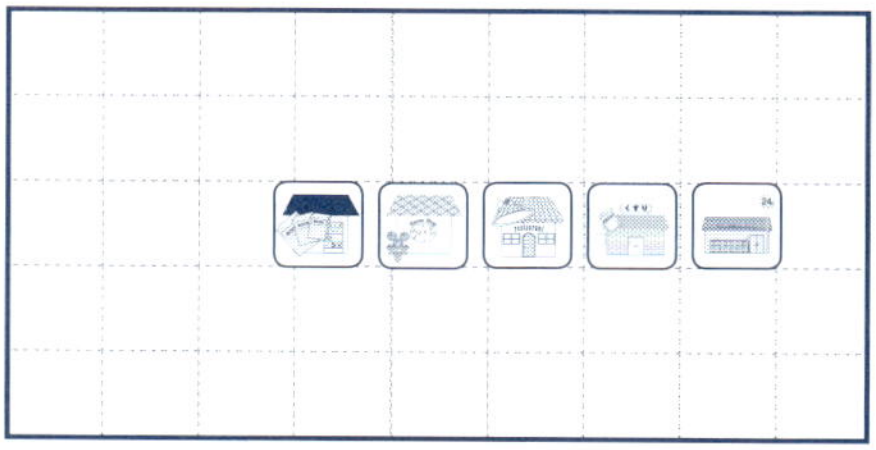

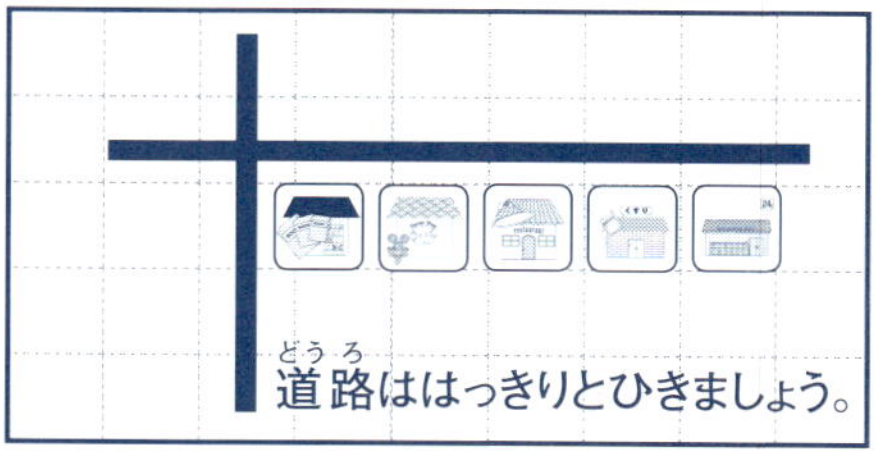

ヒント3

中央通《ちゅうおうどお》りの大《おお》きな道路《どうろ》は、本屋《ほんや》と映画館《えいがかん》の西側《にしがわ》ですから、簡単《かんたん》に道路《どうろ》がひけますね。これでパソコンショップ、CDショップの位置《いち》もわかります。

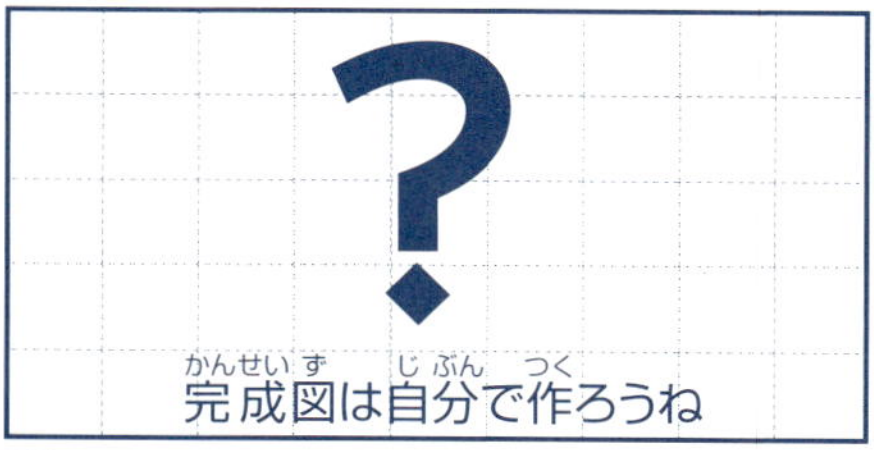

ヒント4

商店街《しょうてんがい》の北側《きたがわ》はビルが並《なら》び、路面電車《ろめんでんしゃ》が走《はし》る道路《どうろ》があります。

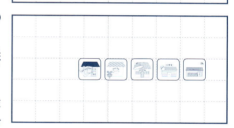

問題《もんだい》から地図《ちず》を描《か》いてみましょう2

問題《もんだい》2

高《たか》さを表《あらわ》す等高線《とうこうせん》から山《やま》の姿《すがた》を描《か》きましょう。

① 等高線《とうこうせん》は、別《べつ》の等高線《とうこうせん》とは重《かさ》ならず、必《かなら》ずつながっています。

② 1：25000の縮尺地図《しゅくしゃくちず》では、等高《とうこう》線《せん》は10mごとにひかれています。

③ 補助曲線《ほじょきょくせん》に注目《ちゅうもく》してください。
2つの補助曲線《ほじょきょくせん》…1：25000の縮尺《しゅくしゃく》地図《ちず》には、2つの補助曲線《ほじょきょくせん》があります。1次補助曲線《じほじょきょくせん》は5mごと、2次補助曲線《じほじょきょくせん》は2.5mごとにひかれます。そして、その2次補助曲線《じほじょきょくせん》には、数値《すうち》が記入《きにゅう》される約束《やくそく》になっています。

④ 参考図《さんこうず》を見《み》て、等高線《とうこうせん》から山《やま》の断面《だんめん》図《ず》を書《か》いてみましょう。

用意《ようい》するもの

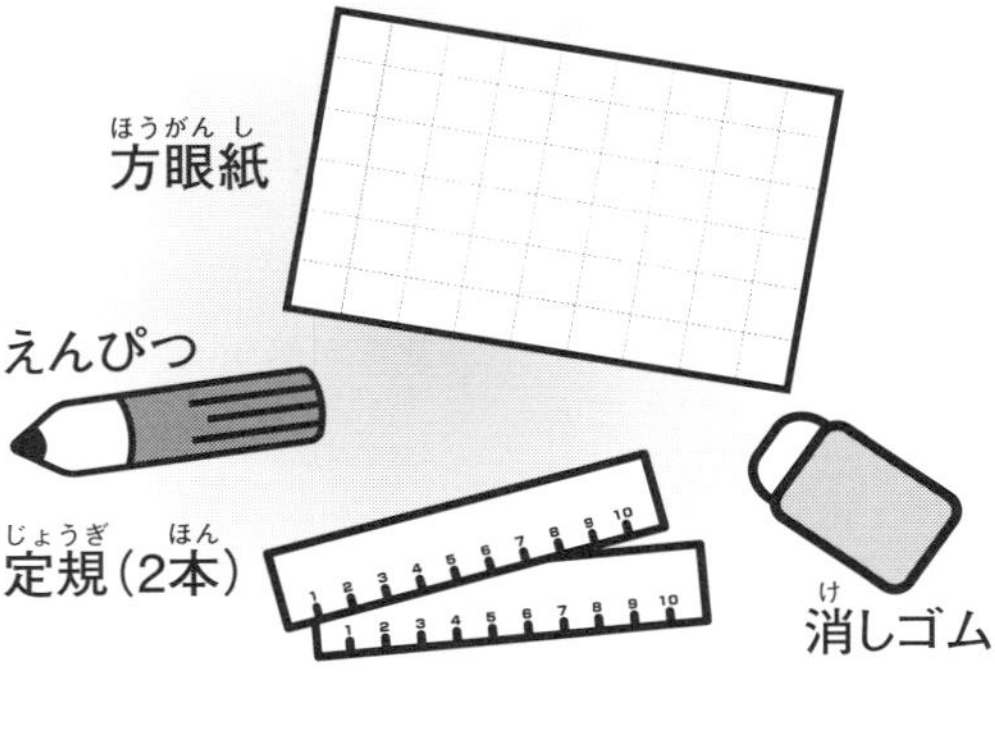

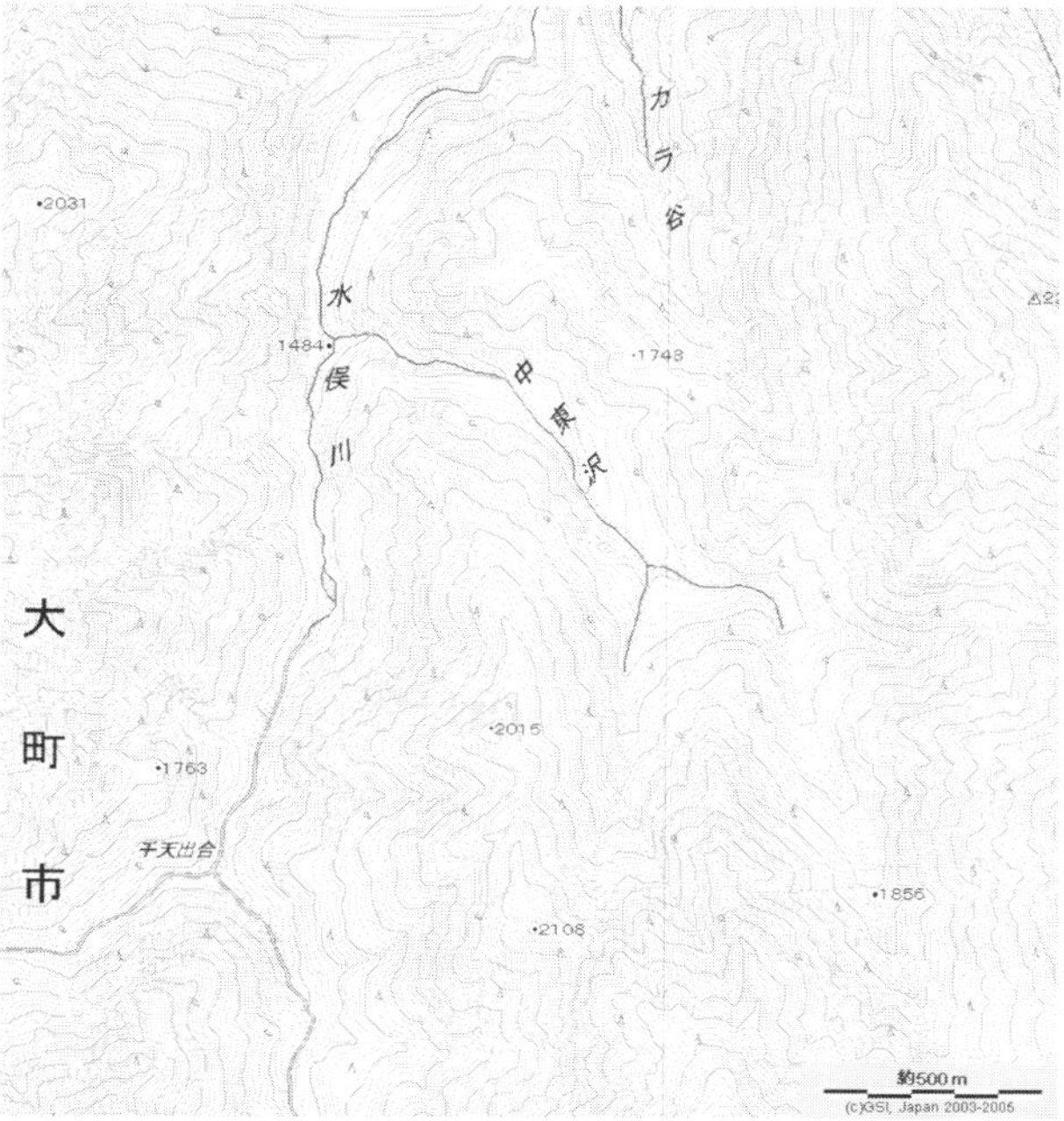

国土地理院《こくどちりいん》　地図閲覧《ちずえつらん》サービス 543745 2万5千分《まんせんぶん》1
地形図名《ちけいずめい》：槍ヶ岳《やりがだけ》［北西《ほくせい》］

でも、実際《じっさい》の地図《ちず》の等高線《とうこうせん》はこんなに複雑《ふくざつ》です。

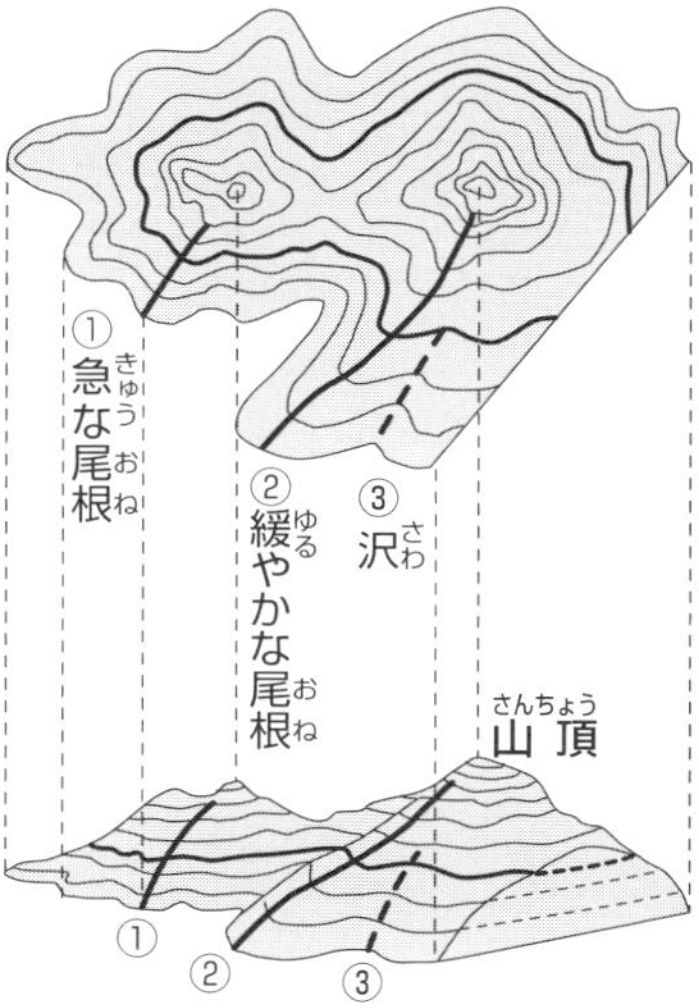

これを1本《ぽん》ずつひくのはちょっとたいへん

日本高密《にほんこうみつ》10mメッシュ数値地図使用《すうちちずしよう》

今《いま》は、コンピュータを使《つか》って、立体的《りったいてき》に地図《ちず》を作《つく》ることが簡単《かんたん》になりました。

等高線《とうこうせん》から山《やま》の姿《すがた》を描《か》くポイント

1：25000の地図《ちず》に使《つか》われる「計曲線《けいきょくせん》」だけを線《せん》で結《むす》んでみよう。
「計曲線《けいきょくせん》」は、100mごとにひかれている等高線《とうこうせん》です。
100mごとでも、山《やま》のかたちはわかります。

統計《とうけい》マップ

統計表《とうけいひょう》を地図《ちず》の上《うえ》に描《か》くことでわかりやすくなる

1998年《ねん》の人口《じんこう》を例《れい》としてみましょう。表《ひょう》1の人口《じんこう》統計《とうけい》をみると、国《くに》の名前《なまえ》とその人口《じんこう》が簡単《かんたん》にわかります。

これを、表《ひょう》2の地図《ちず》の上《うえ》に、人口《じんこう》のグラフを重《かさ》ねることで、およその地域人口《ちいきじんこう》の数《かず》がわかります。このように地図《ちず》に統計《とうけい》を重《かさ》ねたものを「統計《とうけい》マップ」といいます。人口《じんこう》だけではなく、たとえば「日本《にほん》の港《みなと》の水揚《みずあ》げ量《りょう》」を魚《さかな》の種類別《しゅるいべつ》の大《おお》きさのアイコンをつけると、統計数字《とうけいすうじ》を読《よ》むよりは、地図《ちず》を見《み》て、どこで何《な》がとれるのかがわかったりします。（表《ひょう》1・2ともに1998年《ねん》の人口数《じんこうすう》をもとにしています）

表《ひょう》1 東《ひがし》アジアの人口統計《じんこうとうけい》
（例《れい》：1998年《ねん》の情報《じょうほう》）

国名《こくめい》	人口《じんこう》（単位《たんい》:万人《まんにん》）
インド	97,093
インドネシア	20,291
カンボジア	1,072
シンガポール	387
スリランカ	877
タイ	6,120
韓国《かんこく》	4,643
中国《ちゅうごく》	125,570
北朝鮮《きたちょうせん》	2,335
日本《にほん》	12,629
ネパール	2,181
パキスタン	13,151
バングラディシュ	12,477
フィリピン	7,516
ブータン	200
ベトナム	7,756
マレーシア	2,218
ミャンマー	4,450
モンゴル	240

表《ひょう》2

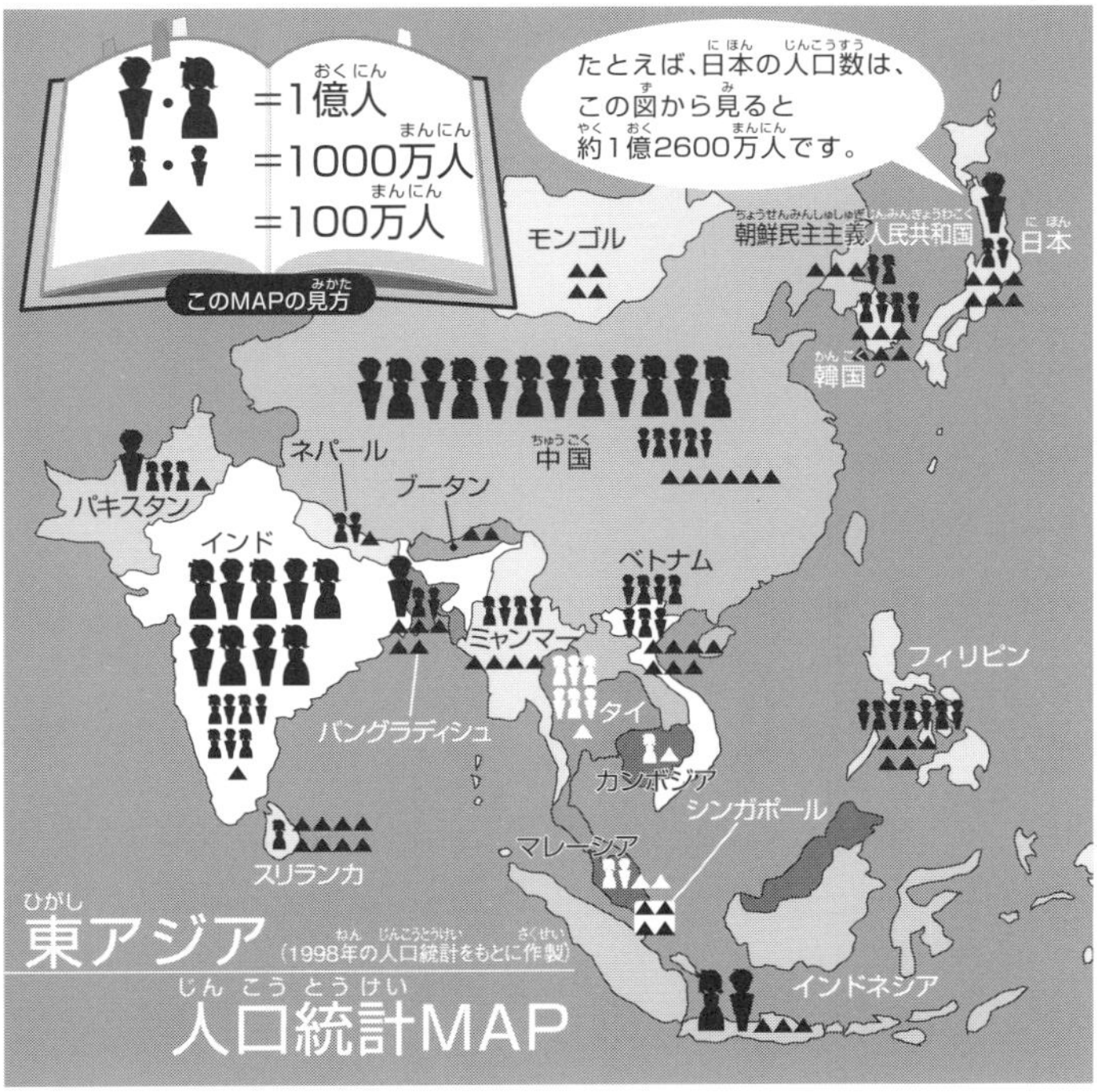

カルトグラムの統計《とうけい》地図《ちず》

東《ひがし》アジアの人口統計《じんこうとうけい》をカルトグラムという地図《ちず》に置《お》きかえます。（1998年《ねん》の人口《じんこう》統計《とうけい》をもとに作製《さくせい》）

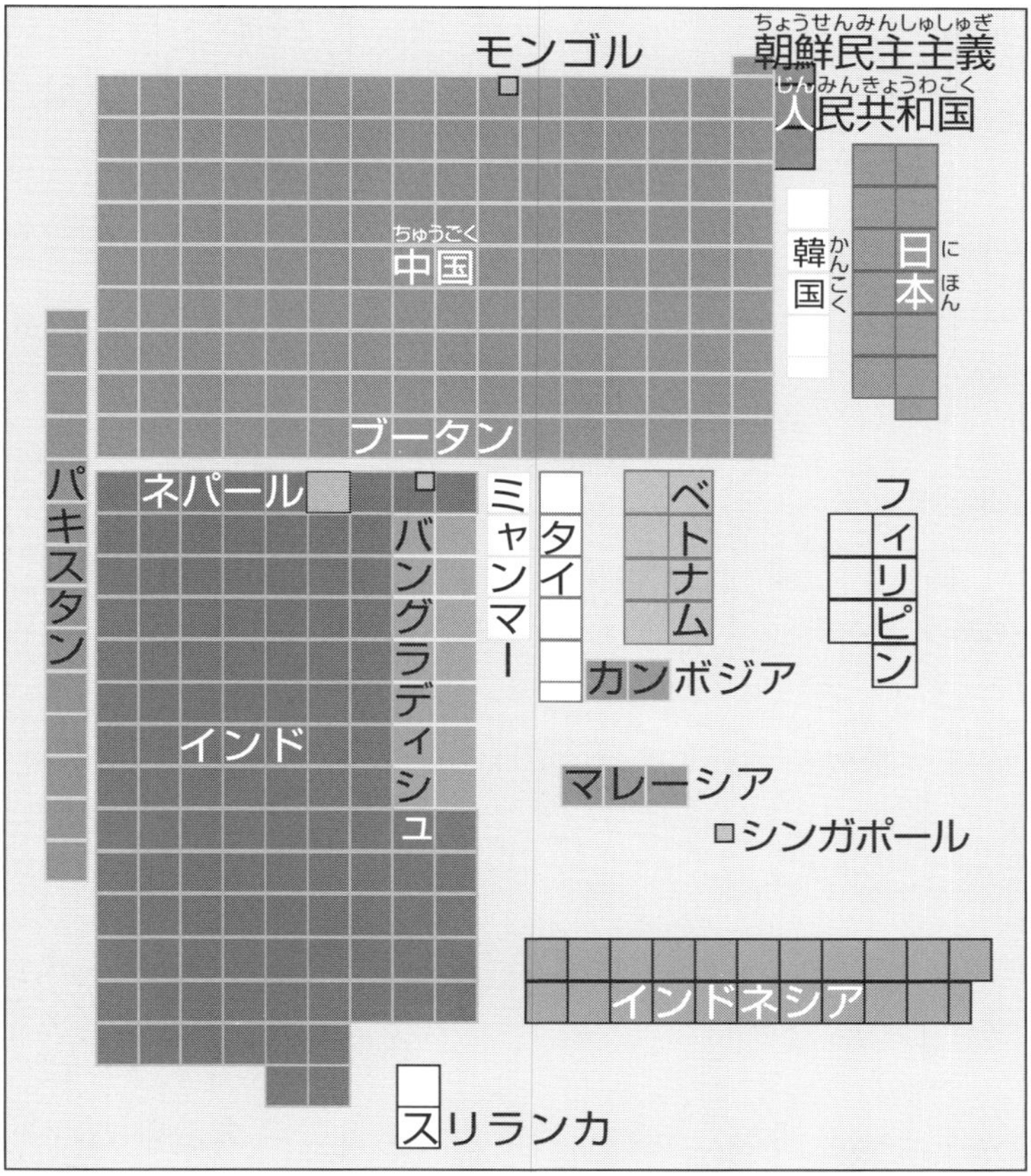

地図《ちず》の基本《きほん》の面積《めんせき》を統計表《とうけいひょう》そのままにして、各国《かっこく》の割合《わりあい》を地図《ちず》に並《なら》べたものです。中国《ちゅうごく》、インドが人口《じんこう》の数《かず》で並《なら》べると人口面積《じんこうめんせき》がたいへん大《おお》きくなります。なにか、見なれない地《ち》図《ず》ですが、統計《とうけい》マップとしてはおもしろい図形《ずけい》になります。

コンパス、分度器《ぶんどき》、定規《じょうぎ》で地図《ちず》を作る1

分度器《ぶんどき》を使《つか》って角度《かくど》をはかる

家《いえ》の前《まえ》の道路《どうろ》をはかってみよう

用意《ようい》するのは磁石《じしゃく》と分度器《ぶんどき》、あとは紙《かみ》とえんぴつです。測量士《そくりょうし》がはかるわけではないのですから、1度《ど》、2度《ど》のずれは気《き》にしないでください。

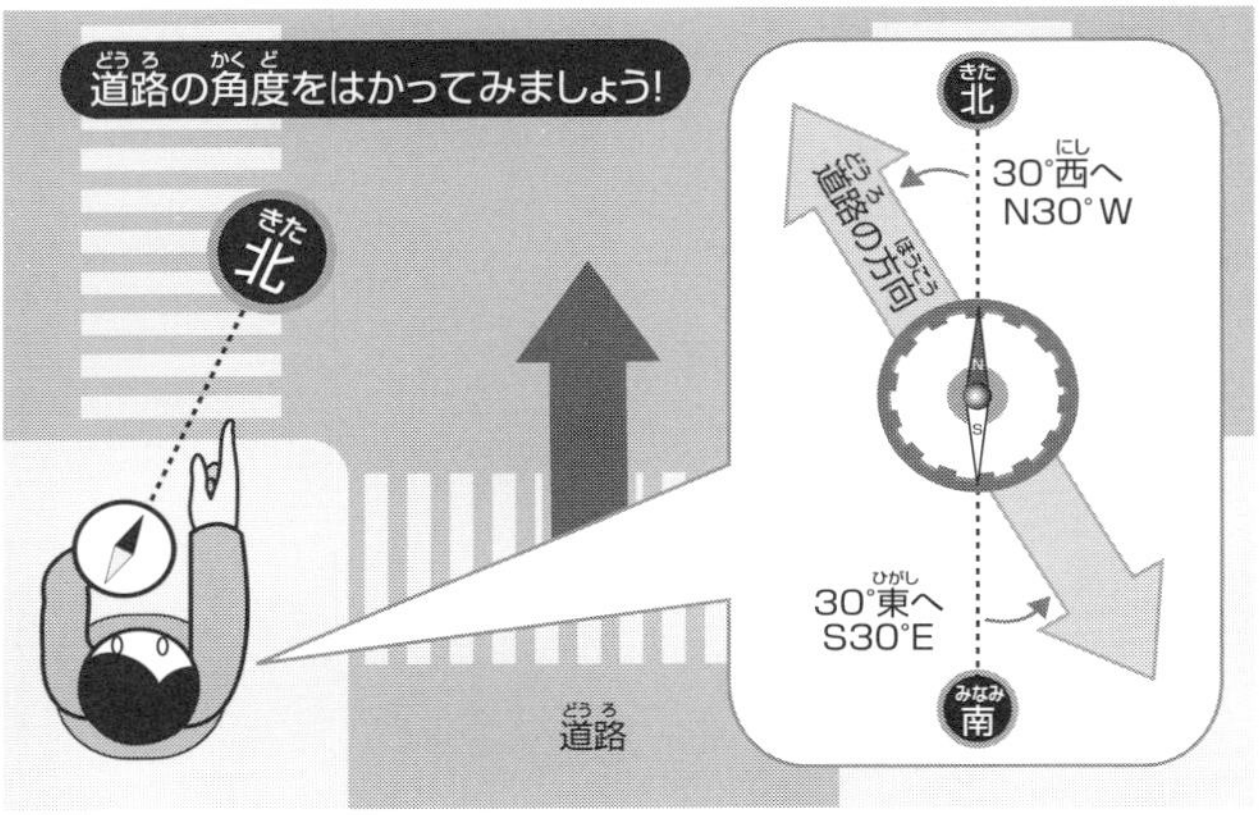

①まず近《ちか》くの交差点《こうさてん》の角《かど》に立《た》ちます。

②コンパスでNとSの位置《いち》に針《はり》を合《あ》わせます。

③道路《どうろ》の方向《ほうこう》を指《ゆび》でさして、そのままコンパスの上《うえ》に指《ゆび》を持《も》ってきます。

④これで道路《どうろ》の1本《ぽん》の方位《ほうい》がわかったはずです。

⑤では、交差《こうさ》したもう1本《ぽん》の道路《どうろ》も同《おな》じ方法《ほうほう》ではかります。

⑥これを紙《かみ》に書《か》き込《こ》むと交差点《こうさてん》の角度《かくど》がでるはずです。

はかった道路《どうろ》を書《か》き込《こ》みましょう

・方位記号《ほういきごう》をまず書《か》きます。
・はかった道路《どうろ》を方位記号《ほういきごう》から角度《かくど》をとって、地図《ちず》にします。
・道路《どうろ》の幅《はば》は歩測《ほそく》しましょう。その幅《はば》のちがいも書《か》き込《こ》むと地図《ちず》らしくなります。

歩測《ほそく》は、自分《じぶん》の1歩《ぽ》の長《なが》さをあらかじめ何《なん》センチかはかっておきましょう。また、方位《ほうい》をコンパスで確認《かくにん》して、道路《どうろ》をはかってみましょう。

自分《じぶん》の1歩《ぽ》が何《なん》センチかを調《しら》べましょう

用意《ようい》するもの
巻尺《まきじゃく》、電卓《でんたく》、紙《かみ》、えんぴつ

1歩《ぽ》の長《なが》さを使《つか》って距離《きょり》をはかることを「歩測《ほそく》」といいます。プロゴルファーも、この歩測《ほそく》をゲーム中《ちゅう》に使《つか》う姿《すがた》をよくみます。でも、歩測《ほそく》をするには、ちょっとした練習《れんしゅう》が必要《ひつよう》です。1歩《ぽ》の距離《きょり》を同《おな》じ幅《はば》で歩《ある》く練習《れんしゅう》です。

まっすぐに伸《の》びた歩道《ほどう》や、グランドを使《つか》いましょう。学校《がっこう》の廊下《ろうか》もまっすぐですね。

(例《れい》)

	1回目《かいめ》	2回目《かいめ》	平均《へいきん》
20mの道《みち》	28歩《ぽ》	30歩《ぽ》	29歩《ほ》
私《わたし》の1歩《ぽ》の長《なが》さ：2000（㎝）÷ 29 ＝ 68.9㎝			

歩測《ほそく》の練習方法《れんしゅうほうほう》

距離《きょり》は20m。まず巻尺《まきじゃく》で20mをはかります。紙《かみ》には、表《ひょう》を作《つく》っておきましょう。ゆっくりと歩《ある》いてみましょう。1回目《かいめ》は20mを歩《ある》くのに、何歩必要《なんぼひつよう》だったかを表《ひょう》に記入《きにゅう》します。2度《ど》、3度続《どつづ》けます。表《ひょう》に書《か》き込《こ》み、平均《へいきん》を計算《けいさん》します。すると、1歩《ぽ》の長《なが》さがわかりますね。
※1歩《ぽ》は、足先《あしさき》から足先《あしさき》です。
20mで練習《れんしゅう》したら、あとは、道路《どうろ》を歩測《ほそく》しましょう。

コンパス、分度器《ぶんどき》、定規《じょうぎ》で地図《ちず》を作る2

三角測量《さんかくそくりょう》をする

道路《どうろ》の幅《はば》をはかる

用意《ようい》するのは磁石《じしゃく》と分度《ぶんど》器《き》、あとは紙《かみ》とえんぴつです。心構《こころがま》えも同《おな》じです。今度《こんど》は道路《どうろ》の幅《はば》です。ちょっと広《ひろ》めの道路《どうろ》を選《えら》びましょう。

①まず近《ちか》くの交差点《こうさてん》の角《かど》に立《た》ちます。

②コンパスでNとSの位《い》置《ち》に針《はり》を合《あ》わせます。ここまでは同じです。

③道路《どうろ》の向《む》こう側《がわ》に何《なに》かポイントを作《つく》ってください。

※バス停《てい》・消火栓《しょうかせん》・道路標《どうろひょう》識《しき》なんでもOKですが、動《うご》くものはダメです。

④NとSに合《あ》わせたコンパスを確認《かくにん》してください。そして、決《き》めた目標物《もくひょうぶつ》に指《ゆび》をさして、コンパスの上《うえ》に持《も》ってきて角《かく》度《ど》をはかります。

⑤道路《どうろ》に沿《そ》って、電柱《でんちゅう》5本《ほん》くらい移動《いどう》します。道《どう》路《ろ》の向《む》こう側《がわ》のポイントを越《こ》えましょう。

⑥NとSをあわせ、ポイントを指《ゆび》さして、角《かく》度《ど》をはかります。

⑦あとは、移動《いどう》した距離《きょり》を歩測《ほそく》しましょう。

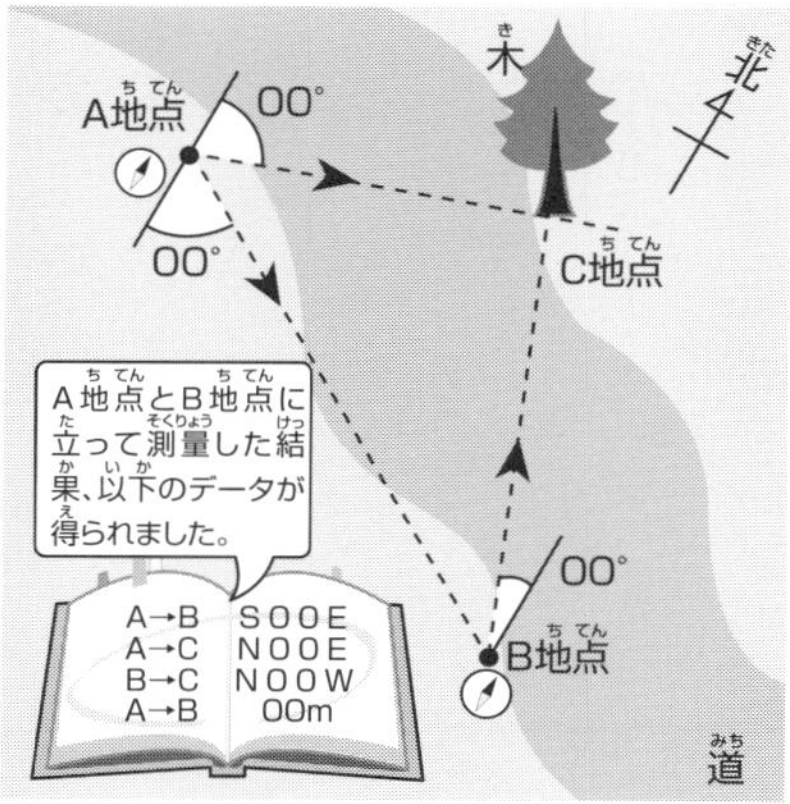

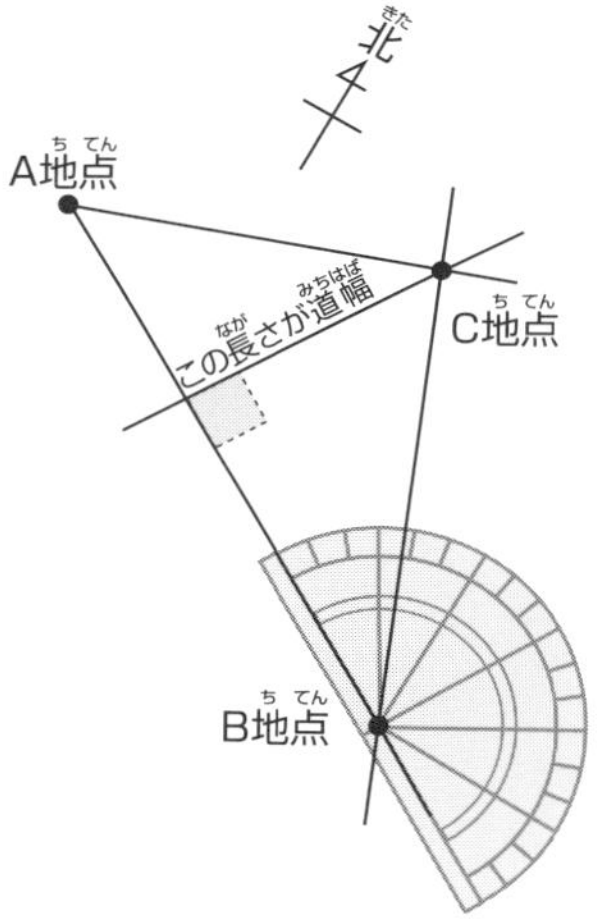

はかった三角形《さんかくけい》を紙《かみ》に描《か》き込《こ》みましょう

・方位記号《ほういきごう》をまず書《か》きます。

・はかった三角形《さんかくけい》を方位記号《ほういきごう》から角度《かくど》をとって、地図《ちず》にします。

・縮尺図《しゅくしゃくず》を作《つく》ります。

道路《どうろ》の向《む》こう側《がわ》の「目標物《もくひょうぶつ》」を決《き》めて、角度《かくど》と歩測《ほそく》で三角形《さんかくけい》を作《つく》ります。それを縮尺《しゅくしゃく》して描《か》き込《こ》みましょう。

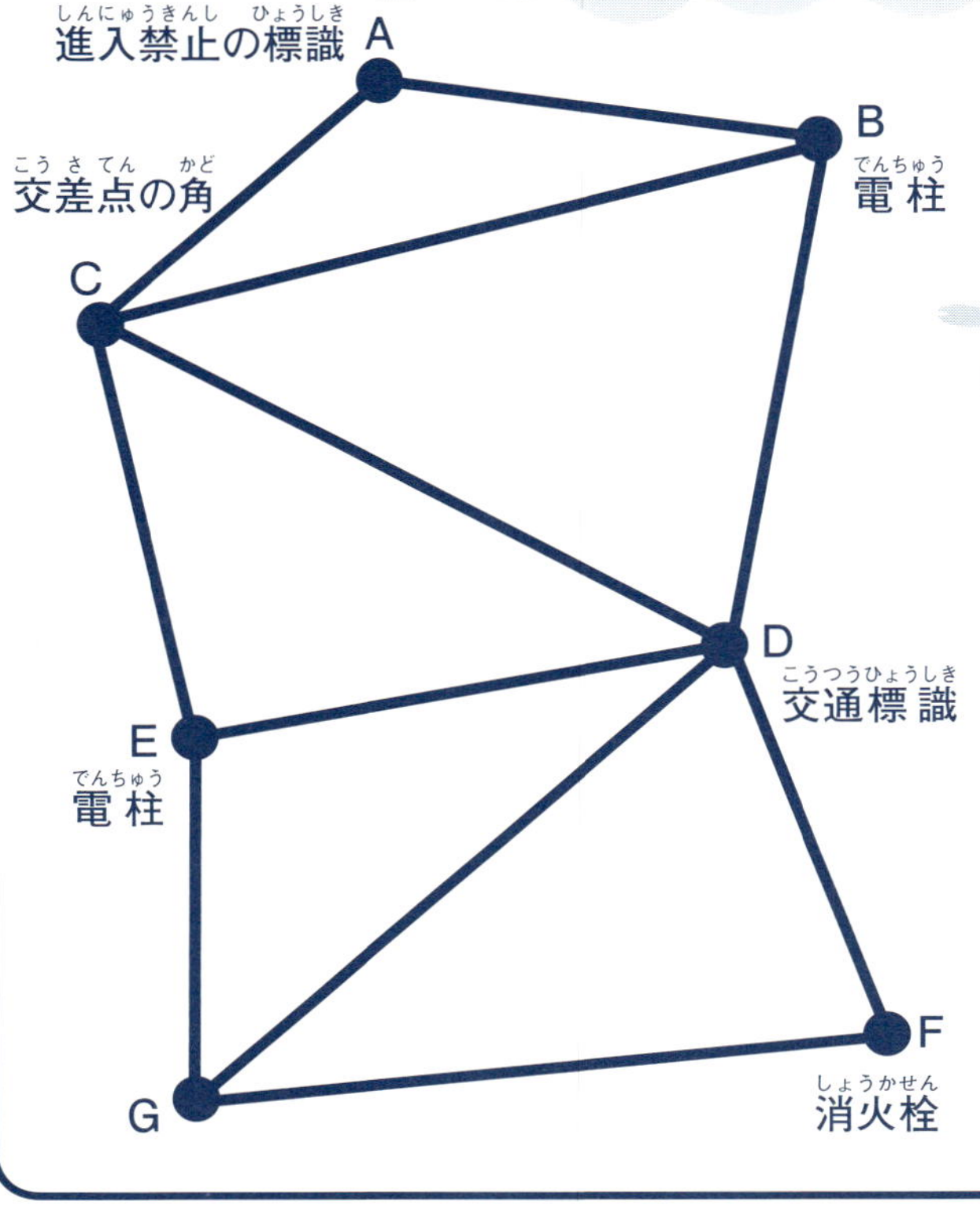

目標物《もくひょうぶつ》を決《き》めて三角形《さんかくけい》を重《かさ》ねましょう

まず、立《た》つ位置《いち》を決《き》めましょう。そこから道路《どうろ》の向《む》こう側《がわ》に何《なに》があるか見《み》てみましょう。消火栓《しょうかせん》がありました。そして、電柱《でんちゅう》、交差点《こうさてん》の角《かど》など、わかりやすいポイントを決《き》めます。そこから角度《かくど》をはかって、道路《どうろ》の向《む》こうの目標物《もくひょうぶつ》をはかっていきます。

近所《きんじょ》の地図《ちず》を作《つく》ろう

簡単《かんたん》に作《つく》ろう 学校《がっこう》までの地図《ちず》

☆1枚《まい》の紙《かみ》とえんぴつ、間違《まちが》えたときの消《け》しゴムを用意《ようい》

まずは自宅《じたく》のまわりから書《か》き込《こ》みます。

はじめに学校《がっこう》までの道路《どうろ》を書《か》いてしまいます。

次《つぎ》は、どこを曲《ま》がるか、すすむかを「↓」で書《か》くとわかりやすくなります。

書《か》きにくかったら、○印《じるし》をつけて、その場所《ばしょ》でけ大《おお》きく書《か》きましょう。

測量《そくりょう》の方法《ほうほう》をくり返《かえ》して地図《ちず》を作《つく》ります

①道路《どうろ》、交差点《こうさてん》
②曲《ま》がり角《かど》には何《なに》があるか
③交差点《こうさてん》は4つの角《かど》にあるものを
④少《すこ》しの省略《しょうりゃく》は、地図《ちず》が見《み》やすくなります

住《す》んでいるまちのおもしろ地図《ちず》を作《つく》ろう

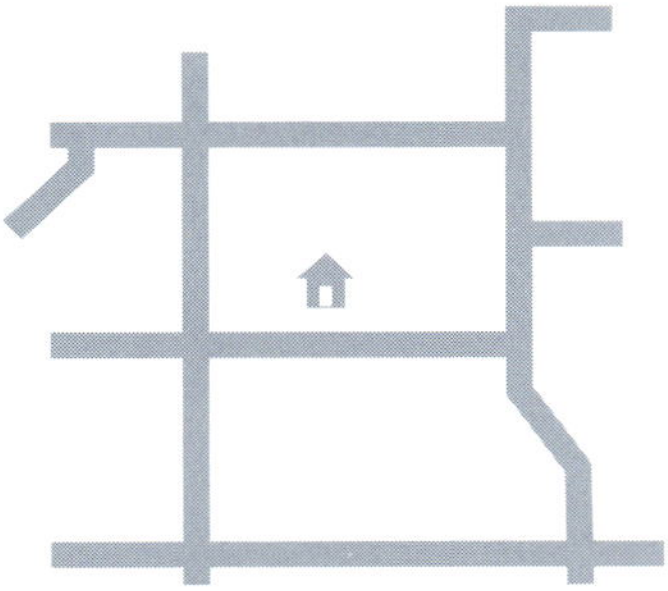

※基本《きほん》となる自宅《じたく》を中心《ちゅうしん》としたマップを作《つく》ります。

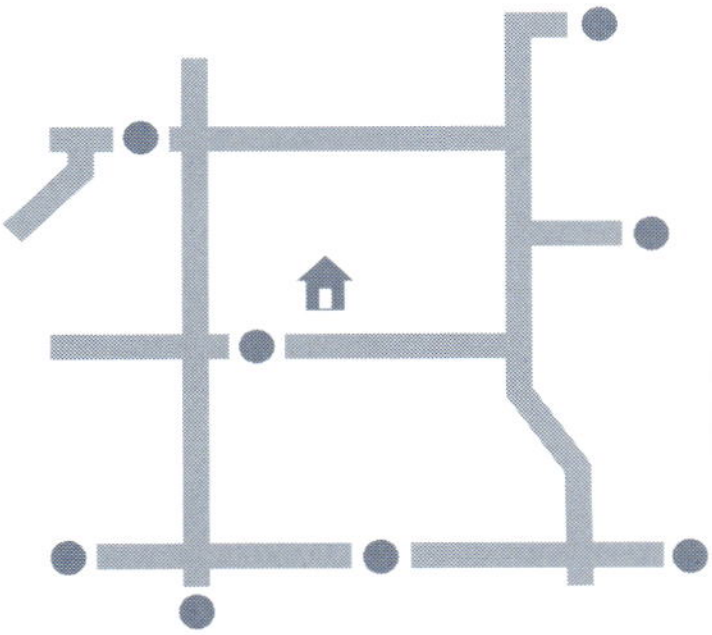

マンホール地図《ちず》を作《つく》る

道路《どうろ》にあるマンホールをさがしてみよう。

1.自分《じぶん》の家《いえ》のマップをノートに描《か》いておきましょう。

2.道路《どうろ》を歩測《ほそく》しながら、マンホールの位置《いち》を確《たし》かめましょう。

3.見《み》つけたら、マンホールのマーク(●印《じるし》)を地図《ちず》に書《か》き込みます。

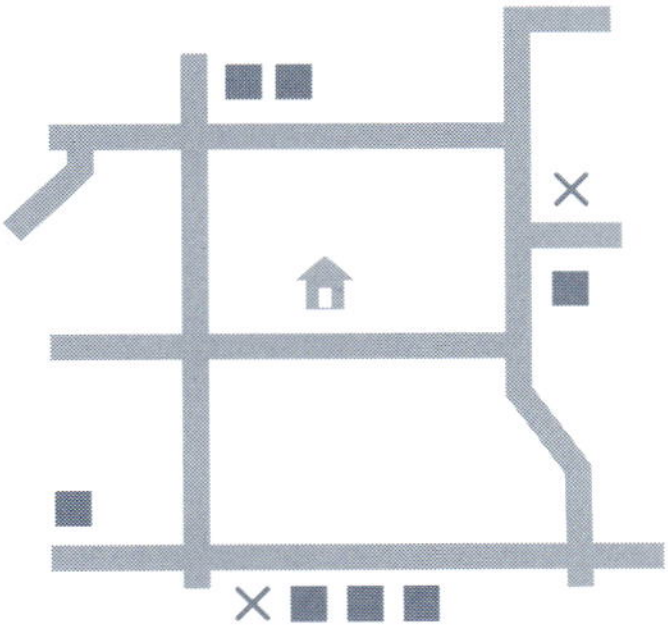

自動販売機《じどうはんばいき》の地図《ちず》を作《つく》る

お店《みせ》の前《まえ》や道路《どうろ》に並《なら》ぶ自動販売機《じどうはんばいき》をさがそう。

1.自動販売機《じどうはんばいき》は、飲《の》み物《もの》、その他《た》とわけてみよう。

2.飲《の》み物《もの》は■マーク、その他《た》は×マークをつけましょう。

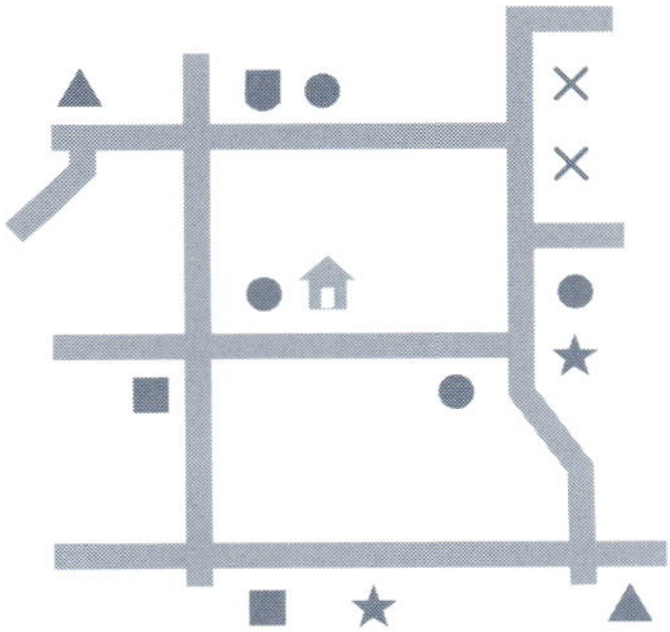

お店屋《みせや》さん地図《ちず》を作《つく》る

近所《きんじょ》のお店屋《みせや》さんだけ調《しら》べてみよう。

1.コンビニ(●)

2.スーパーマーケット(■)

3.肉屋《にくや》、八百屋《やおや》などの専門店《せんもんてん》(▲)

4.食堂《しょくどう》、レストランなど(×)

5.その他《た》(駄菓子屋《だがしや》さん、パン屋《や》さんなど)(★)などをわけて記入《きにゅう》してみましょう。

地図《ちず》のこぼればなし1

海《うみ》の向《む》こうの船《ふね》までの距離《きょり》をはかる

問題《もんだい》3

海《うみ》に船《ふね》が浮《う》かんでいます。だいたいの船《ふね》までの距離《きょり》をはかりましょう。

★角度《かくど》と縮尺《しゅくしゃく》がポイントです

海《うみ》の中《なか》を定規《じょうぎ》をもって、泳《およ》いではかる、というのはあまにも危険《きけん》です。

だいたいですが「えーと、200mくらいかな」というのもダメです。はかる方法《ほうほう》が大《だい》事《じ》です。

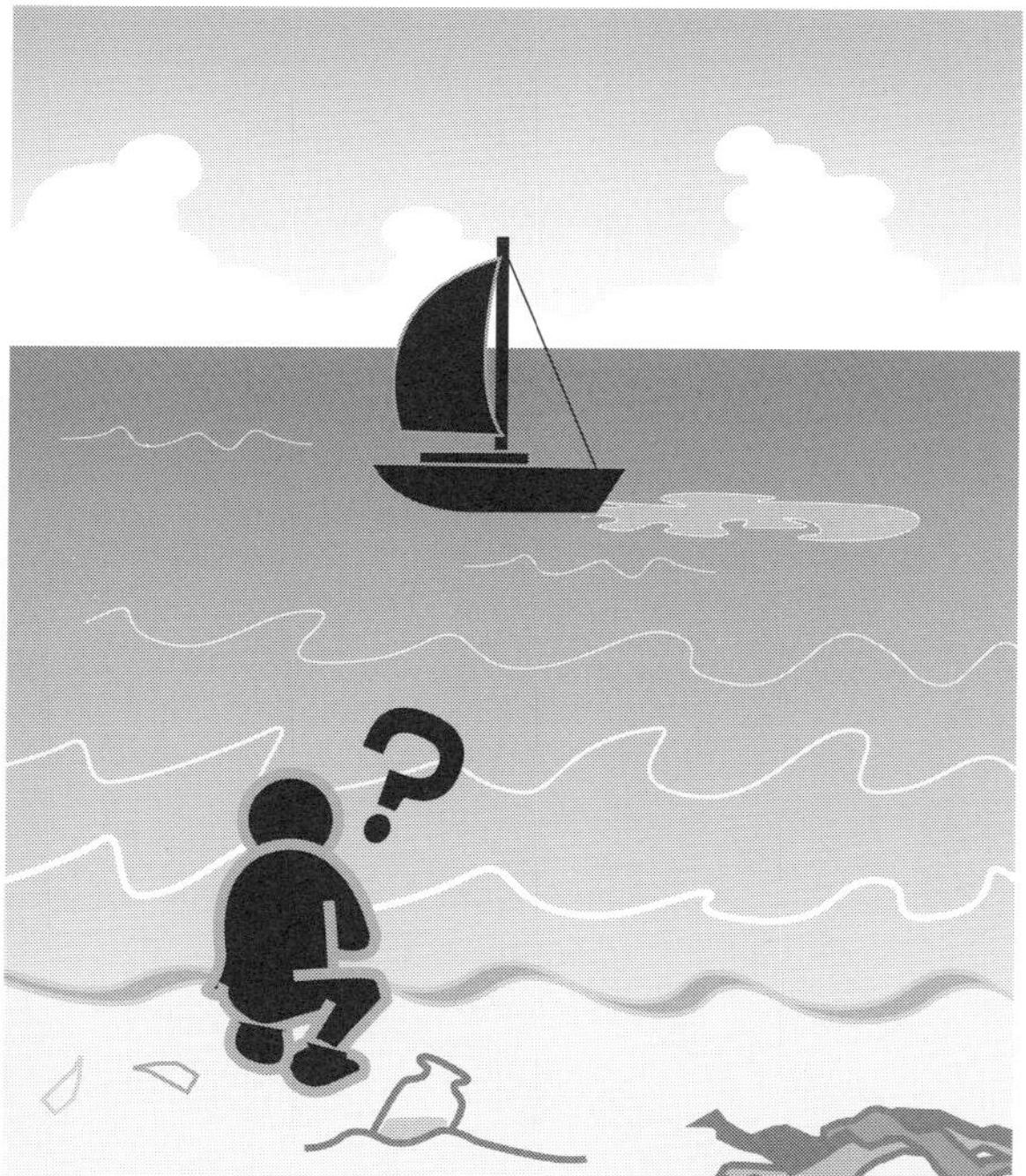

10・11ページに答《こた》えのヒントが…

正解《せいかい》

①砂浜《すなはま》に立《た》った点《てん》から船《ふね》のマストのてっぺんの位置《いち》の角《かく》度《ど》をはかります。
②船《ふね》に平行《へいこう》に砂浜《すなはま》を移動《いどう》します。今回《こんかい》は15mです。
③その点《てん》から船《ふね》の同《おな》じ場所《ばしょ》の角度《かくど》をはかります。

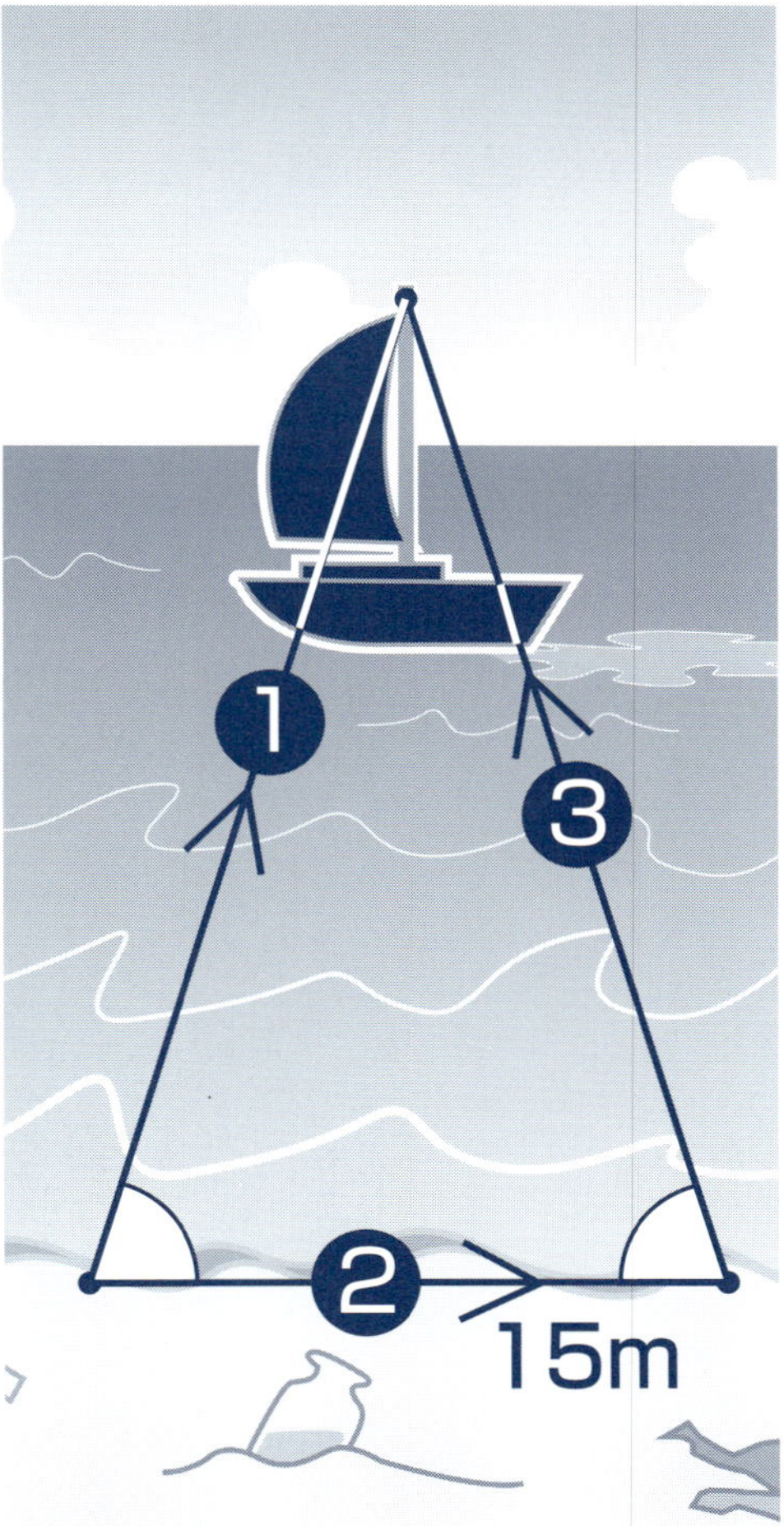

なぜ？

紙《かみ》の上《うえ》に縮尺《しゅくしゃく》した三角形《さんかくけい》を書《か》いてみましょう。

砂浜《すなはま》を移動《いどう》した長《なが》さはわかりますね。ここでは15mとしましょう。すると、角度《かくど》がそれぞれでます。

15mを紙《かみ》には書《か》けないので、15㎝にしましょう。すると1：100の縮尺《しゅくしゃく》ができます。

その線《せん》の両端《りょうたん》に角度《かくど》を入《い》れて、船《ふね》のマストのてっぺんまで線《せん》を引《ひ》きます。三角形《さんかくけい》ができますね。その辺《へん》の長《なが》さに100倍《ばい》したものが船《ふね》までの距離《きょり》です。

これは、ピラミッドを杖《つえ》ではかったギリシャのタレスが考《かんが》えた図形《ずけい》の決《き》まりです。

1つの辺《へん》と2つの角度《かくど》があれば、同《おな》じ形《かたち》ができるという方法《ほうほう》を使《つか》って、遠《とお》くにあるものの距離《きょり》をはかることができます。

地図《ちず》の世界《せかい》ではよく使《つか》われる方法《ほうほう》です。

地図《ちず》のこぼればなし2

地図《ちず》の図法《ずほう》でイメージがかわる

これが世界一周《せかいいっしゅう》？

イギリスの女性《じょせい》がヨットで世界一周《せかいいっしゅう》したときの航路《こうろ》を紹介《しょうかい》した地図《ちず》です。

この地図《ちず》1は、アフリカの喜望峰《きぼうほう》を中心《ちゅうしん》にした正距方位図法《せいきょほういずほう》で描《か》いているのですが、なんとなく世界一周《せかいいっしゅう》したようには見《み》えませんね。

南極《なんきょく》をまわっただけじゃない？と思《おも》ってしまいますね。

世界一周《せかいいっしゅう》については決《き》まりがあるようです。

①人工《じんこう》の力《ちから》を借《か》りない（パナマ運河《うんが》やスエズ運河《うんが》を通《とお》るのはだめ）

②アフリカの喜望峰《きぼうほう》と南米《なんべい》のホーン岬《みさき》を通過《つうか》し、経度《けいど》上《じょう》で360度《ど》回《まわ》って出発点《しゅっぱつてん》に戻《もど》ること

地図《ちず》を見《み》ると確《たし》かに、この2つは満《み》たしています。

では、なぜ世界一周《せかいいっしゅう》にみえないのでしょうか？

地図《ちず》1

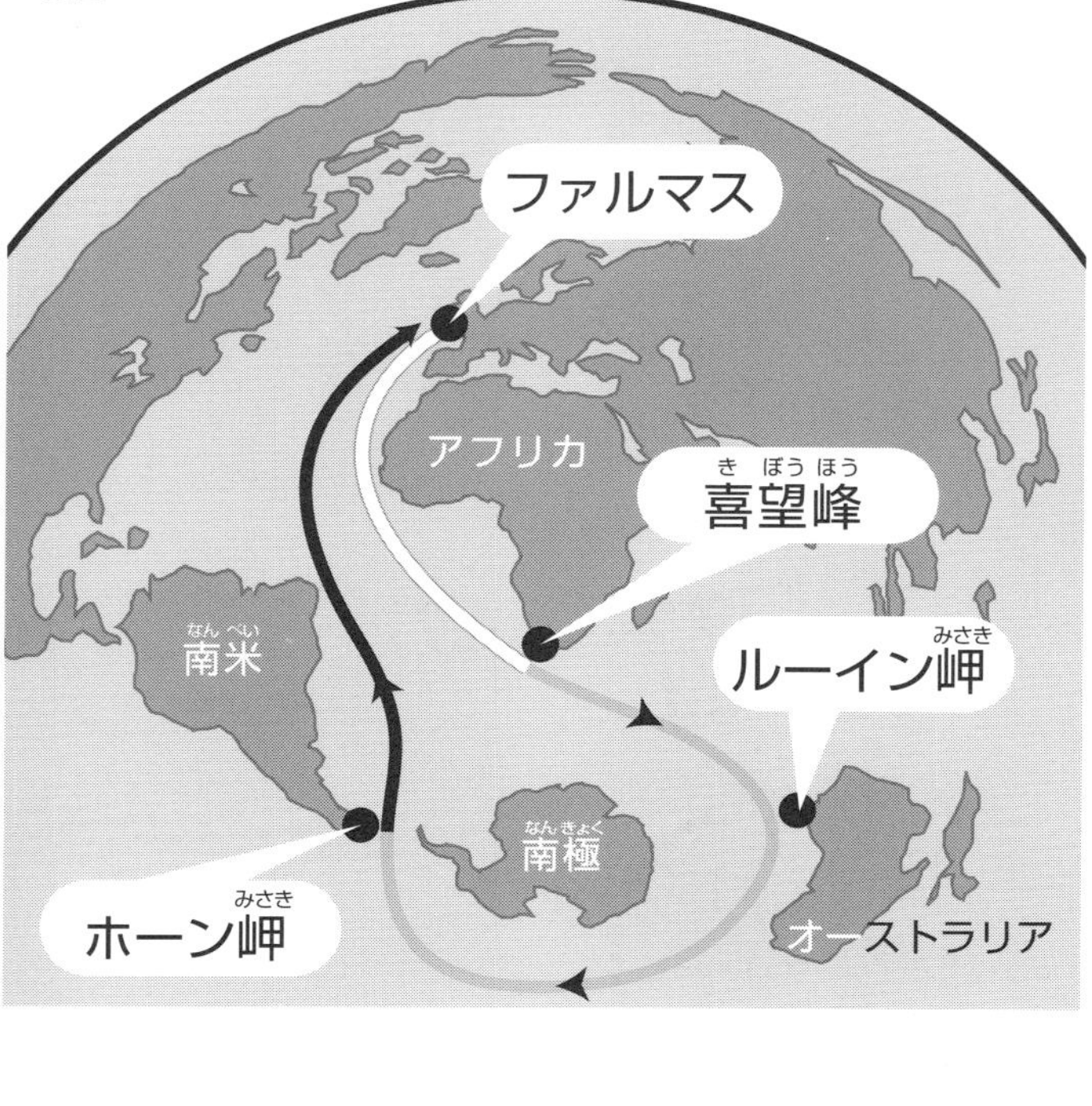

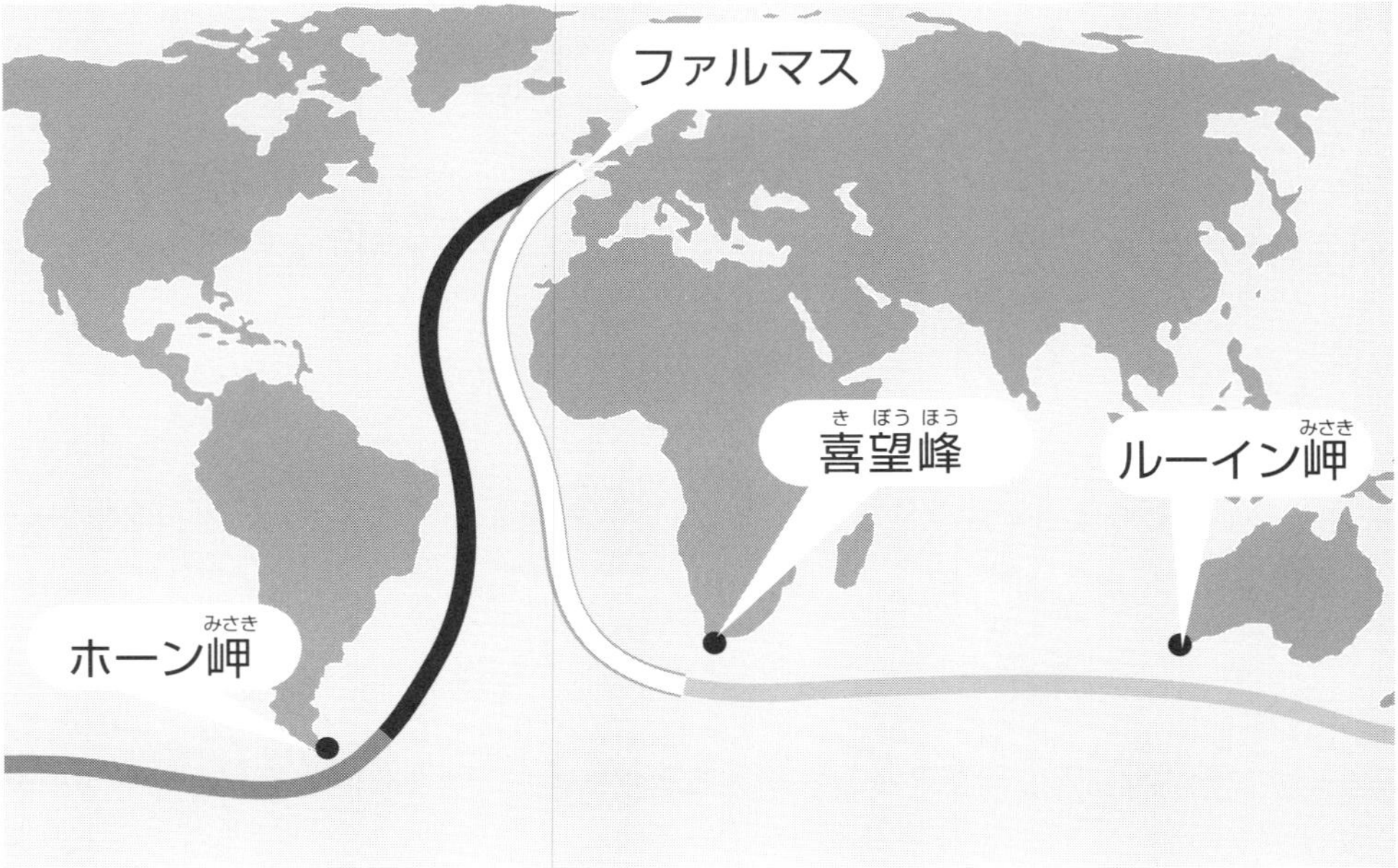

地図《ちず》2

それは地図《ちず》がよくないのです。別《べつ》の地図《ちず》で表《あらわ》すとこうなります。（地図《ちず》２）

大西洋《たいせいよう》を中心《ちゅうしん》にしたエンケル図法《ずほう》でヨットの航路《こうろ》を描《か》くと、確《たし》かに世界一周《せかいいっしゅう》しているとイメージできます。

地図《ちず》には、いろいろな描《か》き方《かた》があることは勉強《べんきょう》してきましたが、見《み》た人《ひと》がわかることが地図《ちず》の一番大切《いちばんたいせつ》なことなんですね。世界一周《せかいいっしゅう》では、地《ち》球《きゅう》を回《まわ》ったことが伝《つた》わらなければ地図《ちず》の意味《いみ》は薄《うす》くなってしまいます。

[編集]
浅井 精一・佐々木秀治・加藤洋介・一篠収・中村萌美

[デザイン]
斎藤美歩・稲垣智香・小田まゆみ・伴愛美・垣本亨

[イラスト]
小守大介・山田瑠美・松井美樹

[制作]
カルチャーランド

みんなが知りたい!「地図のすべて」がわかる本
調べ学習に役立つ!

2018年5月5日　第1版・第1刷発行

著　者　社会科地図研究会(しゃかいかちずけんきゅうかい)
発行者　メイツ出版株式会社
代表者　三渡　治
〒102-0093 東京都千代田区平河町一丁目1-8
TEL：03-5276-3050(編集・営業)
03-5276-3052(注文専用)
FAX：03-5276-3105
印　刷　三松堂株式会社

ご意見・ご感想はホームページから承っております。
メイツ出版ホームページアドレス　http://www.mates-publishing.co.jp/

編集長：折居かおる　　企画担当：堀明研斗

※本書は2006年発行の『みんなが知りたい!「地図のすべて」がわかる本』を元に加筆・修正を行ったものです。